★ 国家出版基金资助项目
★ 湖北省学术著作出版专项资金资助项目

高等教育与社会发展论丛

董泽芳◇主编

审思与重构：
解读高等教育的性别符码

王 俊 著

華中師範大學出版社

新出图证（鄂）字10号

图书在版编目（CIP）数据

审思与重构：解读高等教育的性别符码/王俊著. —武汉：华中师范大学出版社，2017.12（2019.11重印）

（高等教育与社会发展论丛/董泽芳主编）

ISBN 978-7-5622-8056-9

Ⅰ.①审… Ⅱ.①王… Ⅲ.①高等教育—研究—中国 Ⅳ.①G649.2

中国版本图书馆CIP数据核字（2017）第311496号

审思与重构：解读高等教育的性别符码

©王 俊 著

责任编辑：刘 敏 严定友

责任校对：刘 峥

封面设计：罗明波

编辑室：学术出版中心

电话：027－67863220/7792

出版发行：华中师范大学出版社

社址：湖北省武汉市洪山区珞喻路152号

电话：027－67863426（发行部）

027－67861321（邮购）

传真：027－67863291

邮编：430079

网址：http://press.ccnu.edu.cn

电子信箱：press@mail.ccnu.edu.cn

印刷：湖北恒泰印务有限公司

督印：王兴平

开本：710mm×1000mm 1/16

字数：290千字

版次：2017年12月第1版

印次：2019年11月第2次印刷

印张：19.5

定价：59.00元

欢迎上网查询、购书

总　序

高等教育是社会大系统中的一个极其重要的子系统，它与经济、政治、文化等子系统之间有着相互依存的关系。高等教育作为培养高层次专门人才的社会活动，与人的发展更有着极为密切的联系。同时，高等教育自身又是一个多层次、多类型、多主体的系统，不仅大学之间，大学内部各组织之间，领导、教师与学生之间关系错综复杂，而且与社会的方方面面都有着千丝万缕的联系。随着时代的发展，多层次的高等教育与多元化的社会之间形成了越来越密切的互动关系。现代社会，高等教育的存在和发展越来越离不开政府和社会在人力、物力、财力，以及政策、环境等方面的支持与促进；社会的发展也越来越离不开高等教育及其研究的引领与推动。美国经济学家弗里德曼用经济学“核心—边缘”理论研究二战后的经济社会现象与教育特别是与高等教育的关系时，发现在知识成为经济社会赖以存在和发展的基本资源与生产要素后，高等教育逐渐从游离于社会之外的“象牙塔”进入社会的边缘区，并渐次成为推动经济社会发展的“中心”要素，从而提出了著名的高等教育“从边缘走向中心”的发展趋势理论。从二战后高等教育对许多国家发展的实际影响来看，高等教育已成为促进国家科技振兴、经济发展、政治民主、文化繁荣的必要条件；从高等教育对社会个体的影响来看，高等教育不仅是提高个人素质、开发个人潜能的重要基础，更是促进社会流动、实现人生价值的主要途径。的确，高等教育对社会及个人的影响力从来没有像今天这样巨大，社会变革对高等教育的影响也从来没有像今天这样深刻。

然而，随着现代科技的发展和工业化进程的加速，科学文化及其内含的经济价值和工具价值得以彰显，高等教育发展中理性主义与功利主义的冲突日趋激烈。同时，高等教育大众化的进程加快及其与政府、市场、大学三者关系日益复杂，加之财政困难，高等教育商业化、官僚化、技术至上和教育质量下降等问题凸显，高等教育发展的现状和社会的期望之间的鸿沟逐渐加深，高等教育与社会发展之间的冲突也不断加剧。著名的高等教育学家约翰·S. 布鲁贝克在其《高等教育哲学》一书中，专门从冲突论的视角，论述了高等教育发展中认知论与政治论、自治与控制、学术自由与社会责任、精英教育与大众教育、普通教育与专才教育五方面的冲突，还就传统的高等教育与现代的高等教育、学术研究与社会现实道德、大学与教会等方面的冲突展开了论述。联合国教科文组织前总干事费德里克·马约尔在 1995 年发布的联合国教科文组织关于“高等教育的变革与发展的政策性文件”中更明确指出，“全世界几乎所有国家的高等教育都处于危机之中”。

在我国，随着社会现代化进程的加快，人们已愈来愈清楚地认识到，高等教育与社会的良性互动和协调发展不仅是政治稳定、科技振兴、经济发展、文化繁荣、人民幸福的必要前提，而且是保障高等教育健康发展、高效运行的基本条件。然而，现实的高等教育与社会互动机制仍不够健全，高等教育与社会发展不协调的现象也普遍存在。尤其是在社会大转型的今天，新旧体制、新旧观念与新旧因素的对立与摩擦，以及由此产生的社会失序、混乱与震荡，不仅使高等教育与社会的互动日趋复杂，也使高等教育与社会的协调发展严重受阻。有关高等教育与社会发展的关系的研究也面临着一系列值得研究的新问题。

从宏观的层次讲：一是社会结构转型与高等教育制度的调适问题。社会转型主要包括政治结构、经济结构、文化结构等在内的社会结构的整体性变迁过程。社会转型必然引起与原有社会结构相配套的规则与程序不同程度的失效，而新社会结构要素的生长亟待制度创新来促进和保障。高等教育制度如何调适与创新，如何形成与各种新的社会结构要素协调发展的关系，如何实现高等教育自身健康发展与着眼于学科发展、促进社会全面协调发展的双重目标等问题，必须通过高等教育社会学的研究才能作出科学的回答。二是高等教育与社会关系的变化及高等教育的社会功能重构。社会结构的全面转型必然对高等教育产生巨大的影响，并使高等教育与社会的关系出现一系列新变化。如市场经济的发展打破了高等教育自我封闭的格局，加强了高等教育对市场的关注；民主政治的推进提升了高等教育的自主地位，弱化了高等教育对政府的依赖；对外开放格局的形成拓展了教育者的视野，加强了高等教育同世界的联系，等等。在这种情况下，如何重新认识高等教育的社会价值，如何重构高等教育的各种社会功能，如教育对市场经济的适应、支持与矫正功能，对政治的维护、监督与批评功能，对国外文化的选择、吸收与融合功能，等等，也是高等教育社会学研究的重要任务。三是高等教育与社会冲突的加剧及高等教育的整合机制。社会全方位的变革使高等教育赖以生存的基础发生了变化，高等教育本身也进入了一个剧变时期，旧的运行机制正在被打破，新的运行机制尚未被建立，高等教育与社会的冲突大量存在。如社会经济发展对高等教育的人才需求结构与高等教育的人才培养、输出结构的冲突，高等教育发展对投入的需求与社会经济承受力的冲突，高等教育对理性精神的追求与社会现实的功利取向的冲突，高等教育的价值观念取向与社会文化观念更新的冲突，等等。诚然，高等教育社会冲突的出现并不必然产生消极的后果。如果通过高等教育社会学的研究能够形成比较健全的教育与社会的整合机制，高等教育与社会之间的冲突就会向积极的方面转化。

从中观的层次讲，主要是社会转型带来的各种社会分化引发了一系列新的高等教育社会问题。如区域分化与高等教育发展的失衡问题，阶层分化与弱势群体子女的高等教育问题。急剧的社会转型使原有社会阶层结构产生了前所未有的大分化，进而导致利益的大分化，这必然会在不同利益主体间产生广泛的矛盾和冲突。由此引发了地区之间高等教育差距扩大、高等教育资源配置不合理、高等教育机会不均等等新的高等教育社会问题。

从微观的层次看，主要有社会行为无序与大学行为失范问题，高等教育时空拓展与高校师生关系变化问题，大学校内、校外环境变化与大学教师角色冲突问题，商业的价值原则渗透与大学生的功利行为问题，等等。这些现实的问题，都是令人感到困惑的新的教育问题、社会问题，迫切需要高等教育社会学的探讨与解决。

在这种情况下，高等教育社会学理应顺应时代的要求，调整研究的视角，真正树立起高等教育与社会一体化协调发展的观念，加强对高等教育与社会互动机制的研究，努力探寻高等教育与社会协调发展的规律，促进我国高等教育的健康发展和社会的全面进步。本丛书的出版目的正在于促进这一研究。

本丛书在编写上突出了下列特点：一是研究立场的本土性与研究内容的时代性。从中国近代高等教育的发展过程看，过去高等教育学的研究在一定程度上存在着过于依赖西方教育理论和教育观念的问题，相关研究缺乏本土意识。本丛书强调立足中国国情来解决中国高等教育实践中的问题。在研究内容上，牢牢把握当下中国社会大转型这一时代背景，直面因新旧体制、新旧观念及新旧因素的对立与冲突所产生的社会失序、混乱及震荡给高等教育发展带来的冲击与挑战，紧紧围绕“高等教育与社会和谐发展”这一核心主题，提出了摆脱困境、战胜危机所要解决的一系列重要问题，并通过实实在在的研究，给出了明确回答。本丛书提出的这些问题，都是“高等教育与社会和谐发展的中国问题”，或者说是“中国的高等教育与社会和谐发展问题”。而从书作者通过研究作出的回答，可视为有助于解决问题的一些“中国答案”。

二是研究视域的广泛性与研究视角的多层性。高等教育与社会发展都是多层次、多类型、多主体的系统，探讨二者的关系应该有广阔的视域和多层的视角。在研究的视域上，本丛书既着力审视整个社会的结构与文化、体制与机制同整个高等教育之间的关系，也努力探明区域分化、地方传统文化同地方高等教育之间的关系，并用力探究具体高校中的职业性别政治、权力关系及角色冲突等问题。在研究的视角上，本丛书立足于高等教育学，比较倚重于社会学，但并不局限于社会学，而是根据研究的具体问题及主要目的，将研究的视角延展至经济学、文化学、人类学、教育学等学科。开阔的学术视野与多样的研究视角，使得丛书内容格外丰富多彩。

三是研究方法的多元性与研究手段的实证性。本丛书遵循了理论研究与实证研究相结合、立足国情与合理借鉴相结合、问题分析与对策探讨相结合等原则，注重多种方法的综合运用。尤为强调运用实证分析的手段，将研究结论建立在翔实的资料基础之上，力图更多地用客观事实说话，用实际材料说话。如制度政策的文本分析、形式多样的问卷调查、扎根实地的田野研究、已有统计数据的二次分析等，在本丛书中都有合理运用，从而为发现高等教育与社会协调发展中存在的问题、揭示成因、寻觅对策提供了必要依据。通过开展实证研究，本丛书改变和克服了老套社会科学研究“从概念到概念”、“从理论到理论”、“从问题到问题”的不良倾向，增强了理论研究的“问题导向”与策略研究的“有的放矢”。

本丛书得以出版，既要感谢华中师范大学出版社新老领导的精心策划与大力支持，也要感谢编辑部主任和各位编辑的认真审读与细致编校，更要感谢顾明远先生与吴康宁先生的充分肯定与郑重推荐。

本丛书的作者主要是高等教育与社会发展研究方向的博士和博士后，丛书多是在他们的博士学位论文的基础上修改而成，虽然研究宗旨与写作要求一致，但每本书的主题思想与写作风格各异。作为丛书主编，我希望本丛书的出版能够为促进我国高等教育与社会协调发展起到一定的作用，也希望高等教育与社会发展的议题能受到学界更多的关注。由于作者的水平以及对高等教育与社会协调发展规律的认识有限，本丛书必有诸多不足之处，诚望诸位学者、读者不吝赐教。

董泽芳

2017 年 6 月 6 日

序

刘献君

近年来，中国高等教育发生了巨大变化，有关高等教育的研究也十分繁荣。高等教育作为一个复杂的、多层结构的开放系统，它比其他教育系统更需要同各个方面交流信息，开展高等教育的多学科和跨学科研究已成为学术界的共识。在国际人文社会科学领域的研究中，社会性别分析已成为一个与阶级、种族等相并列的、不可或缺的分析范畴。而在我们这个以男女平等为主流意识形态的国家中，学术主流（包括高等教育议题中）却鲜见以性别作为分析范畴的研究。这不能不说是个遗憾。

由于种种原因，女性的成长、成功要比男性艰难得多。在中国，乃至世界各国的高等教育机构最初都是为男子所设而拒女子于门外的，在中国历史长河中，社会价值体系基本上也是基于男性中心建构的，父权制话语造就的意识根深蒂固，这种状况的改变不是仅仅通过革命战争、政治改造或社会运动就能完成的，而是需要一个漫长的文化改造过程。传统的社会性别观念，依然先入为主地影响着人们对女性各方面的评价，包括能力、业绩的褒贬及作用的评估。例如，在“男尊女卑”、“男主外，女主内”、“女子无才便是德”、“夫贵妻荣”、“贤妻良母”等传统观念的影响下，男性取得成功后，很容易得到社会的支持和普遍赞扬，自身也会产生自我成就感；而女性的追求与事业成功则可能遭受诸多不理解、冷言冷语，甚至影响到个人的家庭生活和幸福感、意义感。再者，由于生理上的差异，女性在生儿育女、家庭生活等方面都比男性付出的多，牺牲也更大。这一切与教育有关或无关的现象，我们的教育研究、高等教育研究都很少关注，针对教育中性别差异、性别歧视的论述也相当贫乏和肤浅，我们现代的教育理论和实践在“科学”话语的操纵下，都采取了一种所谓的“性别中立”，或者说是“性别盲视”的立场。王俊在这个方面做了学术研究的尝试，她经过博士阶段的刻苦学习，借鉴女性主义认识论的理论视角，对高等教育系统做了一个全新的，也可以说是相当“另类”的解读。

在教育科学中，关于知识的研究是多学科共同努力的方向。教育哲学、教育基本理论、课程研究、教学论等都无法回避知识的问题，作者在研究中以“知识与性别”为主要线索，通过分析高等教育中的四个核心概念（高深学问、学科、课程、教学），批判了人们习以为常的基于男性中心的传统解释，重新审读高等教育和有关高等教育知识的“科学”话语，再现了高等教育自身所蕴含的性别符码，提出了女性（女性气质）与高深学问的悖论是高等教育中性别歧视的知识论根源，质疑了学科价值中立的立场，分析了课程所蕴含的性别意识形态，反思了大学教学中的权力问题。通过这样的解读，揭示了高等教育中关于性别差异解释及性别歧视的认识论（知识论）根源，完成了由法律、社会层面解释性别歧视向精神、知识生产层面关注性别歧视的转换，为高等教育中性别问题的认识提供了新的解释框架和解决策略。这一学术成果为研究我国高等教育提供了一种新的观察视角，是开展高等教育多学科和跨学科研究的有益尝试。

作为王俊博士生时期的导师，我为她这本学术著作的出版感到由衷的高兴。王俊有比较扎实的人文素养和理论基础，又经过了多年的教学实践，通过攻读高等教育学专业的博士学位，学术水平和研究能力都有了进一步提高。本论著的课题涉及多个学科、多个维度，而且有些是人们争议颇多的问题，王俊能知难而上，以科学的态度、刻苦的精神、朴实的作风，扎扎实实地进行学术研究。在研究过程中，她查阅了大量文献，走访了国内外多位在女性研究方面颇有造诣的学者，并深入女教师、女大学生中进行调查研究，做了大量细致艰苦的工作。功夫不负有心人，她的博士学位论文答辩获得了专家的肯定和一致好评。

在我国，教育、高等教育中的性别研究还是一个全新的领域，王俊所做的仅仅是一个开头，但我认为这是一个良好的开端。在此，我很愿意将这本有个性的学术专著推荐给大家，同时也希望这部著作的出版能够激发作者进一步的研究热情，在学术上更上一层楼，取得更大的成绩。

是为序。

目　　录

导言：对高等教育的“另类”解读

第一节　女性主义与高等教育

女性问题（性别问题）是一个世界范围内受到普遍关注的国际政治性课题，它已成为当今社会发展与进步的一个重要指标。在国际人文社会科学领域的学术研究中，性别因素也逐渐成为研究社会现象和行为不可或缺的解释性变量，“经常同阶级、种族、族裔、性倾向等分析人类社会等级制的范畴并列使用”①。

一、从高等教育中的“性别问题”到女性主义视野中的高等教育问题

在高等教育的发展历程中，性别偏见与性别歧视是普遍的、久远的，也是国际性的。著名的比较教育专家露丝·海霍比较了中国与西方高等教育传统之后指出，“尽管在历史上，双方的大学几乎没有彼此影响，但无论是封建社会还是近代初期（约12世纪）妇女都被完全排斥在大学之外”②。19世纪中叶之后，世界各国陆续以各种形式向女性开放了高等教育系统。从表面上看，目前，男女已有平等入学的法律与制度保障，接受公共教育的机会应该是均等的，但事实上，这种形式上的机会

---

① 王政，杜芳琴．社会性别研究选译［M］．北京：生活·读书·新知三联书店，1998：6.

② 海霍．关于中国妇女参与高等教育的思考［J］．陕西师范大学学报，1996(3)：152.

均等并不能保证高等教育渠道的性别公平，在机会和资源的享有上，在教育过程中的发展期待以及发展结果上，女性依然普遍处于弱势地位，微妙的性别偏见的围墙仍然继续制造着迥然不同的教育环境，引导着女性与男性走向分离与不平等的未来①。

对这一问题的认识与解释，主流学术界和教育界要么采取漠视的态度，并不将其纳入问题的视阈加以特别关注，更谈不上成为重要的研究关怀；要么视这一切不平等为自然合理的，几乎所有教育学以及与教育相关的学科都在“合理”地淡化和消解现实中的性别不平等，都在“科学”地把性别不平等解释为自然的“性别差异”②。即使到了“男女平等”已成为全球主流意识形态的当今时代，2005 年，时任哈佛大学校长的劳伦斯·萨默斯还在某次重要的学术会议上宣称，男女天生有别，是导致女性在科学与工程领域难以像男性那样做出突出成就的原因之一③。此语一出，立即在美国学术界引起了轩然大波，虽然萨默斯不乏支持者，但公众及学术界的强烈谴责之声也不绝于耳，此事经过全美各大媒体跟进后，萨默斯显然难以招架。这位以心直口快、口无遮拦、态度强硬、坚持己见而著称的铁腕人物，也不得不数次公开道歉，不断与哈佛的教工、学生座谈，当面诚恳认错。但众人依旧不依不饶，很快，人们开始检视他主持校务以来针对女性教职员工和女学生及少数族裔的方针政策等，为此“政治不正确”的言论，萨默斯最终失去了哈佛校长的职位。耐人寻味的是，接替萨默斯的德鲁·G. 福斯特恰好是一位女性，她也是哈佛大学历史上的首位女校长。福斯特在就职感言中希望所有方面都男女平等，但是，对此她有自己的观点。在福斯特看来，不要特别地从性别上去看一个人，而是应从一个人是否有能力做某件事来判断适当与否。因为在人的层面，所有人都是平等的，而不必去看是男性还是女性。所以，福斯特对于她的当选特别指出，“我是哈佛的校长，不是哈佛的女校长”。把哈佛大学的女校长与女性主义（feminism）联系起来，

① SADKER M，SADKER D，FOX L，等．教室中的性别公平，一项尚未完成的议程［Z］//郑新蓉，史静寰，强海燕．赋教育以社会性别．2000：166.

② 郑新蓉，史静寰，强海燕．赋教育以社会性别［Z］．2000：1.

③ 路透社．哈佛校长萨默斯宣布辞职［N］．参考消息，2006-02-23.

可能有些牵强。但这位女校长确实为女性主义提供了一个分析的例证：女人同样可以做男人做的事情。不过，这样一种表述恰恰也是一个叙述陷阱。自女权主义兴起以来，一直强调的是男女平等。可是，女人为什么一定要和男人做得一样？这其中暗含的表述可能就是：在当下的社会构架之中，依然是以男性为中心，女人要想做出一些成绩，在社会上就要表现得像男人一样。美国密歇根大学就有一位资深女教授曾深有感触地说道：“我的职业是男性导向的，非常平等，只要你像男人一样做事，男人们就会对你一视同仁。”①

仅以高等教育中女性教师的职业发展为例，就有大量研究成果显示：在当今时代，尽管有更多女性进入了高等教育系统，并在其中发挥了重要作用，甚至还有一些杰出女性担任了世界著名大学的校长，但全球大学女教师面临的问题也相当突出：（1）大学女教师总体人数依然低于男教师，特别是在知名的研究型大学中性别比更为悬殊；（2）从女教师所处高等学校层次和类型来看，女性教师所处的学校层次普遍偏低，学校类型也以社区学院、专科培训学校、非全日制大学、教学型大学等为主；（3）从女教师所从事的专业来看，仍存在着严重的性别隔离现象；（4）从女教师所从事的工作来看，她们更偏重于教学和服务岗位，在研究成果、学术声誉上与男教师还存在明显差异；（5）女教师在学术职业阶梯中所处的位置普遍低于男性教师，其中获得终身教授职位的少，临时兼职的多；（6）高层学术管理中女性管理人员缺乏②。因此，有研究者指出：学术界的女性要想成功就必须依赖于相当的文化适应过程，而且她们需要适应的并非一个为她们准备的社会，甚至可以说她们面临的还是并不“友好”的环境③。可见，虽然女性在数量上已占据了高等教育的半壁江山，但高等教育中的性别问题依然普遍存在。

---

① 杜德斯达．21世纪的大学［M］．刘彤，主译．北京：北京大学出版社，2005：146.

② 此处显示的6种结论，主要来自笔者对这几项国际、国内调查结果分析、归纳所得。

③ SANDLER B R. The campus climate revisited：chilly for women faculty, administrators, and graduate students［Z］. Association of American Colleges, 1986：30.

事实上，在国际学术界，特别是当代人文社会科学领域，社会性别(gender) 已成为社会分析的一个重要范畴，它为分析和研究包括教育在内的社会现象和社会问题提供了一个新的视角。教育领域的许多关涉性别的议题，也开始从“教育领域的性别问题”转换为“女性主义视野中的教育问题”①。

20 世纪 60 年代以来，西方女性主义教育学者以独特的研究视角和鲜明的理论特色逐步形成了教育领域的新流派，其主要通过女性视角来考察教育领域中的问题。研究者从女性主义的认识立场出发，用独特的社会性别视角批判了传统学校教育中有关知识、学科、课程和教学的基本理念，并对教育实践中的诸多问题，如教育机构、教育组织、教育制度、教育政策、教育环境、教育空间区隔以及教育建筑等都进行反思，通过对传统教育中的权力内涵以及体现着控制关系的权力概念的局限性进行重新认识，开启了以“另类”方式诠释教育、解读教育领域性别问题的新思路。

早期的女性主义者认识到女性与男性在本体论上是完全相同的，即他们拥有一样的灵魂与理智，女性之所以受歧视，主要是因为她们没有与男性一样接受教育和受到批判性思维方面的训练②。当时的女性主义者认为，要解决高等教育中性别不平等的方法就是平等地对待男性与女性，包括入学权利的平等、资源分配的平等等。20 世纪六七十年代兴起的第二次西方女性主义浪潮给整个高等教育界带来了根本性的冲击。这一时期，女性主义的关注点已不再局限于高等教育中的“妇女问题”和对“性别歧视”的批判，而是强调女性在历史中、研究中和高等教育中的主体身份，希望赋予父权制结构下被剥夺权力的女性以话语权和影响力，并赋予那些非客观性、非等级性或权力附属性的知识以合法性（这些“知识”往往与女性的经验和感受密切相关）。在此，女性的身份也

---

① 美国女性主义科学哲学家桑德拉·哈丁在论述“女性主义科学”时曾说过其经历了由“科学中的妇女问题”到“女性主义中的科学问题”的转变，本书在此是套用她的语言来论述高等教育问题。

② 具有此观点的代表性人物主要是一批启蒙运动时期的自由主义女性主义者，如玛丽·沃尔斯通克拉夫特、弗兰西丝·赖特、萨拉·格里姆凯等人（参阅多诺万. 女权主义的知识分子传统 [M]. 南京：江苏人民出版社，2003：1-45.）。

由传统学术研究中“关于妇女的研究”中的客体地位变成了“女性学”（women's studies）中的主体地位[①]，套用女性主义科学哲学家桑德拉·哈丁论述女性主义科学的话来说，在教育研究中，这一过程实际上也经历着由“教育中的妇女问题”到“女性主义中的教育问题”的转变，研究的对象也深入到了对认识论层次上性别与知识关系的探讨。在对高等教育的重新审读中，女性主义学者从知识的角度发现：高等教育的主题与女性经验和生活经历基本无关，是性别问题产生的一个重要因素。于是，研究者从一门门学科开始，逐步对整个知识系统进行清理，发现高等教育所标榜的“价值中立”的知识立场和传统教学内容的“真理性”、“权威性”和“客观性”都需要质疑。事实上，所有关于高等教育的认识与建构无不呈现出性别化特征并带有不可避免的局限性，而不是像学术权威所声称的：知识是绝对公正、客观、价值中立的。

从女性主义的认识立场来看，高等教育呈现的这种性别化特征与高等教育中的性别歧视可以形成因果解释或进行互释。也就是说，高等教育中的性别问题不仅仅是一个单纯的、孤立的“性别问题”，而是一个特别复杂的且相互关联的“教育问题”和“社会文化问题”，甚至还是一个深刻的“认识论”问题。显然，女性主义对高等教育的审视已触及有关高等教育的“元认知”，在女性主义看来，高等教育中的性别偏见与高等教育所蕴含的性别化特征密切相关，而这种性别化特征又深藏于它所依据的传统认识论（或知识论）基础之中。

本论著认为，以女性主义认识论为理论手段，通过对性别与知识关系的解析，可以透视出高等教育中性别歧视的认识论根源。因为高等教育中有关高深学问的观念、建构主体、建构原则、建构逻辑、论述主题和研究方法，学科的意识形态，课程知识，教学原则、教学知识的传授过程等，在女性主义视野里无不打上了社会性别的烙印，女性主义认识论正是破译这一性别符码的有效工具，它为重新解读高等教育奠定了可

① 有关 women's studies 的翻译国内主要有四种——“女性研究”、“妇女研究”、“妇女学”、“女性学”，笔者在此把其译为“女性学”，详见本论著第五章第三节的相关说明。

选择的、可理解的基础，同时也为我们揭开了高等教育的性别屏蔽，为认识和解决高等教育中的性别问题提供了新思路。

二、女性主义与中国社会及中国高等教育

在中国，高等教育中的性别问题与西方社会既有相似的一面，也有其独特性。相似性主要表现在：中西方女性都有长期被高等教育排斥的历史以及在发展过程中和发展结果上面临的性别不公正问题；独特性主要表现在：中国特有的历史文化背景和学术传统使得人们在关注与解释这一问题时，呈现出与西方女性主义不同的认识理路。

中国的妇女解放运动长期同国家和民族的命运紧密相连。新中国成立后的前 30 年，“男女平等”的基本国策反映了国家意志的性别意识形态，这种由国家意志强制性推行的平等理念和模式，确实起到了改变传统社会性别关系的作用。在这种状况下，教育领域和高等教育中出现的性别问题或被掩盖，或被“淡而化之”，没有也不可能成为重要的学术关怀。但是，20 世纪 80 年代开启的改革开放，使中国社会进入了一个由计划经济向市场经济过渡的转型时期，由国家意识形态所构造的性别平等神话在市场意识形态的冲击下逐渐幻灭，在各种经济、社会和文化活动中，在我们每天所面临的生活实践中，性别歧视在内容有所变化的同时也变得更加公开化、更普遍、更“正常化”，“男女平等”的文化观念逐渐幻化为一种抽象的、正确的政治符号，大量性别问题的凸显曾一度引发了国内女性问题研究的热潮。由此，高等教育中出现的性别问题也开始逐渐受到学术关注。从研究思路上来看，20 世纪 90 年代中期以前，国内的研究者基本上都是以马克思主义妇女观为理论工具，在“地位高低”论的框架内进行阐释，并由此产生了一些颇有价值的研究成果。1995 年在北京召开了第四次世界妇女代表大会，这次国际性的盛会极大地促进了中国社会对性别问题的关注，同时也促进了西方女性主义学术思潮在中国的介绍与传播。随着研究者们对女性主义认识和理解的深入，人们也开始尝试用女性主义的理论视角和性别分析框架来分析中国社会的性别问题。

但不可否认，时至今日，在中国语境中，女性主义（或称女权主义）仍然是一个备受误解的概念。作为一种大众想象，女性主义的形象往往

很容易被描摹成一种咄咄逼人的、极度自我张扬且缺乏“女人味”的女人呓语与狂热；在学术界，一种相对普遍的误读就是将女性主义仅仅视为一种性别政治立场，甚至简单地等同于妇女解放运动，认为它在学术上的建树无足挂齿，根本无法与主流文化中充满科学性、客观性与理性的专业化学术研究相提并论。尽管自20世纪80年代中后期以来，学术界开始引进了多种西方学术思想，创建了许多新兴学科，但女性主义这个在西方学术领域已占据重要位置的思潮并未引起中国主流学术界和教育界的关注。虽然一度借着在北京召开第四次世界妇女大会的热潮，对西方女性主义理论的译介也曾热闹喧嚣一时，颇引人注目，但那也仅局限于一个相对狭小、封闭的圈内人的交流与自我言说，还远未成为一种公认的基本文化视角。相比于国内学界对其他西方时尚理论的追逐与热情，学术主流对女性主义长期保持着一份冷漠与不参与的矜持。当然，学术界这种“集体无意识”的不屑、冷漠、回避与失语姿态本身就值得深思。笔者以为，这个问题可以从三种可能性来思考：一是“性别问题”在当代中国被视为“不重要”也“不重大”，基本被边缘化了；二是认为该问题根本无法从大的社会结构问题中剥离，只有把社会问题弄清楚了，才有可能讨论并解决“性别问题”；三是认为“性别问题”在中国已得到解决，不成为“问题”了①。

事实上，即使深度介入性别研究领域的戴锦华教授在一次访谈中也曾谈到自己的研究立场，她说自己近年来极少单独谈到性别问题，主要是因为在她看来，中国社会“这十多年来的性别议题经常只是一种‘表征’，其背后是一个更大的、更纠缠的、更急迫的社会问题”，“社会的主流逻辑永远是主流的，对性别状况的彻底改变，还有待于社会结构的整体变化，绝对不是通过一己之力能够改变的。而作为个人，只能追求更多的智慧、更多的清醒，除此之外，毫无他法”②。这一观点或许代表了知识界对性别问题较主流的回应及立场。

① 王俊．大学、知识与课程的性别分析——对中国精英大学各类商业化“女性课程班”的审视［J］．妇女研究论丛，2016（3）：5-14.

② 戴锦华．当下的性别想象中，深刻地存在着“多妻制”幽灵［EB/OL］．［2015-12-15］．http：//www.thepaper.cn/newsDetail_forward_1409159.

一方面，在当代中国社会转型、经济转型的大背景中，“妇女问题”、“妇女解放”这样的议题确实无法转换为像新民主主义革命和早期社会主义建设时期那样重大或重要的社会诉求，彰显其巨大的政治能量与社会意义，并成为国家语境中不可或缺的历史遗产和卓有成效的实践典范。另一方面，在国家法律层面上，“男女平等”话语或许早已成为一种被社会（包括主流学界）深刻默认并不受质疑的“元叙事”了。因此，20 世纪 80 年代即使重新开启了当代中国“妇女问题研究”，但其一直就陷入女性学者们“自说自话”的哀怨、尴尬与无奈之中，并未进入主流学界的研究视阈，或者正如戴锦华所谈到的性别议题只是一种“表征”，根本无法单独建构成问题。

尽管这份冷漠与矜持在中国社会有其深刻的历史与文化原因，但是在如今全球化的学术语境中，作为研究者，我们已无法回避这样一个事实：女性主义作为一种从根本上区别于人类有史以来由男权意识形态与社会结构所滋生的哲学观与方法论，对思想、文化、社会、学术（特别是人文社会科学）已产生了广泛的话语渗透与深刻影响，“女性学”已在学术机构中占有一席之地，并发展成具有专业水准的、对当代西方社会批判性最强的一门跨学科学术。事实上，当代女性主义关注的议题早已超越了政治层面的意义，突破了早期纯粹以女性抗争为本的理论探索，论证的重点也由女性的权益转向关注两性差异以及两性权利的互动，女性主义借鉴方兴未艾的后现代文化理论，在挑战西方以男性为中心、科学主义和工具理性为特征的“现代性”理论的霸权方面，已毫无异议地成为西方思想资源的一部分，并为当代反主流文化和知识论述提供了一种令人耳目一新的“叙述方式”。它在解构深层社会意识、思维习惯、文化符码等方面所发挥的重要作用使其在声势强劲的后现代思潮中已居于一个核心位置。特别是女性主义理论家对解构西方传统形而上学的菲勒斯逻格斯中心（Phallologocentrism）二元对立机制所做的探讨和努力①，更加

① 菲勒斯逻格斯中心是由菲勒斯中心和逻格斯中心二词合成。法国哲学家德里达认为，西方社会有一个菲勒斯中心，即男性中心的传统；一个逻格斯中心，即理性中心的传统。这两个传统结合在一起，形成一种鲜明的二元对立的思维模式。他的这一说法被女性主义者吸收利用。

凸显了女性主义理论所具有的开创性、前瞻性风采。伊格尔顿在总结后现代理论带来的可取之处时，就特别强调女性主义关于性别政治的理论在解释历史与现实社会中的重要性，指出，“人们在重新思考‘现代性’的问题时，将不可避免地以女性主义为认识基础”①。

事实上，孟悦、戴锦华在20世纪80年代中期出版的一部颇有影响的著作《浮出历史的地表——现代妇女文学研究》中就已敏锐地意识到了这一现象，指出，“女性问题不是单纯的性别问题或男女权利平等问题，它关系到我们对历史的整体看法和所有解释。女性的群体经验也不单纯是对人类经验的补充或完善，相反，它倒是一种颠覆和重构，它将重新说明整个人类曾以什么方式生存并如何生存。当然，这并不意味着女性将把人类历史归结为性别斗争的历史，实际上，女性所能够书写的并不是另外一种历史，而是一种已然成文的历史的无意识，是一切统治结构为了证明自身天经地义、完美无缺而必须压抑、藏匿、掩盖和抹杀的东西”②。但是，当时对“女性主义”有这种认识和自觉的研究者在国内并不普遍。即使现在，在已然如此开放和国际化的大背景下，无论是大众话语还是主流学术依然对女性主义存在诸多误解与误读。当前各种社交网络上更是充斥着“女权癌”、“女权婊”等大量对女性主义污名化的称谓。近几年，有些议题，如校园内的强奸案、工作场所的性骚扰、男女薪资悬殊和其他女性主义的主题的讨论似乎开始突破小众而成为主流。一些名人也开始“拥抱”“女性主义”这个词，在女性主义充当了流行文化的笑料，因其缺乏幽默、急切和意识形态上的一根筋而被嘲笑了数十年之后，这可谓是一个重要的转折③。但审视学术界的态度，学术主流对女性主义的关注并没有发生太大变化，基本上还依然局限于“女人”的范畴和女学者的小圈子，“在‘后妇女解放’的中国，跟妇女

① 钟雪萍．后妇女解放与自我想象［J］．读书，2005（11）：13-20．

② 孟悦，戴锦华．浮出历史的地表——现代妇女文学研究［M］．郑州：河南人民出版社，1989：4．

③ 王立秋．过了三八节，女性话题就不讨论了吗？（译自 Crispin J. The failures of mainstream feminism）［EB/OL］．［2016-10-27］．https://newrepublic.com/artical/140248/failures-mainstream-feminism-misogyny-doom-hillary-clinton.

和性别有关的问题，在当下（男性）知识分子所关注的问题中，在关于（中国）知识分子的讨论中，基本上少有提及。至于‘女性主义’为何物，与知识分子有何关联，就更在大多数现有思考的视野之外”[①]。中国知识分子及主流学术界对女性主义的疏离乃至隔膜具有非常复杂的原因，前文已略有提及，在此，本论著只探讨中国女性研究者对待女性主义这种理论资源的态度与立场问题。

自从女性主义进入中国后，面对着这一产生于西方特定历史条件与经验基础之上的理论资源，国内的女性研究者也表现出了一种复杂的心态，从未放弃过对其“本土化”的诉求。在这个过程中，女性研究者实际上陷入了一种两难的境地：“一方面，他们既希望通过女性主义的理论来反观当下中国国内的性别政治和女性地位及其变化的历史与现实原因；另一方面，他们同时又要抵制或者反抗一种以西方为准则的权利关系。这一状况实际上反映了中国女性研究者的特定心态——他们既期望得益于西方女性主义理论，同时又不被这些理论背后的西方霸权结构所制约。”[②] 所以，在中国的语境中，对于女性主义这个“舶来品”的理解，如果我们不找到自己的立场，总会有“隔着纱窗看晓雾”的隔膜之感。实际上，当女性主义于 20 世纪 80 年代再次进入中国的时候[③]，国内一些学者在肯定女性主义所提出的性别解放理论具有终极合理性的基础上，曾就其使用单一的社会性别分析而忽视阶级、种族等其他分析范畴提出过质疑和挑战[④]。几乎与此同时，第三世界女性主义者和有色人种女性也对这个问题提出了同样的疑问和批判，这一挑战已引起了西方女性主义学者的广泛反思，其中心是超越白人中产阶级的阶级局限，开始转向对女性研究更广阔丰富的社会内涵的解读。他们发现，在不同的

① 钟雪萍．后妇女解放与自我想象［J］．读书，2005（11）：13-20．

② 钟雪萍．错置的焦虑［J］．读书，2003（4）：47．

③ 据目前查阅的资料来看，女性主义思潮最早进入中国始于“五四”前后，曾对中国近代妇女解放运动产生了积极的影响。所以，在这里，笔者称女性主义是“再次”进入中国。

④ 李小江．女性·主义——文化冲突与身份认同［M］．南京：江苏人民出版社，2000：6-13．

文化里，性别歧视主义并不是女性生活中唯一的压迫力量，而是时常与阶级、种族、结构性的贫困、帝国主义等复杂因素缠绕在一起共同起作用。事实上，正是由于女性主义的这种包容性、开放性为中国学者在传统的阶级分析基础上引入女性主义分析视角提供了条件。从这个意义上讲，女性主义就很难说是西方强加于中国女性的，而是可以在中国的语境中，与开放的马克思主义妇女解放理论和当代中国现实结合起来再去理解的。

无可否认，历史发展到今天，女性主义这一理论资源已经成为当代具有全球意义的社会关注和学术关怀，中国的研究者已无法视而不见。况且，在当今社会经济转型中，中国的“妇女问题”并未消失或者说变得不再重要，相反，在社会性别公正上涌现出的很多新问题亟须我们突破理论上的局限性去面对、去解决。“中国的妇女学自从20世纪80年代中期产生以来，外部一直没有摆脱主流政治意识形态问题中心的影响，马克思主义妇女观在妇女争取社会地位方面做出了贡献，但在妇女和性别的知识体系和学术层面未曾系统累积，该理论在社会层面将‘妇女群体’置于主流政治、社会意识形态的视野，而在社会深层结构的学术体系上，有将妇女边缘化、问题化的倾向”，在思维方式上，“一些学者曾一度将中、西，马克思主义妇女观、女性主义等绝对化并加以对立，甚至将反后殖民与民族主义情结夹杂在一起，作茧自缚地一度拒绝接受外部的理论、方法，在某种程度上影响了我们向外汲取有益的理论营养以丰富我国妇女学的理论宝库”①。在方法论上，绝大多数研究者使用的依然是沿袭已久的“压迫—解放”模式下的“地位中心论”和“问题中心论”，匮乏的方法论使大多数研究在价值观念和研究结论上少有突破。“而自20世纪90年代以后，受西方女性主义思潮的影响，又出现部分学者将性别分析作为分析女性问题的唯一视角，而没有将女性置于转型社会具体情境中考察的狭隘倾向。”② 这就要求我们对女性主义的学术关注

① 杜芳琴. 妇女学和妇女史的本土探索——社会性别视角和跨学科视野［M］. 天津：天津人民出版社，2002：13-14.

② 吴小英. 方法论的女性主义［N］. 光明日报，2004-11-23.

和关怀建立在具体的文化（国家和民族等）含义中，也只有这样，它才会变得有意义①。所以，对中国研究者而言，在借鉴与依附之间应该有一个较为清醒的把握，一方面我们要在西方的语境中反对西方霸权，不要完全被它的关注点所笼罩；另一方面又不能切断与西方的联系，而应对其有价值的学术资源与学术思想、分析方法予以必要的关注和借鉴，这也是学术研究的发展趋势。从这个角度而言，用女性主义认识论和方法论分析中国高等教育的理论话语和实践问题无疑具有启迪意义和理论价值。本论著就是试图借用这种崭新的理论模式和“叙述方式”对高等教育的理论与实践进行“另类”解读。

近20年来，中国的高等教育研究呈繁荣之势，从不同的角度用多元的话语方式来考察高等教育显然是一种研究视野和方法上的进步。本论著正是立足这一点，试图以女性主义认识论为理论工具重新审读高等教育，揭示高等教育还未被大众认识的一面，并为解读中国高等教育中的性别问题提供一种新的思维方式和认识策略。在此需要说明的是，本论著选取女性主义认识论为分析视角解读高等教育主要是一种认识论和方法论层次上的抽象，同时兼顾中国高等教育的特殊性。另外，用女性主义认识论透视高等教育当然也有它的研究立场与研究局限性，事实上，它也不奢望去穷尽高等教育的方方面面，更不会去宣称它对高等教育的解读是绝对公正的、客观的、中立的，而是像“瞎子摸象”一样，只想告诉读者它摸的是哪一部分，这一部分是什么，为什么摸这一部分。这也是本论著希望达成的诉求。

用女性主义认识论来解读高等教育是女性主义思潮在教育领域的体现。首先，它用社会建构性别的观点审视了教育中抽象人的概念并对性别生物化的理解进行了批判。其次，它重新阐释了有关高等教育理论与实践中的知识话语（包括有关性别和性别差异的话语）。对高等教育研究来说，它提供的是一种新的观察视角、一种新的声音、一种新的行动方案和新的评价标准，这在学术研究上无疑是具有启迪意义的。女性主

① 杜芳琴．中国妇女史：从研究走向学科化［J］．山西师范大学学报（社会科学版），2002（3）：93．

义认识论产生于对传统认识论和知识体系的挑战、质疑、批判、解构过程之中，它就知识与性别关系的界说与探讨已成为揭示社会性别生产和再生产过程的锐利工具，并在许多地区的知识生产中发挥了巨大作用，它对一切仍保存社会性别等级制的文化都具有批判意义，它所产生的新的认知方式与知识形式对高等教育的冲击也是根本性的、全方位的：从高等教育的理念到学科、专业分类、课程设置、教学方法以及教育政策等无不受到女性主义的影响。最后，从女性主义认识论的视角出发探讨高等教育的性别化特征，也是开展高等教育跨学科和多学科研究的一种新的尝试。

用女性主义认识论解读高等教育，同时也为女性问题的研究提供了一个新的研究领域。在过去近 20 年的女性研究过程中，我国学者表现出的长处是密切关注女性的现实问题，但是由于理论框架和分析方法的单一与贫乏，大多数研究基本上还停留在关于妇女问题或性别问题的层次上，更缺乏对深层社会文化体制结构和知识制度的剖析力度，研究结论上也鲜有突破。所以本研究在此也为深化中国的性别研究，拓宽女性研究的领域，产生新的学术增长点进行了尝试。

女性主义学术虽然以学院派的面貌出现，但由于女性主义自身所蕴含的社会实践性特点与政治伦理追求（与女性主义运动息息相关），所以，它的最终目的仍是服务于妇女运动，它关心的仍是象牙塔之外真实的社会生活需要，或者说任何女性主义研究本身都可视为女性主义政治和妇女解放运动的一部分。女性主义涉足高等教育的目的旨在消除高等教育和学术界中的性别歧视，建立女性主义的知识图式、文化模式、学术规范和研究方法，以修正男性中心的文化模式、知识传统和研究方法，它的这一目标不仅仅是抽象的学术建构，而且是特别行动的、特别实践性的、特别具体的。所以在高等教育中，它还具有很强的实践意义。具体表现为：促使政府制定支持性别平等的教育政策与法律，消除学科和专业领域的性别隔离，建立无性别歧视的校园空间、学校组织文化、学术生态、教育内容和课堂环境，改变教师的性别角色期待，促进教育行为的变化，强调大学管理机构平等的性别参与，等等。

第二节　文献探讨

一、文献的选择与构成

本论著在写作过程中文献资料的选择，主要包括以下三个部分的内容。

（一）女性主义认识论的研究

女性主义认识论是本研究重要的理论工具，它为审读高等教育提供了分析和解释框架。这部分的文献主要来自西方国家的资料（主要是英文文献）和国内有限的译文及解读。国内研究者原创性的研究寥寥，系统、全面的理论论述更为缺乏，只有一本2013年魏开琼、曹剑波的专著《女性主义知识论》，作者也主要基于对西方女性主义知识理论进行梳理、介绍和分析，关于女性主义认识论更多零星的介绍与论述基本上都渗透在对女性主义哲学、女性主义科学等著作和论文的译介之中。笔者阅读的主要文献大致包括以下文本：*The Science Question in Feminism*、*Whose Science? Whose Knowledge?*、*Rethinking Standpoint Epistemology: What is "Strong Objectivity", in Feminist Epistemologies*、*Situated Knowledge: The Science Question in Feminism and the Privilege of Partial Perspective*、*Feminist Epistemologies*、*Who Can She Know? Feminist Theory and the Construction of Knowledge*、*Feminist Perspectives on Epistemology, Metaphysics, Methodology, and Philosophy of Science*、*Toward a Feminist Epistemology*、*Blank Feminist Thought: Knowledge, Consciousness, and the Politics of Empowerment*、*Gender and Science, in Discovering Reality*、*The Everyday World as Problematic: A Feminist Sociology*、*Feminism Unmodified: Discourses on Life and Law*、*Feminism/Postmodernism*、《科学的文化多元性——后殖民主义、女性主义和认识论》、《科学、文化与性别——女性主义诠释》、《女性主义知识论》、《女性主义哲学——问题、理论和应用》、《女性主义哲学与公共政策》、《女性主义》、《社会性别研究选译》、《批判与重建》、《女性权力的

崛起》、《女性主义思潮导论》、《西方女性主义研究评介》、《女性主义关怀伦理学》、《女权主义的知识分子传统》、《妇女：最漫长的革命》、《西方女性学》、《中国妇女与女性主义思想》、《女性主义理论与流派》、《为正义而辩：女性主义与罗尔斯》等论著。

（二）教育和高等教育研究中的性别议题

这部分文献，笔者主要关注了内地及部分港台学者的研究。尽管对男性与女性在高等教育中的角色期望不同，并在教育过程中有意无意区别待之是长期的社会现实，但高等教育研究中这方面的主题却很少受到教育学术的青睐，只有较少量的研究成果供参考，笔者收集到的具有代表性的文献有：《中国女性高等教育研究》、《妇女教育》、《中国妇女教育》、《性别与教育》、《走进教材和教学的性别世界》、《社会性别与妇女发展》、《女性教育深化研究之我见》、《社会性别视野下的教育传统及其超越》、《高等教育中女性地位研究》、《学术参与：中国高等教育进程中的妇女》、《建国后我国女性接受高等教育的研究》、《首都女大学生现状调查与分析报告》、《高考与女性接受高等教育之现状与展望》、《中国女子教育通史》、《中国女子教育史》、《新中国女子高等教育的成就》、《教育议题的性别视野》、《性别与教育：论性别意识之再制与转化教育》、《教育：回归社会脉络的探讨》、《性别议题与性别平等教育》等。

（三）女性主义视野下的教育与高等教育研究

这部分的文献主要来自西方学者的研究成果（主要为英文文献）和内地及港台有限的译文与研究成果。在西方，女性主义与高等教育的关系非常密切，可以说，现代西方女性主义最活跃的地方是大学，其思想和理论表现最直接、影响最明显的领域是高等教育，所以这方面的资料浩如烟海、非常丰富。笔者在选择的过程中碰到了许多困难：一方面来自翻译理解的问题；另一方面由于西方女性主义流派众多，观点纷呈，如何选取典型性材料也是一个特别困扰人的问题。笔者的做法是：通过阅读经典的女性主义文献，了解女性主义的发展脉络，捕捉其主流和思想灵魂，并在此基础上，选择在当代女性主义学术研究中占主流位置的激进女性主义及其所持的立场认识论作为女性主义的主要代表，关于这一点上，笔者认同美国著名社会理论学家史蒂文·塞德曼所言，“自由的女性主义主宰了妇女运动的政治，而激进的女性主义则捕捉到了它的灵魂”①。基于此，在文献的选择中，笔者坚持以下三个原则：一是选择在学术上影响较大的；二是以激进女性主义及其所持的立场认识论为主，同时兼顾其他理论流派；三是以从教育学（特别是教育理论）、高等教育学、哲学、社会学和历史学等角度研究高等教育中性别问题的文献为主。即便如此，笔者很可能依然是挂一漏万。在查阅的文献中，笔者阅读的颇具代表性的论著有：*Women in Higher Education：A Feminist Perspective*、*Changing the Educational Landscape：Philosophy, Women, and Curriculum*、*Feminism and the Education of Woman*、*When Women Ask the Questions-Creating Women's Studies in America*、*Why Doesn't This Feel Empowering? Working Through the Repressive Myths of Critical Pedagogy*、*Gender and Higher Education in the Progressive Era*、*Gender and Subject in Higher Education*、*World Yearbook of Education：The Gender Gap in Higher Education*、*Men's Studies Modified：The Impact of Feminism on the Disciplines*、*Feminist Phase Theory*、*Conception, Contradiction, and Curriculum*、*Women's Studies as an Academic Discipline：Why and How to Do It*、*Curing：A Feminist Approach to Ethics and Moral Education*、*Women's Studies, Feminist Goals, and the Science of Women*、*Transforming the Curriculum：Ethnic Studies and Women's Studies*、*Feminist Thought：Desire, Power, and Academic Discourse*、*Feminist Teaching in Theory and Practice：Situating Power and Knowledge in Poststructural Classrooms*、《不守规矩的知识》、《赋知识以社会性别》、《教育学发展的女性主义观点：女性主义教育学初探》、《赋教育以社会性别》、《理解课程》、《西方女性主义教育述评》、《现代西方女性主义的教育理论与实践》、《女性主义教育观及其实践》、《妇女与社会性别学通讯》等文献。

---

① 塞德曼．有争议的知识——后现代时代的社会理论［M］．刘北成，等译．北京：中国人民大学出版社，2002：167．

二、文献综述

上述文献主要关注了以下几个方面的主题。

（一）女性主义认识论

女性主义认识论始于女性主义哲学家对传统认识论中的认识客观性和价值中立的批判。西方传统的认识论认为人类的认识应该是客观的、价值无涉的；以“上帝之眼”在“无源之处”看问题，从而达到与价值无关的客观性，是认识的最高和终极理想；在认识过程中普遍认为，认识对象在认识者之外，知识反映独立存在的世界，有一套普遍的检验和证实原则或标准可使人们达到这种理想。女性主义哲学家指出这种理想既是不可能达到的，也是不可想望的。女性主义哲学家指出，知识产生时的主体性印记（包括性别身份）是不可避免的，知识都带有知识生产者的标记，这种主观性既反映在研究设计上，也表达在终极结果上。但是，在传统的认识理论中有关女性和女性的知识、认知，因为其“非客观性”，不是被“消音”就是被“歪曲”。通过对人类知识的检视，女性主义提出，女性的主体性也应该印在知识生产的标记上，这包括女性的经验、女性的视角和女性在历史上的真实存在及对社会的真实贡献。由于女性的特点及其处于被压迫的地位，从她们作为边缘人的立场出发，可以产生更少偏见和歪曲的知识，由此导致女性主义的经验认识论和立场认识论。由于受到后现代主义的影响，现在的女性主义者认识到不同的女性都有她们独特的经验和知识，知识和实在都是不完整的，因此重要的不是谁的知识更可靠，而是给新知识和社会实践一个存在的可能性和空间，将各种知识集合起来组成一个我们认为是实在的马赛克。

（二）教育（高等教育）与人的社会性别形成

在绝大多数研究者看来，教育与人的社会性别形成极为相关，所以，他们特别关注教育（高等教育）在人的性别社会化过程中扮演的角色，同时，他们相信教育在“消除人的性别不平等上有可能发挥重要作用”。绝大多数非女性主义学者持结构功能学派（也称和谐理论学派）的观点，主张教育体制是个人社会化的重要机制，教育不仅要传递重要的（主流的）知识技能，以促进社会的和谐共存，更要让每一个人认同其应扮演的角色。而女性主义学者在人的社会性别形成与认定的问题上基本上都持社会建构论的观点，在性别与教育的关系上绝大多数认同冲突理论学派的观点。不同的女性主义团体和派别在看待教育机制的问题上虽然存在着意见分歧，但是他们都要求用社会性别的视角重新审视教育，审视学校生活的本质特性，检查学校的课程设置、教学原则、教育工作者对于不同性别教育对象所采取的态度和方法等，以消除教育中的性别歧视，使教育成为实现社会性别公平的重要途径。在他们看来，由于我们的社会还远未达到理想的境界，所以一代一代传递下来的往往是“是什么”而不是“应该是什么”。社会性别问题也是一样，学校教育机构总是不断地再生产性别差异和性别刻板角色，学生很少处在培养性别公平的环境之中。具体到高等教育上，学者们大都认为高等教育对社会性别的塑造并不起决定性的作用。叶澜教授指出，“性别研究的必要性既来自自然差异的客观存在，也来自社会上性别歧视的客观存在。显然，自然差异不是由教育决定的，社会差异也主要是由历史、经济、文化、传统等因素决定的，教育在这个领域内能起的作用只是强化或弱化、顺应或改造，它不是一个决定性因素，只是一个局部因素”。在女性主义者看来，不管高等教育在人的性别社会化问题上起到多大的作用，但有一点是可以肯定的，那就是高等教育应该成为而且可以成为终止女性附属地位的重要环节，事实上，现有的高等教育系统并未充分发挥好这个作用，它的批判性功能并没有关注到现存社会性别制度，相反，它基本上是在顺应甚至强化传统的社会性别制度，对于其所扮演的复制社会性别的角色需要反思和批判，特别是在知识的问题上它有不可推卸的责任。

（三）关于两性差异（两性关系）与教育

对这个问题的研究，大多采取心理学与教育学的研究取向，主要涉及以下几个方面：女性与男性相对而言的特殊性究竟表现在哪些方面（领域）；这些特殊性哪些是由性别、天生的差异（生物性方面）决定的，哪些是由社会对性别差异所持的传统、态度、规范甚至法律所带来的；哪些是显性的，哪些是隐性的；哪些是男女两性自身具有的，哪些是社会强加的，哪些又是社会强加以后男女两性逐渐或者在不同程度上认同的，等等。对于这些问题的阐释，不同的女性主义流派认识不一样，但他们基本上都反对生物决定论的观点，认为那是为两性教育机会分配不均提供正当性的解释基础，阻碍女性争取平等教育权的进程。一般说来，传统女性主义理论或称经典女性主义理论认为，不平等两性关系的形成经历了三种差异的转变阶段：首先是从生理差异向社会差异的转变，然后由社会差异产生价值关系的价值差异，最后价值差异导致不平等的社会现象。所以，他们主张消解“差异”以追求“平等”。在教育问题上他们主要关注男女平等的受教育权利和教育行为中的显性性别歧视等。

20世纪80年代以来，两性“差异性”受到挑战，一方面来自黑人女性主义者，但最为根本的也最具有颠覆性的挑战则来自后现代女性主义，后现代女性主义思潮在教育领域的反映主要是通过后现代女性主义教育学表述出来的。它们清醒地意识到：在人类社会存在的各种差别中，男女性别差异可能是最持久存在的一种差异了。因此，其不平等的表现形式更为复杂。就教育而言，近代以来，西方各国女性已经相继获得法律上的教育权利，但是，越来越多的事实表明，入学机会均等虽然是实现男女平等的重要内容，但并不是唯一的内容，实现平等的更为重要的指标是教育环境的公平、教育资源分配的公平，以及男女两性在教育中获得自身发展的条件和机会的公平，女性主义对于认识教育权利和资源享有方面存在差异，教育对个体身份认同和行为选择方面提供了新的视角。

（四）男性中心的学科、课程知识体系

女性主义者用社会性别的视角审视大学各学科课程知识体系时发现：它们是充满性别偏见与歧视的学科和“父权课程”，在其间女性以及相关议题被忽略和歪曲，其结果是复制了社会刻板的性别分工与性别统治，这种现象应该予以纠正，避免性别不平等在教育中被复制。为了改变这一状况，女性主义学者致力于“妇女学”的学科建设和课程推广，把女性主义的研究成果直接带进大学课堂，培养学生的批判分析能力并建立新的知识结构，提高其社会性别觉悟，为他们以后在社会各领域有意识地从事社会变革打下基础。

（五）女性心理、认知发展与教育

女性主义心理学家卡罗尔·吉利根研究了女大学生的道德发展水平，指出发展经历的不同使得男女两性在价值观、道德观和认知方式上都有“本质性的差异”。布莱思·克林奇等学者也通过研究发现，女性具有与男性不同的认识世界和观察自我的方式，根据他们的研究，布莱思·克林奇及其合作者认为现在的学校教学模式都是以理性为基础，以男性的认知方式为正统和标准建构的，不利于女性的知识成长。他们提出，女性在教育过程中更适合“连结教学”模式。这些研究虽然其“本质论”的倾向和研究方法引起了诸多争议和批判，但他们对于女学生主体体验、认知方式和教学情境与方法的研究同时也引发了学术界和教育界的关注。

（六）女性主义教学论

女性主义教育学学者将其学术理念直接带入大学课堂教学之中，将女性主义运动的方法论——“意识激发”（consciousness-raising）转化为教学方法论，强调在女性主义学术和互动式的学习方式、无社会等级的课堂之间建立联系。关注学生个人经验和经历的重要性，赋权给学生，持“去中心化”的多元主体的主张，对教学中的权利结构进行批判，并分析了课堂内女性失权的行为和情境，以及权利关系中处于不同位置的女性间的相互关系，把知识和社会行为相联系，以便发展一种多元文化的女性主义教学论。

三、文献评论

从文献研究中发现：在西方，女性主义认识论已在高等教育研究中有充分的体现，特别是20世纪90年代以来，随着女性主义学术对性别与知识关系问题探讨的深入，对西方文化与知识传统的批判与重建也就成了女性主义的关注重点，女性学课程在大学中的推广与传播更是直接影响到了社会关于高等教育的理解与认识，它“不仅为教学和科研提供了新面孔、新视角和新方法，还为高等教育重新引进了许多非教会学校所缺乏的道德探询”①。高等教育是女性主义学者甚为关注的领域，教育

① BOXER M J. When women ask the questions: creating women's studies in America [M]. Baltimore: The Johns Hopkins University Press, 1998: 81.

也是女性主义研究最为繁荣的学科之一。其中关于高等教育政策、高等教育历史、教育社会学（特别是有关大学女教师、女学生、女行政领导的研究）、教育心理学、课程论、教学论等主题的研究，女性主义都有大量的研究成果出现，并对高等教育的理论与实践产生了重要影响。但是笔者通过文献梳理发现，西方女性主义学者对教育领域的关注，尽管议题广泛，研究方法多样，且对教育过程中的性别不平等现象多有检视，但采取实证研究，从个人层次分析的论文（论著）较多，而触及教育哲学，从认识论层面研究的成果并不多，且不成系统。特别是在高等教育研究领域，主流的研究关怀与中国国内的研究大致相似，女性主义对高等教育认识论层面的介入还非常零散，对高等教育研究的影响也还非常有限。

在国内，我们对这方面知识的认识和了解更极为有限，绝大多数学者尚不了解女性主义在国际上作为一个学术研究视角的价值，以及它对教育领域的反思、渗透和改造情况，男女性别公正的教育理论和实践还远未引起社会的普遍关注，人们对于教育中出现的性别问题还习惯于从生理、心理和自然因素等固有的观念去认识、阐释。作为高等教育而言，主流的高等教育研究和大学教学还远未将性别因素作为一个重要的分析范畴和内容来对待，大学里的人文社会科学课程至今还很少包含国际上从社会性别角度创造的新知识，中国改革开放以来女性研究的成果也极少能进入大学课堂①。性别的存在和影响是人类社会中一个无法回避的事实，它对教育、高等教育的影响无论是在公开的政策文本、教育规则框架内进行，还是在潜规则影响下的一种“暗箱操作”，都是一种非常复杂的社会现象。因此，对于这一问题的认识与解释，需要我们突破现有理论的局限性、研究方法的单一性、思维方式的狭隘性，拓宽研究视野，解放思想。正是本着这样的认识，笔者选择女性主义认识论作为理论分析工具来重新审视高等教育。

从国内现有的有关高等教育研究的文献来看，绝大多数研究基本上还是沿用传统的研究视角与方法，即在“地位高下”的框架下，局限于

① 王政．浅议社会性别学在中国的发展［M］//杜芳琴，王向贤．妇女与社会性别研究在中国（1987—2003）．天津：天津人民出版社，2003：32．

“问题中心”（关于妇女问题或从妇女出了问题这个角度来探讨）的一般性研究，把女性依然作为研究的客体待之，鲜有从认识论的角度把女性主体性和处境作为研究的核心关怀，研究的方法也大都沿袭传统的学术方法而非女性主义所特有的社会性别分析方法。虽有张晓明、杜学元等学者关于高等教育学的博士学位论文在研究中强调了其女性主义分析视角，且对中国高等教育中的性别问题进行了非常深入而有益的探索，但缺乏对当代女性主义最为核心的主题——知识领域的理论尚未展开深入思考。

在本论著中，笔者尝试站在女性主义认识论的立场，使用女性主义独特的社会性别视角和特有的性别分析方法，把女性作为研究的主体待之，把“高等教育中的性别问题”转变成为“女性主义认识论中的高等教育问题”，希望给这一古老的问题以新的阐释。论著通过审视人们习以为常的社会性别观念，提出了女性（女性气质）与高深学问的悖论是高等教育性别歧视的知识论根源，质疑了学科的性别意识形态，分析了课程所蕴含的性别属性，反思了大学教学中的权力问题，解构了高等教育“知识中立”的神话，指出要解决高等教育中的性别问题就必须深入认识论层次的批判，省思知识领域的性别意识形态，揭示高等教育自身所蕴含的性别化特征。

第三节　本论著的研究视角、框架及方法

一、研究视角

本论著属于基础理论性研究。对于这种文本的思考和写作，笔者在宏观的布局谋篇上借鉴了哲学的研究范式，即把事实、问题从具体中抽象出来，并放在本研究的理论工具——“女性主义认识论”的框架中来审读，进行逻辑推理、演绎论证，因此，本研究也可被视为女性主义的高等教育哲学。论著以社会性别为基本分析视角，从历史与逻辑两个维度展开。首先，从历史的维度提出问题，即从高等教育与女性疏离的历史与现实中，梳理出“知识与性别”这条线索，作为解释女性在高等教育中受排斥、受歧视的一个重要认识视角；其次，论著从逻辑的维度对问题进行分析。如何组织这个逻辑系统呢？笔者从高等教育中提炼出了

四个核心概念：高深学问、学科、课程、教学作为支撑本研究逻辑体系的主干，并分别对其进行社会性别分析，以期寻求一种阐释性认识。从知识的角度而言，就是以高等教育为体制依托，涉及对知识自身、知识的建构（高深学问）、知识的分类与选择（学科）、知识的选择与组织（课程）、知识的传授（教学）等方面与性别相关性的研究，通过这样的分析，本研究力图阐释出高等教育中性别歧视的认识论（知识论）根源，为高等教育中性别问题的认识提供新的解释框架和解决策略。

二、研究框架与方法

本论著分为六章，其基本框架如下。

第一章对本研究的理论基础——女性主义认识论进行了系统阐释，并界定和辨析了研究中所使用的基本概念，为本书后面的分析和解释奠定了基础。

第二章从历史的维度提出问题，即从高等教育与女性疏离的历史与现实中，梳理出“知识与性别”这条线索，作为解释女性在高等教育中边缘化、受排斥和受歧视的一个重要认识视角。

第三章以“高深学问”作为核心概念，论述其在观念、建构主体、建构原则、建构逻辑、论述主题及研究方法上与传统社会性别制度之间密切的关联性和同构性，为高等教育中的性别霸权提供知识论上的解释。

第四章以“学科”作为核心概念，分析了其间所隐含的权力、利益基础以及性别意识形态，从而提出了女性主义的学科构想。

第五章以“课程”作为核心概念，分析和批判了课程作为“性别文本”存在的认识论基础，并通过阐述“女性学”对传统大学课程的反思与改造，希冀改变课程文化的男性权威形象，为女性融入高等教育体系，成为真正的知识主体，提供一个重要的知识基地和平台。

第六章以“教学”作为核心概念，揭示了大学课堂中的权力问题，批判隐藏其间的性别立场，并对女性主义创设出的一种新的教学理念与方法——“女性主义教学论”进行了阐释与分析。

基于以上的分析框架，本研究通过文献梳理，宏观上采取了哲学的一般方法，如逻辑推理、演绎论证、辩证分析等；在微观上，采用了社会性别分析法、历史逻辑分析法、社会冲突分析法、解释学的分析方法等。

第一章　女性·知识·话语——女性主义认识论

长期以来，知识被看作对客观世界及其规律的把握，它独立于人的价值观念和社会意识形态，真正的知识被视为永恒之真理，具有被广泛认可的普遍性、必然性和有效性。但是自20世纪以来，随着知识领域与世界图景的一系列变化，传统知识观遭遇了严峻的挑战，纯真知识受到前所未有的诘难。在哲学社会科学研究领域，让-保罗·萨特反对先验本质的寻求，埃德蒙德·古斯塔夫·阿尔布雷希特·胡塞尔“悬置”本质执着现象，马丁·海德格尔对“此在”的时间性追问，汉斯·伽达默尔对人文学科“真理”问题的深入探索，理查德·罗蒂对知识与真理传统概念的颠覆，米歇尔·福柯惊世骇俗的知识（权力）观，雅克·德里达对一切“在场的形而上学”的拒斥，让-弗朗索瓦·利奥塔对科学知识合法性危机的密切关注，保罗·费耶阿本德对真理与知识论存在必要性的质疑，等等，这些思想领域的探索，在新的认识论视阈和社会政治背景中进一步考察了人类知识（包括科学知识）所蕴含的社会性质、历史性质、意识形态性质、权力性质等，从根本上改变了人类对知识的认识，并由此导致20世纪的认识论在很大程度上让位于或转变为科学哲学和知识社会学。“知识”、“科学”、“话语”、“权力”等构成了任何一个历史时期人们都“无法逃脱的思想结构”①。

“女性主义”哲学正是在这种众生喧哗的热闹场景中，以独特的性别视角介入知识批判领域。通过对人类知识的系统考察，女性主义者发

---

①　石中英. 知识转型与教育改革［M］. 北京：教育科学出版社，2001：24.

现：女性被知识压制、遗忘和伤害是一出漫长的、寓意深刻的历史剧，在那里，只有男性才是合法的知识主体和话语主体，人类迄今为止的绝大部分知识都是基于“男性中心主义的”父权式知识，而女性由于天生被视为理智上的弱者，从来就没有成长为主体去参与创造知识、组织知识、分享知识、传承知识；即使是“叙述”女性经验和关于女性的知识，也是从男性视角和立场出发言说，并由已有的男性化知识重构和命名的。由于女性自身的经验都被男性知识重构，以至于根本就不存在描述女性经验的话语，即在知识领域中女性的经验由于无法叙述而变成失语①。而那些基于女性的经验，由女性所创造出来的知识，常常被主流知识界视为非客观的，长期以来，只能在晦暗地带低回浅唱，很难获得“知识”的认同、接受与尊重，“知识”所拥有的理性、荣光和优越与女性的性别、经验之间存在着无法逾越的鸿沟。为此，女性主义学者发出了“纯真知识终结”的慨叹②，提出了“谁之科学”、“谁之知识”的质询③。渴望发出女性的声音，建构女性自己的知识与话语体系已成为当代女性主义学者的共识。女性主义认识论正是通过对知识观的性别揭示，为可能的人、可能的认识、可能的知识、可能的方式提供了一个存在的空间，并在学术讲坛上争得了一席之地。

第一节　女性主义与女性主义学术

一、女性主义界说

“女性主义”是一个纯粹的外来词。此词源出法文“feminisme”，根据美国耶鲁大学美国史教授兼妇女研究课程主任南希・柯德的研究，该

---

① 佟新．女性的生活经验与女性主义认识论［M］//杜芳琴，王向贤．妇女与社会性别研究在中国（1987—2003）．天津：天津人民出版社，2003：474.

② FLAX J. The end of innocence［M］//BUTLER B J，SCOTT J W. Feminists theorize the political. New York：Routledge，1992.

③ HARDING S. Whose science? Whose knowledge?［M］. New York：Cornell University Press，1991.

词是创立法国第一个妇女参政会的法国女子奥克雷在其1882年出版的期刊《女市民》中首度用来自我指涉时提出的。到了19世纪90年代，法国妇女团体或妇女刊物虽然时常引用它，但是温和派的妇女平权倡导者往往刻意要与它保持距离，自称她们的组织是“女性的”，而非“女性主义的”。10年之后，于巴黎召开的一个妇女议题讨论会首次冠以“女性主义者”之名。直至20世纪初叶，“女性主义”才被法国各派争取妇女选举权运动者所接受。有趣的是，为了证明自己是铸造这个具有原创性新名词的功臣，奥克雷还曾把她25年前写的一封信拿出来公开发表以宣示“知识产权”呢①。关于女性主义的内涵，法国有学者曾用它来表达“一种有关妇女解放的新观点”②。曾组织“全美妇女选举权联合会”并领导美国女性争取到投票权的凯特女士对女性主义所下的定义则是“反抗举世用法律和习俗强行阻挠妇女享有自由的一切人为障碍”，她说，“像启蒙思潮和民主政体一般，女性主义是一种进化……没有领袖，也无须组织，而且因各个地区的特殊需要与特定的宗旨而有不同的含义”。1914年春天，美国一本综合性杂志《世纪》月刊的首篇社论里曾这样声明道：“为女性主义下定义的时候来到了，我们再不可能置之不理。”这篇社论还写道：“它的胚芽已在我们妇女的血液里，它的原则已在我们民族的心胸里，我们的报纸上天天有这个字眼，人人嘴里都讲得出它的大道理，说得出一些顺理成章的意见。”③ 由于该词意蕴丰富，包容性强，20世纪10年代以后，女性主义逐渐开始在英、美等国及世界范围内流行开来。

要弄清女性主义的内涵就必须了解其发展历史。有关女性主义的历史发展有着不同的分期方法，被我国学界普遍接受的是“两次浪潮说”

① 杨美惠．“女性主义”一词的诞生［Z］//郑新蓉，史静寰，强海燕．赋教育以社会性别．2000：77-78.

② ROWBOTHAM S. Women in movement：feminism and social action［M］. New York：Routledge，1992：8.

③ 杨美惠．“女性主义”一词的诞生［Z］//郑新蓉，史静寰，强海燕．赋教育以社会性别．2000：77-78.

和法国女性主义学者朱丽娅・克里斯蒂娃所提出的"代际说"①。

一般认为，第一次女性主义浪潮最早始于19世纪末，但通常用来指1890年到1920年英、美等国妇女争取选举权与基本公民权的社会运动。玛丽・沃尔斯通克拉夫特的《女权辩护》、约翰・斯图尔特・穆勒的《妇女的屈从地位》、萨拉・格里姆凯的《平等论信札》以及由美国女权主义运动的领导者伊丽莎白・卡迪・斯坦顿起草的《权利与意见宣言》等论著为这次浪潮提供了丰厚的思想基础。他们借用启蒙时期所推崇的自由主义与人道主义理念，强调女性和男性在本体论上完全一致，在精神与智力上是平等的，并希望由此来谋求女性与男性在社会政治权利上的平等。这次浪潮主要关注女性集体的政治社会权益，它为女性争取了公民权，并为女性接受高等教育，走向社会，进入公共领域创造了机会。

始于20世纪60年代的第二次女性主义浪潮规模宏大，涉及欧美诸多发达国家。这次女性主义浪潮的关注点已不再局限于男女平等权利的获得和社会政治层面的认同，而是将注意力转移到主体内在的文化、心理层面。女性主义者在承认男女差异的基础上，开始深入探讨性别歧视的思想、文化与社会的根源与运作。其中西蒙娜・德・波伏娃的《第二性》、贝蒂・弗里丹的《女性的奥秘》、舒拉米斯・费尔斯通的《性的辩

① 本论著在此也采用"两次浪潮说"，并在后面进行了一定的阐释和说明。法国女性主义学者克里斯蒂娃提出的"代际说"，突出女性主义文学批评的实践性和历史性，这种说法在女性主义文学批评中被广泛认同。克里斯蒂娃在《妇女与时间》一文中认为，第一代女性主义运动植根于国家的社会政治生活中；20世纪60年代出现的新一代女性主义不再局限于社会政治层面的认同，而将注意力转移到主体内在的文化、心理层面；而且第三代女性主义正在形成中。这里的"代"与其说是时间，还不如说是"一个意指空间，一个肉体的、欲望的心理空间"（参阅张京媛．当代女性主义文学批评［M］．北京：北京大学出版社，1992：352-353，367．）。除此之外，还有一种"三次浪潮说"也常被提及。它主要指20世纪80年代后，随着西方国家进入后工业化社会，女性主义内部也出现了更多代表不同群体的声音，走向了多元化的理论格局，特别是后现代女性主义思潮的兴起，因此，有学者将第二次女性主义浪潮局限在20世纪六七十年代，而称80年代之后的女性主义思潮为"第三次浪潮"（参阅 Diana H C. Women in political theory：from ancient misogyny to contemporary feminism［M］. New York：Harvester Wheat Sheaf，1993：184．）。

证法》以及凯特·米利特的《性政治》等论著被视为这一时期的理论经典。一般认为，女性主义的第二次浪潮直接促进了妇女运动在学术界的延伸，并催生了当代女性主义理论和“女性学”学科的建立，它对业已确立的学术研究理念和实践活动进行了全方位的质疑和挑战。特别是这一时期涌现出了诸多观点纷呈的女性主义流派，它们活跃于学术界的各个领域，直接推动了诸如女性主义哲学、女性主义文学、女性主义心理学、女性主义社会学、妇女史等一大批新的研究方向和交叉学科的出现，性别因素也逐渐成为学术界研究社会现象和行为不可或缺的解释性变量。

女性主义的这两次浪潮都对中国社会产生了一定的影响。“五四”新文化运动时期，女性主义开始传入中国，当时人们把它翻译成“女权主义”、“女性主义”、“女子霸权主义”、“男女平权主义”、“女子主义”、“妇女主义”、“弗灭涅士姆”（音译）等，其中“女权主义”和“女性主义”最为常见。但是，几乎所有的译者都认为至今还未找到对“feminism”最恰当的翻译。留美学者王政对此有较为明晰的说明，她认为，“feminism 有别于各种‘主义’，它不是由几条定义和一系列连贯的概念组成的一种固定不变的学说，也不是排斥异己，追求占据思想领域中霸权地位的真理，而是一个开放的、动态的、涵盖面极广的各种思想交锋、交融的场所，它历来同时包括理论与实践”①。在目前还没有更好译词的情况下，国内绝大多数译者和研究者在“女性主义”或者“女权主义”两者之间做了选择。笔者在本论著中使用“女性主义”主要是基于以下考虑：长期以来，由于人们已对“女权主义”这一概念存在太多的偏见和误读，认为“女权主义”的“权”字作“权力”、“权利”解，就是女性不顾一切地要向男性争夺权力，甚至去谋求女子霸权。但是我们现在谈论“feminism”并非仅是简单地从权力或权利层面来突出女性的权益，特别是现当代女性主义在与各种文化理论对话、挑战不同的学术思想的同时，也在不断地强化自身理论体系并谋取在学院中的地位，

① 王政，杜芳琴．社会性别研究选译［M］．北京：生活·读书·新知三联书店，1998：8．

特别强调女性主义作为文化资源的重要意义。所以，应该有一种新的译文来凸显其新的意义与内涵，基于本论著主要关注的是女性主义对知识领域的反思、批判与重构，故选取“女性主义”的译法。但需说明的是，本论著在引用其他研究者的观点与论述时，将尊重原作者的译法与提法。事实上，正如戴锦华所言，把“feminism”“翻译成什么并不重要，最重要的是在这个称谓下，我们想做什么，我们在做什么，我们能够做什么”①。

西方女性主义自身并不是一个完整严密的思想体系。在对其内涵的界定上，由于女性主义流派各异，分属时代不同，再加上学者个人的理解和学术旨趣也大不一样，所以其主张也色彩纷呈，至今仍未达成关于女性主义可普遍接受的定义。有的把其定义为一种“政治经济斗争”，有的视其为一种“意识形态”，有的认为它是一种“学说”，有的则认为它是一种“社会运动”。综合女性主义各个层面的研究可以发现，对女性主义内涵的界定基本上包含两个层面的内容：实践层面的社会政治运动和意识形态，理论层面的学说或认识论、方法论原则。

把女性主义看作一种社会政治运动和意识形态主要是强调其性别政治立场，指女性为争取与男性平等的权利和机会，以期从父权制文化、制度的压迫和从属地位中解放出来而进行的运动和斗争，又称妇女运动或女权运动。它既包括政治运动本身，也包括运动所依据的意识形态主张。但关注女性主义政治层面意义的人对它是否具备普遍、客观意义上的理论与方法论方面的学术品性持怀疑态度，这也反映了女性主义者对理论本身与女性的关系的疑惑：首先，对有些妇女来说，理论与自己似乎是风马牛不相及的，它是男性的专属；另一些妇女则对理论抱有敌意，因为各种社会科学理论一直被用来压制妇女。此外，少数具有精英教育背景的妇女所从事的理论化工作又是广大妇女不可企及的②。

至于把女性主义视为一种学说或认识论、方法论原则，基本上是始

① 戴锦华．犹在镜中：戴锦华访谈录［M］．北京：知识出版社，1999：148.

② 刘霓．西方女性学——起源、内涵与发展［M］．北京：社会科学文献出版社，2000：39.

于前面所提及的20世纪六七十年代之后的西方女性主义第二次浪潮。这一时期，西方国家女性接受高等教育已经十分普遍，大量知识界女性的加入为妇女运动增添了理论色彩，也为女性主义从运动、实践层面向学术界的延伸奠定了基础。到了20世纪80年代由学院派女性主义（academic feminism）所创立的女性主义学术（feminist scholarship）已在学术领域独树一帜，它从独特的性别视角出发，对西方整个学术传统和教育体制进行重新审视，批判其“性别主义”① 倾向，认为传统学术主要以占统治地位的白种男性的生活为基础，忽视和排斥了女性的经验，因而充满了男性的偏见，他们试图通过建构女性主义知识图式和女性主义学术来创造一个没有性别歧视的社会。这一时期的女性主义关注“已超越了‘妇女问题’和‘性别问题’本身而指向造成这些问题的父权制制度和男性中心文化，成为反主流文化中具有代表性的文化视角和研究方法之一”②。

所以，从以上几个层面来看，女性主义实际上具有多面体的含义，无论人们从哪个层面来讨论、指称女性主义都具有合理性。本论著所关注的主要是后一种意义上的女性主义，即女性主义学术。

二、女性主义学术及其核心范畴“社会性别”

给女性主义学术进行明确的界定是有一定难度的。诚如莱因哈兹所言：女性主义的定义因人们的阶级、种族、时代、性取向的差异而有所不同。由于对特定议题的见解也互不相同，女性主义学术本身在理论与立场上就存在诸多分歧，至今仍然缺乏（女性主义者似乎也不追求）统一性和一致性，所以，女性主义内部持久而激烈的理论论争始终存在。从理论研究分野上命名的女性主义就有自由主义女性主义、激进女性主

① 性别主义（sexism），也称性别歧视主义，指基于人的生物或社会性别对人的歧视与偏见，尤其是对女性的歧视。这个词汇起源于20世纪60年代的美国，泛指一切歧视女性的态度与做法，并表示对此种态度与做法的批判。研究表明，一切被视为与男性有关的特点及事物都被看作有价值的、规范的；而被视为与女性有关的一切则被贬值，被认为是偏离常规的。这种对于男性及女性的不平等的社会认识使得性别主义作为一种强大的势力得以在不同的社会中延续。

② 吴小英．科学、文化与性别——女性主义的诠释［M］．北京：中国社会科学出版社，2000：5.

义、社会主义女性主义、马克思主义女性主义、心理分析女性主义、后现代女性主义等。除此之外，在欧美女性主义思潮的全球化趋势中，还有自认为可以代表本土和本民族立场与利益的黑人女性主义和第三世界女性主义等①。女性主义各流派之间的差异在女性主义者看来应该是好事，因为缺乏所谓的正统更能允许思想与行动的自由，因此莱因哈兹主张使用复数的女性主义研究（女性主义学术）②。尽管如此，女性主义学术仍可以简约地看作从女性主义立场出发的学术研究，是具有女性主义观点和立场的学者所从事的研究，它不仅仅是关于女性的研究，更是为了女性的研究③，它的学术目标是通过对人类知识的所谓客观性提出质疑和解构它的假设，来批判并改变现存知识中男性中心的弊端，重视用女性的观点来看待人类的经验，从而使女性在本体论、认识论上真正获得自主和解放。女性主义学术在具体的研究者和不同的研究主题中也以"女性主义研究"和"女性主义批判"这样的概念出现，它们基本被视为同义词④。

当代女性主义学术在国际上已有 30 多年的发展历史。这 30 多年里，

---

① 关于女性主义流派的划分有多种标准，或依地域，或依其政治主张，或依其方法论原则。如按地域划分则有英国女性主义、美国女性主义、法国女性主义等，这种划分主要鉴于欧美各国女性主义所走的不同历史道路而形成，同时它也代表了一定的理论倾向，女性主义学者埃莲娜·萧瓦特曾对此做过总结，"英国女性主义批评基本上是马克思主义的，它着重在压迫；法国女性主义批评基本上是精神分析的，它着重在压抑；美国女性主义则是文本分析的，它着重在再现"。如按政治主张或方法论原则划分，有较为笼统的说法，如本论著所提及的女性主义各流派；也有按历史时期明确界定各流派的说法，如传统女性主义三大流派（自由主义女性主义、马克思主义女性主义和社会主义女性主义、激进女性主义）、新女性主义三大流派（后现代女性主义、精神分析女性主义、后殖民女性主义）以及其他女性主义流派（如存在女性主义、生态女性主义、同性恋女性主义等）。

② REINHHARZ S, DAVIDMAN L. Feminist methods in social research [M]. New York: Oxford University Press, 1992: 3.

③ MILLER C, TREITEL C. Feminist research methods: an annotated bibliography [M]. New York: Greenwood Press, 1991: 33.

④ 刘霓. 西方女性学——起源、内涵与发展 [M]. 北京：社会科学文献出版社，2000：37.

女性主义学术与后结构主义、后现代主义、后殖民主义交融，成为对传统知识体系批判、解构和创建新知识的重要阵地，故而带有明显的反传统、反主流文化的特征。女性主义学术内涵极其丰富，并涉及人文社会科学各个领域，女性主义学术的主导思想是要强调这样一个事实：所有学科的知识都是无视性别的，女性一直被系统的知识所遗漏，它们只将男性价值与经验作为人类生活的全部内容予以表现和描述，并自我标榜为“客观”与“真理”，而女性主义学术正是要纠正学术界和教育界的这种偏向。它的学术发展大致分为四个阶段：一是结合，即将女性包容进去以弥补现存知识的缺陷，并借助学院发展计划加到课程内，用夏洛特·邦琦所批判的那句人们耳熟能详的名句来表达就是“加点女人然后炒一炒”。二是从根本上对一向以男性为主导地位的学科领域所形成的知识主体进行重新思考，并对一般性的学术概念进行反思，包括每一学科领域的前提、理论框架、研究材料和结论解释等。三是建立女性主义的知识图式、文化模式和研究方法，以修正和取代男性中心主义的（androcentric）文化模式、知识传统和研究方法。今天我们看到的女性主义哲学、女性主义经济学、女性主义心理学、女性主义社会学、人类学与语言学、女性主义文学批评等种种标识和论著，都是女性主义学术知识的成就。四是多元焦点的相关学术阶段。这个阶段全面地看待人类的经历，“确定把人性中不同面结合在一起的因素和使它们分离的因素”①。

今天的女性主义学术已包含着极其丰富的理论、多种分析范畴和研究方法，但是作为一个学术领域，它最基本的标识却不容忽视，那就是对“社会性别”这个最基本理论概念的把握。

社会性别在英文中是“gender”，这个词义本身为“性”，英文词典中，它的第一解释是指语言学中名词和代词的词性；然而自 20 世纪 60 年代起，“gender”这个词与第二次女性主义浪潮紧密相连，它就不再仅仅是一个简单的词汇，而且是作为一个分析类别用来解释气质的社会构成，并从社会性别的相互关系角度来分析男性权力和男性特征得以维

① LERNER G. The creation of patriarchy [M]. New York: Oxford University Press, 1986: 138.

持的原因，并进而成为西方女性主义理论中的一个中心概念①，它用来指称男女两性在社会文化的建构下所形成的性别特征和差异。“社会性别”概念的出现，是对长期以来盛行的性别“生物决定论”的有力挑战，它是文化建构的产物，是可操作的，与纯粹生理意义的性别（sex）之间并不存在必然的联系，自20世纪70年代以来“gender”被广泛运用到性别理论中，成为一个关键词。20世纪80年代后，“社会性别”在联合国和许多国际组织及机构中发展成一个重要概念和分析范畴，它用来“指任何把社会性别当作分析的关键范畴的理论框架或科研方法”②。

20世纪80年代末，美国著名的女性主义历史学家琼·斯科特在《社会性别：历史分析中一个有效范畴》一文中，用后结构主义理论对社会性别又做了新的阐述。她强调：“社会性别是组成以两性差异为基础的社会关系的成分，社会性别是区分权力关系的基本方式。”③ 她认为，作为表达权力的一个基本场所或途径，社会性别同权力的观念和权力的构成牵连在一起，因为权力分配（对物质资源和象征意义资源的控制和支配）经常是以社会性别观念为参照的。从这个意义来理解“社会性别”，“它既是一种制度体系，又是一种意识形态和价值体系，同时也是一种表现为各种力量的权力运作和风俗习俗，甚至是一种集体无意识的强大的惰性力量”④。《社会性别分析框架指南》中提出：“社会性别概念被社会学家用来描述在一个特定社会中，由社会形成的男性或女性的群体特征、角色、活动及责任。因为社会的组织方式，我们的社会性别身份决定了社会如何看待作为男人和女人的我们，以及期待我们如何去思考和行动。”

这个基本概念在过去的30余年里也随着女性主义学术经历了发展，

① 刘霓．社会性别——西方女性主义理论的中心概念［J］．国外社会科学，2001（6）：52-57.

② 谭兢常，信春鹰．英汉妇女与法律词汇释义［M］．北京：北京对外翻译出版公司，1995：145.

③ 斯科特．社会性别：历史分析中一个有效范畴［M］//李银河．妇女：最漫长的革命．北京：生活·读书·新知三联书店，1997：168.

④ 杜芳琴．中国妇女研究的历史语境［M］//杜芳琴，王向贤．妇女与社会性别研究在中国（1987—2003）．天津：天津人民出版社，2003：45.

并且已经进入国际学术主流成为国际机构组织中流通的概念。“女性主义学术最显著的成果就是在学术界建构了社会性别理论和分析方法，并使之向各个学科领域积极有效地渗透，从而改变了很多学科领域对人类社会的认识和阐释。”①

在这个共同的关注中，女性主义学者并非把社会性别的理论作为凝固不变的教条，而是充分认识到这些学术理论也是特定历史时刻的产物，必然有具体时空中的缺陷，学者的任务就是不断开拓对于社会性别的新认识，不断反思既存理论的局限与偏颇。国内学者刘霓曾对女性主义学术的特点进行如下分析②，她认为，其一，女性主义学术研究具有明确的目的与责任，它的中心原则是确保其服务于女性的利益，它是妇女解放运动的学术武器。其二，改变知识形成模式是女性主义学术的使命之一，实际上探讨传统知识形成的实践和它的产品已成为女性主义学术的主要内容。其三，从“一个”真理到“多个”真理。从初次进入学术论坛，女性主义学术研究便坚持在自己的研究中包容女性的经验，坚持结合传统体系中未予记录过的观点和价值标准，他们认为有必要在知识生产中建立一个更好的、更综合的多元模式。而过去20余年内学术界中多元真理的出现，也在一定程度上是女性主义学术发展的结果。其四，女性主义学术包容尽可能多的变量。处于女性主义知识构成中心地位的是一个多层次的和动态的研究模式，女性主义学术作为一种新的认识方式，它强调人类经验是多向度性的，并追溯众多经验来源之间的交叉，这一方式超越了传统的分界，它强调持续的交流，对学科有着更深远的含义。包含尽量多的变量，甚至试图将研究者的变量也引入研究中，这样的开放性和包容性使女性主义学术不断超越自身经验的局限，而永远保持在一种深刻的“自省”状态之中。

应该说，时至今日，女性主义学术在不断地抗争和批判中，尝试建构和确立的远不只是女性群体自身更好的社会生存，而且是在思考和探

① 王政．浅议社会性别学在中国的发展［M］//杜芳琴，王向贤．妇女与社会性别研究在中国（1987—2003）．天津：天津人民出版社，2003：21.

② 刘霓．西方女性学——起源、内涵与发展［M］．北京：社会科学文献出版社，2000：102-109.

索人类更好生存的可能性。从这种意义上讲，女性主义学术有其成长的坚实土壤并具有广阔的前景。

三、相关概念的界定与辨析

对女性主义和女性主义学术的理解，有几组基础概念需要辨析。

（一）性、性别、社会性别

性别差异是人类社会最古老，也是最恒久的差异之一，几乎所有文化在区分人类种类时都强调了性别，它将人类群体划分为男、女两大部分。性别，简言之也就是男女两性之别。在现代英语词汇中有“性别”和“社会性别”之分，分别表示男性与女性个体生理和社会之别。

对男女两性自然性别（又称生理性别）的概念使用上，现当代众多研究者和女性主义学者基本上都采用“sex”这个词汇，在中国国内的译文中多用“性别”一词，近年来（主要指20世纪90年代后期以来），随着对“社会性别”这一概念使用频率的增多，国内有些学者认为在汉语语境中把“gender”译为“社会性别”存在着严重的学术隐患且显得啰唆，因此主张将其译为“性别”[①]，但在汉语语境中，为了避免与“生理性别”相混淆，就笔者目前所查阅的文献来看，现在国内学界将“sex”译为“性”或“生理性别”较为普遍。事实上，在汉语中，我们使用“性别”指称的意义与英文的“gender”是相似的，但在对“性别”的认识上，我们大都限于经验层面的理解，并没有形成西方女性主义学者对“gender”那样的理论自觉和系统认识。

与自然性别或生理性别相对应的重要概念——“社会性别”是20世纪六七十年代西方女性主义运动第二次浪潮的核心概念。“社会性别”与我们熟悉的“性别”既有区别又有密切联系。“性别”指男性和女性在生理上的差别，是一种形体禀赋，表现为人体的各种结构和功能属性，包括性激素、大脑机制等生物学基础。这方面的属性大都与生殖机能有关，但是也包括似乎与生殖无关的两性差异，如男婴与女婴的存活率差异以及女性较长的平均寿命等。而“社会性别”则用来指社会文化

① 李小江．历史、史学与性别［M］．南京：江苏人民出版社，2002：43.

形成的对男女差异的理解，以及在社会文化中形成的属于女性或男性的群体特征和行为方式，它是一个社会、文化、政治和历史的范畴，20世纪70年代初开始，女性主义者强调应该把“性别”或生物意义上的男性、女性同社会形成的男女在社会中的角色和地位加以区别。

目前，在女性主义研究中，通常用“性别”来指女性个体和男性个体的生理特征，而以“社会性别”来指社会上由于男女生理之差而强加给他们的不同的期望、要求与限制。尽管将“生理性别”和“社会性别”作真实的截然区分是困难的，但在概念上的区分是有价值的。社会性别的概念能够清楚地表明，关于性别的成见和对性别差异的社会认识，绝不是“自然”的，而是社会文化造成的，既然是一种社会构成，它就是可以被改变乃至被消除的。“社会性别”这一概念的出现，是对西方19世纪以来盛行的“生物决定论”的有力挑战。20世纪80年代以来，社会性别在联合国和世界许多地方发展成一个分析范畴和研究领域，比如社会性别分析注重研究一个项目或一种政策对男女产生的不同影响，并探索造成这种差别影响的明显或微妙的原因，以及寻求种种途径来避免这类带有等级和歧视性处理方式和结果①。

20世纪90年代，“社会性别”这个概念进入中国后受到妇女学界的欢迎，在某种意义上甚至一度成为女性主义的代名词，近年来有学者开始关注和反思这个问题，认为国内表现出对“社会性别”的热情和对“女性主义”的拒绝，这一方面是中国的国情使然，另一方面也许恰恰显示了“社会性别”这一概念本身的局限性。事实上，西方女性主义学者关于“社会性别”这一概念本身也产生了很多争论，现在特别强调在使用“社会性别”时，不能将其与“性别”列入一个二元对立的框架中，把它们看成截然对立的概念，认为前者与自然完全无关，后者是纯粹自然的②。也就是说“社会性别”体现的是自然的男性、女性与社会的男子、妇女之间的关系，而不能简单地用某人的生物性别来解释其社会生活，否则就会陷

① 谭兢常，信春鹰. 英汉妇女与法律词汇释义［M］. 北京：北京对外翻译出版公司，1995：145-147.

② HOYENGA K B, HOYENGA K T. Gender-related differences: origins and outcomes [M]. Boston: Allyn and Bacon, 1993: 6.

入生物决定论的思维逻辑。由于汉语中没有特别准确的词汇来表达这一概念中社会构成的含义，所以中国学者在译文（译著）和自己的研究中并没有形成统一的语言规范，而基本上是随其喜好而用。在本研究中，笔者原则上采用“性别”这个简称指代“社会性别”，但根据论著的需要，在强调性别的社会建构性时仍使用“社会性别”这一概念，而对生理性别的强调和说明，笔者则使用了“性”这个中文译词。

（二）男性气质（masculinity）、女性气质（femininity）

这两个概念是女性主义进行社会性别分析的重要范畴，它们通常用来指在社会文化中形成的属于男性或女性的群体特征和行为方式。它们一般用来形容男子或妇女，但也可以脱离男性和女性而存在，也就是说，男性和女性都可能具有某些男性气质或女性气质，有些人则在这方面具有男性气质，另一方面具有女性气质。

“女性气质”指为女人界定的个类特质或特征。在传统认识中，这些特征被视为普遍的、本质的，以及一成不变的。由于父权意识形态的偏见，一方面，界定为女性特征与气质的一部分内容往往是消极的，比如“非理性的”、“非直线性思维的”，以及“被动的”、“软弱的”、“顺从的”等；另一方面，这一概念还把女性形象和行为“自然化”，同时暗示任何不符合这一“标准”的女性为“不正常”或“非女性的”。美国“全国妇女组织”的创始人贝蒂·弗里丹曾用“女性的奥秘”这一概念来描述父系制度中理想化的女性特征：通过存有性别偏见的教育系统（譬如女性学家政、男性学科学）将女性训练成社会文化所规范的“标准”形象。女性主义者认为所谓的女性形象和行为准则并不是“本质化”的，也不是固定不变的，而是父系制度人为地强加给女性的标准，它因各个历史时期的不同而变化。“男性气质”表示作为男人的特征。美国女性主义者运用各种不同的理论资源（包括心理分析理论、马克思主义理论、社会主义理论以及批判理论）分析了这一概念，南希·哈特斯托可指出，这是一个相对“女性气质”而形成的相应的概念。也就是说它并非建立在男性的、“真正的”特点与差异上，而是建立在一个由文化界定的“理想”的差异上的，大多数情况下是被父权制度理想化了的男性气质。马克思主义女性主义者将这一意识形态的产生放在前资本主义社会的父权制度向工业资本主义的“男性主义”的过渡中来考察。后结构女性主义者也在第三世界的各类民族主义语言中，考察这一概念是如何被用来为重新取得民族特性和权利而服务的。

本研究在此列出这对概念，主要不在于探讨其各自的内涵，而在于关注其中所蕴含的复杂关系和寓意。它主要涉及对以下几对关系的理解：男性、男性气质，女性、女性气质，男性气质、女性气质。不同的女性主义认识论流派对男性和男性气质、女性和女性气质二者之间关系存在不同的看法。女性主义立场认识论学者多将二者视为决然对应的，即男人与男性气质相对应，女人与女性气质相对应，这一认识实际上否认了男性与男性之间、女性与女性之间内部的差异性。后现代女性主义者则矫枉过正，在重视和强调男性和女性内部差异的过程中，他们趋向于消解“妇女”这个概念，从而在很大程度上使女性主义运动丧失了政治意义而仅具有思维的学术价值。本研究虽然关注的是女性主义学术层面的探索，但落实到高等教育中却无法回避对高等教育政治学的探讨。基于此，笔者虽然认同后现代女性主义者分析问题的深刻性和思维上的启迪性，但对它对传统女性主义根基釜底抽薪的解构仍持谨慎态度，虽然有研究者指出，后现代女性主义对主体与政治的看法已不同于传统女性主义，应把其视为一种理论的转折，有发展和重建的意义，但是其目前仍无法回应女性主义现实的批评却是事实。至于女性主义立场论在这一问题上则难以避免将男性和女性视为分别具有男性气质和女性气质的同质化的、本质主义的群体，所以也不可取。笔者在本研究中所持的观点是：男性气质和女性气质与生物的男性和女性之间存在着密切的联系，但男性气质和女性气质又可以与生物的男性和女性相分离。本书使用男性气质、女性气质这两个概念，主要是把其作为“隐喻”来解读，即在研究中它们不再指代生物的男性与女性，而是具有一种表现统治与被统治关系的文化寓意。但成为“隐喻”绝不是忽视男性和女性、男性特征与气质和女性特征与气质之间所存在的关系，这是两对你中有我、我中有你的范畴。由于世界上普遍存在着男女不平等的社会权力结构，一般情况下，作为群体的男性与男性气质相联系，作为群体的女性与女性气质相联系。在这两组范畴中，前者居于统治、支配地位，而后者居于被统治、被支配地位。

（三）性别差异、性别歧视

性别差异就是指男性与女性的差异，主要表现为男女两性在生理、心理、认知、情感、性别气质以及社会性别诸多方面的差异等。如从外在来看，男女表现在生理结构和生理特征的差异；从认知能力来看，女性的认知活动是“场依赖式”的，而男性则是“场独立式”的；从思维方面看，男性偏重于逻辑思维，而女性偏重于形象思维①；从性别气质来看，男性通常被构建应具有勇敢的、有魄力的“男子气概”，而女性则通常被认为善良的、纤弱的、温柔的等。与智力结构和性别气质相联系，两性之间的性别差异还体现在职业上，如所谓“男性化的职业”就有像工程师、军人、航天员、煤炭工人、司机、医生等传统男性为主的行业，“女性化的职业”如教师、护士、秘书、保育员、服务员等传统女性主导的行业。

基于历史的、文化的以及人为的因素造成的性别差异，被称为性别歧视。性别歧视的前提是基于人的生理性别或社会性别，将性别做出明确的区分，并对区分后的各个性别赋予特别的社会含义。如果这种性别的社会含义一旦成为性别刻板印象，极易成为社会进行差别待遇或歧视的基础。

性别差异与性别歧视之间存在重要的相关性。如果把社会性别看做一个过程，那么我们会发现，用社会性别定义“女人”和“男人”的社会差异，并在这一过程中塑造出了男性和女性的差异②。斯科特进一步指出，在政治领域里，只有当女性因为性别而受到排斥时，他们的差异才变得显而易见。因此，性别差异是女性受排斥即性别歧视的后果而不是原因③。这一论述颠覆了原来在论述性别不平等时的因果关系，彻底

---

① 王宏维．女性学导论［M］．广州：广东人民出版社，2012：73-74.

② 洛伯．黑夜与它的白天：社会性别的社会建构［M］//余宁平，杜芳琴．不守规矩的知识．天津：天津人民出版社，2003：271-272.

③ SCOTT J W. Some more reflection on gender and politics［M］//SCOTT J W. Gender and the politics of history. New York：Columbia University Press，1998：199-222.

驳斥了女性是因为与男性的差异才受到压迫的观点，两性之间差异的显现是女性受到排斥和压迫的表现之一而非原因。

需要特别指出的是，并不是所有对不同性别劳动者的差别对待都可以归因于性别歧视。如以男女两性薪资差异为例，首先，我们就不能单纯地将两性的薪资差异统归为性别薪资歧视，不同职业和行业分布都影响着薪资差异；其次，可能由于劳动者不同的劳动生产率特征的差异造成相同职位有不同的薪资水平。只有基于劳动生产率相同的基础上研究两性的劳动报酬差别，才有可能需要重点关注就业性别歧视的问题。

第二节　女性主义认识论的内涵及其对传统认识论的批判

女性主义认识论是女性主义学术取得合法地位的重要基础和辩护策略，它是女性主义研究在知识论领域的延伸，体现了女性主义与哲学结合的努力，它为女性主义实践活动提供了理论依据，又为批判与更新西方主流认识论提供了新的认识视角。在对传统认识论的批判中，女性主义就知识的来源、选择标准、主客体关系等概念进行了自己的界定并提出了独特的知识理论构想，“女性主义认识论”这一理论概念业已得到学界承认。目前在西方主流学术界，它被视为广义的社会认识论中的一种。

一、女性主义认识论的内涵

在讨论女性主义认识论的内涵之前，笔者认为有必要在汉语语境中对“认识论”与“知识论”这对略有差别的哲学术语进行简要辨析。实际上，这对术语正如同我们把“feminism”翻译为“女权主义”或“女性主义”一样，它们在英文中都是同一词汇，只是在汉语中由于理解上略有差异才会出现不同的译名。“认识论”与“知识论”这对汉译词在英文中都被称为“epistemology”或“theory of knowledge”。在汉语语境里，国内哲学界以往一般将其译为“认识论”①，这也是大家都普遍接受和使用的译法。通常认为，自笛卡尔以来，西方哲学从古代的本体论转

① 不过也有例外，如哲学家金岳霖先生的力作就名为《知识论》。

向了近代以认识论研究为中心。按照笛卡尔式的理解，认识论是对思维活动过程的研究，是关于人们的认识活动从概念到判断再到推理的科学。这是根据心理学对认识发生过程的研究，是个体性的思维内容的研究。所以，“epistemology”在西方古代和近代的哲学语义中都被认为关于认知活动的理论，也就是说，古代和近代哲学家们都是从人的认识能力的角度来谈论认识论。这种意义上的认识理论，《哲学百科全书》是这样定义的：认识论，或称知识论，是哲学的一个分支，所关心的是知识的本质与范围，知识的设定与基础，以及对知识普遍可靠性的要求。国内学者则习惯引用康德的经典表述来定义认识论，即认识论是有关认识的“起源、范围及其客观有效性”①。以上这种形态的认识理论主要是发生学意义上的，它们从研究认识的起源（感性和理性）开始，到探讨认识的有效性（普遍必然性、客观有效性等），并确定认识的范围（是否只是在可见的现象、经验范围之内）。到了黑格尔那里，对认识论的关注有了巨大变化。列宁曾把黑格尔的认识论与逻辑学看作一致的，这是因为黑格尔的认识论不仅仅是对认识过程的研究，更主要是对认识对象的把握，开始了一种“求真”的过程，因为正是逻辑的本质规定了形式上必须为真的途径。现代西方认识论的研究沿着这一理路不断前行，哲学家们对知识的研究已不再从知识的获得过程中和知识的最终形式上探究其中的思维活动的内容，而主要是研究知识的基本性质、知识成为可能的条件以及知识表达的形式与世界之间的关系，尤其是“确证”知识的条件，构成了当代认识论的核心部分。我们可以从1995年出版的《剑桥哲学辞典》的定义中看出这一点。在这本书中，认识论被界定为有关“知识与确证性质的研究，特别是，有关‘（a）知识与确证的确定特征’、‘（b）实质条件’以及‘（c）它们的界限’的研究”②。这些不仅构成了现当代认识论的基本内容，也体现了现当代认识论与传统认识论的不同。正因为认识论在研究内容和主题上的这些变化，国内的哲学研

① 康德．纯粹理性批判［M］．蓝公武，译．北京：商务印书馆，1960：74．

② AUDI R. The cambridge dictionary of philosophy [M]. New York: Cambridge University Press, 1995: 233.

究者在介绍西方现当代认识论成果和从事自己的研究工作时，很多人开始将“epistemology ”称为“知识论”，认为用“知识论”这一称谓才能更为恰当地表达当代这一学科发展的内涵①。

本论著中使用“女性主义认识论”这个概念，一方面是基于它本身与当代知识论的研究主题有区别；另一方面，“女性主义认识论”这个概念在国内的研究者中使用也较为广泛。另外，笔者也并不认为“女性主义认识论”与“女性主义知识论”这两个不同的译名在内涵上有什么本质性的区别，尽管哲学界有学者在认识论与知识论上进行了区分，但笔者认为，对女性主义而言并不适合这样的区分。

女性主义认识论产生于传统认识论向当代知识论转向的这一大的哲学背景之下，认识论研究内容的转向也深刻地影响了女性主义认识论的关注视点，但是女性主义哲学家们对认识论的探讨并未追随当代知识论的研究主题——对知识形而上学的追问，而是秉承了女性主义实践性的特点，在认识论领域，提出了“我们谈论的是谁的知识”这样的质询，“性别与知识的关系问题”也成了它最根本、最为关注，也是最具研究特色的主题。这个问题的提出是“女性主义认识论”这一概念得以产生并进入学术界的关键，同时它也是女性主义认识论探讨的核心问题。在此，我们可以把女性主义认识论简约地看成是研究性别对认知者、认识对象、认识结果、确证等产生影响的学科。

女性主义认识论始于对传统男性中心主义认识论的批判，其批判矛头直指客观性、理性、伦理的中立性的神话。女性主义认识论在这一批判中对知识体系的概念、框架、方法、目的都进行了重新认识和界定，认为传统认识论把女性视为非主体的“他者”，并排除在认识范围之外，忽视了女性特殊的认识方式，而不利于女性的生存与发展。女性主义认识论希望通过改变性别不平等的知识结构，将女性的经验、意识、现实和利益纳入知识范畴之内，恢复女性在历史上的“可见性”，并最终从根本上摆脱女性从属的社会处境。

---

① 陈嘉明．知识与确证：当代知识论引论［M］．上海：上海人民出版社，2003：1-2．

女性主义在对性别与知识的关系探讨中，特别强调从社会的角度来论证知识所具有的社会性质以及必须满足的社会条件，反对传统认识论的个体论倾向，同时摒弃了当代知识论为知识寻求形而上学根据之类的努力。由此看来，女性主义认识论既与传统认识论不同，又与当代知识论有异，学术界普遍把其划归当代广义社会认识论中的一种，但女性主义仍强调对其独特性的坚守。实际上，女性主义对知识的理解已改变了原有认识论问题的内涵和面貌，至于这样的女性主义认识论是否是真正意义上的认识论，女性主义似乎并不关注。事实上，女性主义在认识世界的模式上，至今也并没有发展出一个统一的理论。但是，这并不妨碍它成为现当代人文社会科学领域不可或缺的认识视角，并在学术界争取到自己的一席之地，况且女性主义认识论“对知识与社会价值关系的持续探讨，对忽视这种关系的主流认识理论来说是富有启发意义的，而且，这些探讨能确保这些主题继续吸引哲学家的注意力”①。

二、女性主义认识论对传统认识论的批判

女性主义对传统认识论的批判最初始于 20 世纪 70 年代。当时一些女性主义社会科学家和生物学家在将女性和社会性别纳入其既有知识结构的过程中，遭遇到了前所未有的困难：因为按照传统知识领域中的概念图式，以及客观性、合理性、科学方法等处于支配地位的观念体系，那些由女性创造的知识很难获得“知识”的肯定。科学哲学家哈丁曾尖锐地指出，那些被认为普遍知识的东西从来不是由对女性生活的提问产生出来的，而常常是基于男性的生活加以概括出来的。所以，她认为，我们能够接触到、所认定的“知识”实际上都是一种父权式的知识，这种知识与思维方式被视为理所当然、不言自明，并在日常生活中已被当成“真理”。在这种知识观的操纵下，女性实际上已被纳入父权式的思维定式中，即使女性的生活经验本身也是在不断地被男性化的知识所重构和命名，从而造成了知识领域中女性经验的失语。由此女性主义学者开始对全部的观察和证据的本质提出质疑：难道只有处于主导地位的种

① LONGINO E H. Feminist epistemology [M] //GRECO J, SOSATHE E. The blackwell guide to epistemology. Oxford: Blackwell Publisher, 1999: 349.

族和阶级的男性才拥有话语权，成为合法知识的主体吗？研究者对于研究对象必须是漠不关心的、无动于衷的、在社会上隐形的吗？所有的知识一定是普遍有效的吗？……正是这些质疑引发了女性主义者对认识论问题的关注与探讨。

女性主义者认为，人的认识不可避免地要受到性别的影响，如同其他社会理论无视女性的利益和要求一样，以往的认识论将女性也排除在探索的范围之外，无视女性特殊的认识方式。女性主义认识论就是要校正这种知识领域的偏见。

女性主义认识论对传统认识论的批判是多维度、多层次的。在此笔者仅就其核心问题，即认识论的基础问题做详细的分析。

（一）关于“认识者”或“认知主体”

这里涉及两个相互关联的问题。

第一是认知主体的性别符号指称，即“谁可以成为一个知者”（只有男性吗？女性是否具有资格?）的问题。在女性主义者看来，传统认识论在什么人能成为认识主体的问题上是排斥女性的。根据柏拉图和亚里士多德的观点，人类主体的统一性是只有在他能够认识到这个世界秩序的源泉——在柏拉图看来，就是理念的王国；在亚里士多德看来，则是能思考自身的纯粹观念的时候才是完整的。他们相信人能够通过对形式的渴望成为他所认识的东西。但是对一般人而言，由于明显能力不足，思考的难度更大，很难获得这种主体的统一性。实际上，有生命的人类主体仅仅是世界上的某个东西（在亚里士多德看来，是一种“实体”），几乎没有现实的能力通过沉思或辩证法使不完整的自身归于世界的统一性。由此看来，在柏拉图和亚里士多德那里，无论是作为实体的“男性”还是“女性”带着沉重的肉身都无法跨越这样的屏障。换言之，本性、认知与性别在古代西方哲学中并没有特别的内在关联性。到了近代，笛卡尔提出“主体（我思）”原则，并以各种变体延伸到黑格尔，人在根本处出现了，但这是一个抽象的、纯思维的、纯认知的人。在唯理论那里，只有思维着的大脑；在经验论那里则加上了感官，以线形方式与大脑相接。尽管这样的人是一个非历史的、中性的、一般性的认知主体，但在女性主义者看来，由于西方传统哲学的二分法带有强烈的男性至上主义或者父权主义的特征，女性被认为偏向以个人的、经验性的、对话的和情境化的方式来对待知识，如果科学知识认同男性的价值，那么女性的认知方式就会被贬损为低级的或前科学的，并认为作为知识的基础是不可靠的。所以，当人们以超越性的“人”来谈论主体问题时，实际上他们潜意识地是以男性为标准来构造“主体”的想象，“这个男性主体的构成是以排斥女性来完成的”①。所以，在整个西方现代知识体系中，女性是相对缺席的，对于什么是重要的，我们如何了解和认识世界，获取知识的目的是什么等问题都是以男性的文化经验和利益来决定的，它是系统排斥“他者”② 的产物。

基于此，女性主义者认为，传统认识论自认为独立客观的认识主体却是一个小小的特权群体——他们是一群受到教育的、通常是富有的白种男人，而女性由于被视为非理性的、想象的、冲动的、物质化的而不具备话语主体的资格。所以，几千年来的人类文化史都是女性经验不在场的历史，男性作为经验主体和话语主体，基本上是无视女性的生存经验的。所有关于人类的知识都是由社会主流文化建构，并通过社会主流话语进行言说的，知识、真理包括评价女性基本上是按照他们自知或不自知的性别偏见来言说的，在他们的话语中，女性经验被包围着她的男性化知识异化着并被客体化。可以说，建立在这种单一性别基础上的认识论，它完全压抑了这样一种可能性，即认知者的性别在认识论上是重要的。女性主义哲学家指出，在产生知识时，主体性的印记是不可避免的，知识带有知识生产者的标记。女性主义学者黄玉莲曾举过这样一个真实的例子③：作为研究者，她曾在中国香港做妇女发展的工作，一位女性告诉她晚上

---

① BUTLER B J. Contingent foundations: feminism and question of postmodernism [M] // BUTLER B J, SCOTT J W. Feminists theorize the political. New York: Routledge, 1992: 243.

② 他者（otherness）是法国哲学家拉康心理分析学中的一个重要概念。女性主义对此概念的运用着重于女性的客（物）体化，或者说被父系象征体系剥夺了女性主体性的方面。基于女性所谓的“他者性”或与男性“本质”的不同，在根本上被社会空间和知识生产体系所排斥。

③ 黄玉莲．西方女性主义的认识论［EB/OL］．［2004-09-19］．http://www.chinagender.org/chinas/center/c4/c4007.html.

睡不着觉是受建筑噪声的干扰，准备投诉环保局。经过测量，环保局告诉她说没有超过噪声的分贝标准。实验室制定的分贝标准是客观的，故认为是妇女的忍受能力低。在此，普遍性的概念适用于任何人的观念应该受到质疑。从此我们也可以看出所谓的“客观性”是如何把一些人的声音淹没了、边缘化了。有些女性科学研究者也曾就成人药剂量问题提出过同样的质疑，他们认为药剂量的研究也是以男性的反应为依据的，原因是女人的反应太多、太敏感，不好控制，男性的反应就成了新药的剂量标准。所以女性主义认识论者指出，所谓的客体化知识的认识者基本上是男性，概念的普遍化就是客体化的过程，在这个过程中大多是男性主导，即使女性在“叙述中”，她所操的依然是男性的话语。应该说从男性具体生活产生的知识也是主观的、片面的，但是它却变成了评判、解释的知识权力。

在对待主体观念上，当代女性主义形成了一种更具包容性的主体观。它认为，首先，“主体”的概念应该依照一种多元化的标准来定位，也就是说它既不是单纯男性意义上的，也不仅仅是女性意义上的，而是在注重两性相互关系上所产生的多元标准。女性主义因此特别指出，在讨论女性主体时应兼顾对种族、时代、阶级和性倾向等身份差异的考虑，并将主体位置放在与“他者”的关系中进行考察。其次，在对待主体构成和重新定位时，女性主义理论家进行了多方探索①：例如，寇德曾提出了一种“第二人称”的主体概念，她把知识的产生看作一种在人际语境里的“我”、“你”之间相互作用的行为②。苏珊·斯坦福·弗里德曼则提出了“多重主体位置论”③，她认为，主体应该是多元的、流动的，

① 在主体观念上，当代女性主义对现代女性主义所认同的统一的、先验的主体也进行了批评与反思，发展了多元化的主体建构理论。他们对主体构成方式和定位的理论思考主要来源于三种理论：后拉康的精神分析理论，哈贝马斯的“主体间性”沟通理论，后福柯的话语建构理论（参阅 MCNAY L. Subject，psyche and agency：the work of judith butler [J]．Theory Culture & Society，1999，16（2）：175-193.）。

② CODE L. What can she know？[M]．Ithaca：Cornell University Press，1991：121.

③ 弗里德曼．超越女作家批评和女性文学批评 [M] //王政，杜芳琴．社会性别研究选译．北京：生活·读书·新知三联书店，1998：423.

把多种身份结合起来考虑的。美国后现代女性主义学者朱迪思·巴特勒运用福柯的话语理论提出了“述行性主体”(performative subject)① 的概念，并从根本上解构了传统的生理性别、社会性别和性倾向之间严格的区分，揭示了性别身份的虚幻性。她认为，性别并不具有表现性，它是述行性的，它需要通过表演和模仿不断地重复或重申，直至其成为一个符合现行性别规范的主体，这是一个用话语不断建构主体的过程。巴特勒正是通过这种身份的越界开辟了新的主体实践。

第二，认知者与认知客体分离的问题。传统认识论的主要内涵是强调科学知识内容的客观真理性、确定性和理性，而排斥主体性、相对性和不确定性，这种认识论将知识的建构看成是一个抽象的个体活动，而认识论的主要任务是确立使这个个体可以完全遵循的认知活动的准则。这种认识是建立在对知识和学问的如下假设的基础上的：知识是能独立于个人主体之外独立的存在；所有人对同一事物有同一看法和理解；真正的知识是广泛的、普遍的，扩大到不同的时空，可以找到一些放之四海皆准的理论；可以把研究者的价值观放在一边；等等。在其中，认知者与认知客体是分离开来的，笛卡尔的“我思”的意识哲学成为女性主义知识论批判的主要典型，它被看作男性化的认识主张的代表，因为它追求确定性、统一性与主体的自我透明性。另外，认为它是建立在“理性”的基础上，而这种理性乃是被“纯化”和“非身体化”了的，它与情感、直觉、意志和价值等无关。作为怀疑与认识的基础，这种理性是排斥感性的身体的，它将后者视为认识上不可信赖的。在这个过程中，女性则被视为自然的和被动的知识客体，而男性却被视为理性的认知主体。在西方的认识论中，男性总是被归于文化、心智、理性、客观的世界，而女性则被归于自然、肉体、情感、主观的世界，这种认知者与认知客体实际上隐含着一种性别隐喻，即男性对女性实际上形成了一种操

① 朱迪思·巴特勒所言的“性别是述行的”可以理解为以下两层意思：首先，人的性别身份永远不可能达成，相反，它需要通过表演和模仿不断地重复和重申；其次，性别概念和性别之间没有严格的界限，它们的界限是可以突破的，等待创造性的重新定形。可参阅巴特勒的《欲望的主体》、《性别烦恼：女性主义和身份的颠覆》、《重要的身体》、《权力的精神生命》等。

纵和控制关系。知识也仅是作为男性形式的代表出现的，并被认为具有抽象的、非个人的、客观的和自重的特征。所以，女性主义者指出，在传统的认识论（或知识论）中，女性是被遗忘和被伤害了的①。

女性主义哲学认为主客体是不可分的，认知过程离不开主体，所有的认知进程和认知者都是具体的、情境中的，认知主体参与了对象和客体本身的建构，主体并不能够完全处于他们所寻求认识的外部世界之外，它也同时否认作为认识者在认识中必须满足的一些超验条件。相反，客体的性质不但有客观本身，也有主体的印象，认知者本身就是认知过程和结果的一部分，并应被看作被认识的对象所影响、所改变，并与这些对象相互作用的。科学哲学家伊芙勒·福克斯·凯勒认为，以往那种将主体与身体、情感相分离的客观性观念是对知识概念的一种歪曲，其根源来自这么一种倾向，即对外部世界的恐惧以及相应产生的对其加以论证的欲望上。她提出应当改变这种倾向，“将对客体的认识看作建立在主客体间亲密关系上的，主体能够自由进出于客体的关系，主体需要控制的并不是客体，而是自己对客体的态度”②。此外，由于主体并非是单纯理性“透明的”，因此我们的情感经验也被看作构成认识的源泉，认识的知觉与信念并不会因为情感的参与而影响到其结果。

（二）关于客观性、理性和价值中立

女性主义认识论对传统认识论的核心概念——客观性的批判与质疑主要包括两个方面的内容：一是客观性究竟有无可能。二是指出客观性具有文化含义。所谓的客观性只是建立在笛卡尔式认知确立性的特权基础之上，是父权制的价值观念。当今世界上占据统治地位的现代认识论可以追溯到启蒙主义，自欧洲启蒙运动以来，客观性概念也同理性概念一样被“纯化”、“非人化”、“非身体化”，它与情感、直觉、意志和价值无关，与具体的人无关，人们全都相信人性的进步、科学的方法在发

① LONGINO H E. In search of feminist epistemology [J]. Monist, 1994, 77 (4): 472-485.

② KELLER E F. Secrets of life, secrets of deaths [M]. New York: Routledge, 1992.

现真理方面的权威地位。价值中立、无偏见的客观性也就成了知识判断的普遍有效的标准，并认为放弃这一理性准则将导致认识论上的相对主义。随后，客观性、理性随同实证主义原则混合在一起，自我认定为纯粹客观和价值中立的认识论。数学家出身的社会学鼻祖孔德就认为，我们只能“确信”通过不带感情色彩观察实证数据才能揭示隐含的规律由此得来知识。

20 世纪的最后 20 年，由于后现代主义的出现，人们对于纯粹的客观性产生怀疑，并围绕着客观性这个问题展开激烈的讨论，其中包括究竟什么是客观的，什么不是客观的，我们需不需要去追求客观性；我们是否有可能得到客观性；我们如何得到客观性；等等。

面对客观性遭遇的质疑，大致有两种反映：一是相对主义的，即认为如果有客观性的话，也是相对的、有条件的；二是对客观性的完全否定，即彻底放弃客观性的概念。在这场学术争论中，女性主义以其独特的认识视角跻身其中并充当了重要的发言人，虽然在具体的批判、论证和诠释过程中，女性主义者之间观点各异，但他们都从对价值中立的批判开始，揭示了客观性、理性的文化含义，并提出了对“客观性”问题新的思考。女性主义科学哲学家桑德拉·哈丁的观点颇具代表性。

在哈丁看来，以上两类对客观性质疑的反映实际上表现的是“客观性问题的新老转换。老的客观性问题是：‘在客观性和相对主义者中，你站在哪一方？’”，而向前追溯，这一问题就变为追问：“是客观性还是主观性？”——这正是 19 世纪认识论的一个后遗症。显然，无论是当代相对主义还是较早的主观—客观发问，展现的都是主客二分、二者择一的思维框架。虽然在“后库恩”时代客观性与主观性的对立转换为客观性与相对主义的对立，但实际上两者对客观性的理解是一样的，即仍把“价值中立”作为达到和衡量客观性的基本条件。为此，哈丁把这一问题视为“老客观性问题”，并在此基础上提出了“新客观性问题”。新客观性问题就是把客观性本身当成一个需要探讨的主题，一个有待解释的历史与认识问题。在此认识基础上，哈丁系统论述和批判了客观主义认识论的五大前提：第一，因为知识被定义为普遍的，所以知识主体是文化的、历史的、非具体的和无形的；第二，知识是有范围、分领域的；第三，存在着判断某种知识的有效性与真实性的标准；第四，知识是可以跨越时间和空间的永恒真理；第五，尽管知识是由个人获得的，但它却不是独特的和个人的，而是具有普遍性的。通过对这五大前提的批判，哈丁认为传统客观主义所宣称的客观性概念只是一种将自己与中立性理想联系在一起的“弱客观性”，实际上它是软弱的、不够格的，它根本无法将知识客观性提升到最大化的程度。哈丁认为，传统客观主义的“弱客观性”表现在它对于达到客观性最大化的目标来说，标准的使用既太窄又太宽，客观性的一个重要组成部分应当是认识者对她自己的假定与价值对影响自己的信念与理论的方式的知晓①。为此，哈丁提出了一个与“弱客观性”相对照的新的客观性概念“强客观性”。

所谓“强客观性”是指认知主体应该放在与认知客体同样的因果水平上。“强的客观性原则要求我们考虑强的认识上的反身性”，因此，认知的主体，从科学方法来说，必须被考虑为认知的对象。所有种类的客观性——在作为观察与反思对象的自然或社会关系时，最大化客观程序同样需要考虑观察者与反思者，科学家与他们所生活的社会，但只有通过那些被科学共同体所忽视的边缘群体的人，才有资格对科学家及其共同体进行一种最大化客观性的批判性研究②。根据哈丁等后殖民女性主义者的探讨，“强客观性”将摈弃“价值中立”和单一的男性特征、欧洲特征，以完全不同于传统认识论的方式确立“强客观性”，以避免重蹈“弱客观性”的覆辙，而这种“强客观性”可以通过反省自身立场的局限性以及把所有的立场融入一种理论中获得。由此可以看出，女性主义对客观性的批判并未导致对客观性的彻底否定，而是引发了对主流科学中的客观性概念的重新定义和阐释。

女性主义认识论同样认为，人文社会科学中出现的“理性危机”也

① HARDING S. Whose science? Whose knowledge? [M]. New York: Cornell University Press, 1991: 143-148.

② HARDING S. Rethinking standpoint epistemology: what is strong objectivity [M] //KELLER E F, LONGINO H E. Feminism and science. New York: Oxford University Press, 1996: 245.

是发人深思的，它具有认知论、方法论和政治的含义①。珍·芙蕾克丝在《纯真知识的终结》一文中提出了现代学术中动摇西方思想基础的三种力量。一是精神分析理论。精神分析质疑了理性的自主性，它指出不管人是否自觉，都存在一个无意识的领域，这个无意识领域的存在使人具有完全的理性已成为一种臆想。二是后现代主义。后现代主义强调历史、知识、权力塑造主体性的方式，对理性的独立性提出了质疑。后现代主义者指出，理性并非个别人头脑里所共有的超验的价值，而是“话语”的效果，它是被建构出来的。任何学科的“话语”与“权力”都有着深刻的关联性，不纯粹是由真理性陈述所组成的，知识（特别是人文社会科学知识）日益面临着理性自我认知的不可能性。福柯认为，若没有一个沟通、记录、积累和转移的权力系统，任何知识都不可能形成；反之，任何权力的行使，都离不开对知识的生产、占有、分配和保存，权力与知识直接相互指涉②。三是女性主义。女性主义明晰地指出，西方传统的“理性”概念是在性别关系的存在下建构的，“理性”作为一种思维方式，是与男性联系在一起的，男性化的理性标准像一个守门人一样把女性的思维过程排斥在智力才能的大门之外③。虽然理性危机在精神分析和后现代主义那里都受到了彻底的挑战，但是女性主义却对此持相对谨慎的保留态度，认为理性危机并不是来源于工具理性的可靠性，而是对工具理性所拥有的特权地位和统治程度提出质疑。也就是说，女性主义者并没有从根本上否认理性存在与使用的合理性，而是希望给它们以重新的解释，颠覆理性主体观念，消除理性所蕴含的性别归属和特权，即客观性、理性、价值中立等不应该成为男性权威的同谋和知识独断的工具。

回到上述关于客观知识存在与否的问题上，女性主义的批判也不应被视为知识相对论的主张。女性主义尝试不相信单一的客观知识，却并未从根本上推翻客观性的说法，只不过他们认为任何知识不得不包括对

---

① 李银河．女性权力的崛起［M］．北京：中国社会科学出版社，1997：221.

② 埃里蓬．权力与反抗——米歇尔·福柯传［M］．谢强，等译．北京：北京大学出版社，1991：代译序.

③ 费多益．理性与女性：劳埃德思想述评［J］．哲学动态，2001（11）：37-38.

主观立场或角度的认知。故知识的产生不应该只被视为一个发现的过程，同时也是一个实践的过程。全面的知识必须包括根据这个知识而产生的所有现实效果。既然没有一位研究者或一个研究角度能有如此的广泛性，所以研究者的主观态度也应成为认识论无法回避的内容。

（三）关于二元论

西方传统认识论中存在着鲜明的二元对立思维模式，这种二元对立模式将世界分成客观和主观、精神和肉体、文化和自然、理性和情感、心和身、公和私、生产和生殖等，这些对立中的前一项在西方传统哲学和理性文化中倍受推崇，而后者则受到基本认识论、方法论视野的压抑。很明显，前项基本上是男性化或偏向男性的，而后项则以不利的话语策略偏向女性。在女性主义看来，这种认识论上的二元模式实际上可视为一种基本的性别二元对立，即男人和女人、男性气质和女性气质两分法的产物，人类认识中所有关于对立的两极都可以用有性别标识的模式、符号和隐喻来解读，通常男性总是被归于文化、精神、理性、客观的世界，而女性则被归于自然、肉体、情感、主观的世界。

从西方哲学史看，认识论与性别两分法相对应形成的不对称的二元结构已具有悠久历史。早在公元前 6 世纪，毕达哥拉斯及其门徒就认为，存在着的东西的本原是对立，并从存在物的对立中找出了十对对立的范畴，并且在他们列举的十对本原中就有雄性和雌性这个对子。在亚里士多德那里，男人更是明显地被赋予为有理性能力的完整人，而女人则被视为与之相对立的缺乏理性能力的缺陷人。在笛卡尔那里，对于清晰明白的知识的追求也被认为必须建立在理智与情感、心灵与物质相分离和对立的基础上，笛卡尔的这种身心二元论对西方知识和文化图式产生了持久而广泛的影响，他自己更是由此被推崇到了认识论上的至尊地位。这些对立基本上是根据各自相反的意义来定义，互相之间存在一种逻辑的和形而上学的距离。女性主义者认为：

第一，这种与性别两方法相对立的二元认识论是一种社会建构的产物，并非代表某种必然的规律或法则。在女性主义看来，这种二元对立的两分法带有极大的随意性、联想性，绝大多数都是基于经验和习惯基础上的，而不是在自然或人类本性中生成的。关于这一点，女性主义从后结构主义强调语言和语言在形成主体性、社会制度和政治上的作用那里受到启发。后结构主义者认为，这种语言学上井然有序的主体秩序和社会秩序从来就不是固定不变的，它的意义总是飘忽不定，具有多义性，而且是论争之所在，例如，经久不衰的论争使得“男人和女人”这个二元对立体具有了多种多样、矛盾对立的意义。之所以会这样，是因为将意义赋予这两个术语的同时，就把它们人为地定位于一个合乎规范的社会空间中。将男性定义为“有理性、有知识和充分自信的”，使得男性在心理上适合担当权威和领导者的社会角色。相比之下，将女性定义为“凭信直觉、多愁善感和盲目附随的”，使得女性适合担当家务性的、生儿育女的或其他社会服务性的角色。女性主义揭示了这些二元层次结构在历史社会文化上的偶然性、随意性以及它们在政治上的作用，这样做的目的并不是为知识和社会提供一个更好的基础，而是旨在挑战促使社会知识层次结构永存的那种占主导地位的二元意义，希望创造一个能够容纳差别、歧义和创新的文化和知识空间。

第二，二元结构中的两个对立的范畴互相对立，非此即彼的关系制约和贬低了女性在认识论中的贡献与价值，同时也限制了认识论的问题视阈。在传统二元对立的两个范畴中，对立的范畴之间是互相分离和排斥的，一方以对另一方否定来定义，为了保证知识和认知方式上的纯洁性和普遍性以及逻辑推理的有效性，二元对立中的前者被赋予认知的主体和认知主体所应具有的品性，而这基本上是与男性和男性气质相关的语言；而二元对立中的后者则被视为一种发生在个体身上的，与认知客观性、价值中立相悖离的东西而遭到认识论的忽视和贬斥，认为只有这样，才能保持知识的无偏见性和有效性。在这个过程中，实际上是否认了与女性经验相联系的、传统上属于个人或私人领域的知识的合理性，从而造成了认识论和知识论上的男性霸权和女性视野缺失。另外，这从观念逻辑上割断了对立两方的内在性别联系，造成了一个非此即彼的局面，从而使反对男性主义的人们总是处于某种劣势并为这个思维和话语的框架背上某种原罪。所以，女性主义认识论解构这种二元论的目的是创造一个多样性和有差异的空间，包括性差异，为了避免重蹈两分法的覆辙，女性主义强调二者的相互依赖性和共存性。这种试图消除两分法以解除对立和冲突的相互作用的形式强调了两分法（二元论）中的两极在认识论中是相互依赖的不可分割的作用，指出“在人类认知过程中，它们每一因素的发展都是所有发展的必要条件”①。

第三，二元对立范畴中看似平等的两极实际上被赋予了不平等的价值，形成了等级序列，并为世界的统治逻辑提供了合理性依据。因为两分法总是暗示着等级制，等级制又导致控制欲望的产生。其中与男性和男性气质相联系的范畴总是受到肯定并在西方文化中被赋予更高的价值，而与女性和女性气质相联系的范畴总是被赋予较低价值。这种价值等级制的思维模式虽然使知识和概念秩序化，但这种秩序化的方式却是以高价值群体对低价值群体的统治为代价的，并且这种“统治的逻辑”是依照父权制文化和男性价值体系规范出来的。在女性主义看来，它为将女性和女性气质置于边缘的、被忽视的、附属的、无形的和受压迫的位置，并为确保男性和男性气质的优势、特权和支配地位提供了认识论基础和方法论规则。生态女性主义者瓦尔普鲁姆伍德就曾尖锐地指出，“目前人们越发地意识到，一方面把男性与理性领域等同起来，另一方面把女性与自然领域等同起来的西方哲学传统，已经在西方文化中形成统治女性的重要知识基础”②。所以，当代女性主义的任务应该不只是揭示西方传统认识论中所隐藏的男性化倾向，论证女性的认知优势，而是应该深入讨论到存在论和元认知层次的理论上去，才有可能对父权制的形而上学框架有根本性的冲击。

第三节　重建的策略：女性主义的认识论构想

一、女性主义认识论的三种形式

由于不同学术流派的女性主义对于传统认识论中男性中心主义形成

① ALISOM M J. Love and knowledge: emotion in feminist epistemology [M]. New York: Routledge, 1992: 316.

② VALPLUM W. Women, humanity and nature [J]. Radical Philosophy, 1988 (16): 229.

的原因、表现形式有不同认识，甚至对于如何将女性的经验、知识和利益整合到现有的知识体系中以改变根深蒂固的男性中心主义也有不同的主张，因而女性主义认识论也有多元化的理论取向。一般来说，对于各种不同的女性主义认识论主张，理论界沿用了桑德拉·哈丁最早提出的分类，将它们分为三种：女性主义经验论（feminist empiricism）、女性主义立场论（feminist standpoint）、后现代女性主义（feminist postmodernism）。

（一）女性主义经验论

女性主义经验论最早始于生物学、生命科学和社会科学领域的女性主义研究，它反映了后实证主义与自由女性主义的联盟。在女性主义经验论研究者看来，现有的科学理论和科学研究存在着严重的男性中心主义偏见，这种偏见产生的基础是由迷信、习俗、忽视或错误教育带来的错误信念，在确认和定义科学问题时，这种偏见进入了特定的研究阶段，表现在研究计划的设计、数据的搜集与结果的解释上，从而导致对科学的歪曲，这就是所谓的“坏科学”。女性主义经验论认为这种偏见是可以通过妇女运动让更多的女性和女性主义者进入到科学领域而得到纠正的，认为妇女解放运动就像童话故事《皇帝的新装》中的小孩子一样“使人们可能以扩展的眼光看世界，因为他们挪开了知识的遮盖物和阻碍观察的障眼物”①，从而改变科学共同体中以男性为主体的面貌，促使人们在科学实践中更严格地坚持科学认识论的规范与准则。“打破男性知识的神话”是女性经验论的关键，并由此展示女性日常生活的经验以便能够引导出新的概念和理念。因为女性与女性主义者比男性和男权主义者更容易克服主流科学中的男性偏见。可以看出，这种辩护策略只对传统认识论的不完善的实践方式提出批评，并没有从根本上对主流的知识规范提出挑战，同时，它对现有的方法论规则（特别是实证主义）也是持认同态度的，并认为只要严格执行科学方法论的准则要求，研究者的性别偏见是可以借助方法本身的力量得以消除的。应该说，这里知

① MILLMAN M，KANTER R. Introduction to another voice：feminist perspectives on social science ［M］ //HARDING S G. Feminism and methodology：social science issues. Indiana：Indiana University Press，1987：379-382.

识与性别的相关性只停留在研究实践的层面上，女性作为知识主体的介入只是为了在知识进程的最终结果中彻底摆脱性别。

尽管女性主义经验论不是政治上的保守派，但它却是认识论上的保守派，由于其仍然坚守着传统认识论的两个基本假设：强调二元论，追求知识的客观性和价值中立，故它遭到激进女性主义和后现代女性主义的猛烈抨击。他们认为女性主义经验论未能对父权制话语构成根本性的挑战，甚至认为它与男性中心主义的认识论是一脉相承的。但是，女性主义经验论由于对传统认识论的某种认同，所以在学术论争中也显得较为温和，相对而言，它更易被主流话语所容纳。

（二）女性主义立场论

女性主义立场论代表着当代女性主义主流——激进派的学术观点，它不满于女性主义经验论的保守主义，它的辩护策略更加激进，并对主流的知识规范提出了正面挑战。这里知识与性别的相关性已深入到研究规范的层面，女性的全方位卷入是为了让知识进程朝着有利于性别解放的方向前行，而不是徒劳无益地试图摆脱性别的纠葛。其核心主张是“边缘人群的生活”是更好的知识来源，并认为所有知识都被打上了社会历史的烙印。同时，这一理论又承认个人经历、经验具有多样性，女性的立场也具有多样性，但它更强调女性与男性相区别的立场。这种断言显然与传统认识论所追求的超越人群、阶级、种族和历史的客观性理想是相悖的。

女性主义立场论深受从阿多诺到哈贝马斯的法兰克福学派的社会批判理论的影响，它试图对占统治地位的科学认识论传统（被称为“前女性主义认识论”）和主流知识理论提出根本性的挑战。女性主义立场论者认为，现有的知识和科学理论都是建立在西方中产阶级白人男子的经验和利益基础上的，它们是延续男权统治的一种自助性的工具。女性主义立场论者主张任何知识都是社会情境中的，建立在具体的、历史的、特殊的人类生活经验基础之上的，并且它坚信作为边缘人群和被压迫者的女性比作为统治者的男性具有认识上的先天优势，因为处于等级制顶端的男性群体由于忽略了来自其他立场的知识来源而以普遍真理持有者自居，往往已经失去了自我批判的能力和精神，而处于边缘地位和“被统治”地位的女性群体由于其不利处境可以使她们更加明察知识权力关系的机理。女性独特的生活经验和立场可以帮助其建立更加客观、可靠的知识体系，获得更好且更少偏见和歪曲的知识图景。因而，女性主义立场论主张必须通过克服对男性生活和经验的依赖，以及运用女性经验和立场作为知识建构的来源和基础来消解知识的男性中心和权力关系。

女性主义立场论强调“边缘人群的生活”作为知识来源，强调知识的社会历史性，优越人群的认识局限是不无道理的。关于这一点，他们又从黑格尔关于主奴关系的见解以及马克思、恩格斯所创立的“无产阶级立场”理论那里受到了启发；同时，他们又在库恩和奎因那里寻求到了理论支持。按照奎因的“观察渗透理论”的观点，逻辑实证主义失败的根源在于把科学的命题简单地看作对观察陈述的概括。观察充满着理论，它包含着创造的成分和社会的成分，观察陈述也是一种语言共同体成员在相同刺激下做出的共同判断，正是这个主体间的一致性使人们将观察视为确实无疑的。这个语言共同体的介入，使观察的条件性、相对性的社会历史性质得以暴露出来，并决定了观察证据与理论之间的联系必然渗透着社会、心理甚至性别因素，因而并不具有逻辑的必然性①。而托马斯·库恩的《科学革命的结构》一书则成为女性主义者常引用的经典性文献，特别是他对科学知识生产过程中价值因素的关注，更是受到女性主义者的深刻认同，并为科学的女性主义分析提供了一个新的研究领域。

虽然如此，这其中依然存在着诸多理论上的困境，由于人类经验、社会关系、活动类型各不相同，这些不仅构成而且限制了人类不同群体的知识和理解力。如果不同的社会立场产生了不同的世界观和认识模式，那么作为“边缘人”和受压迫群体的女性也会有自身的偏见、意识形态和权力欲望，如果认定她们是“优越的认知者”，这样实际上又会陷入女性主义者所批判的两分法或二元对立的等级模式之中，最终将导致的是一种以弱者的话语霸权否定强者话语霸权的尴尬。就像桑德拉·

① 蔡仲．对女性主义科学观的反思［J］．南京大学学报（哲学·人文科学·社会科学），2002（4）：37-43.

惠特沃斯所说，“比起男子的‘男性观点’，女子的‘女性观点’也是单薄无力的。事实上，它最终没有拒绝有‘绝对真理’的观点，因为它认为一些人可能比另一些人更接近真理”①。另外，立场论以统一的女性经验和立场作为对传统认识论的批判和女性主义认识论建构的基础，这也是一个需要质疑的问题。由于女性身份并非抽象的概念，早期的女性主义立场论者所宣称的统一的女性经验和立场是否存在？如何存在？这一直备受质疑和批判，后期的女性主义立场论者在受到后现代主义猛烈抨击的过程中也不断完善自己的理论，他们表明女性立场在研究弱势群体中并不会具有特别的优势，而是同样具有片面性，但却是一个需要表明的立场，“女性的立场也不是某些女性主义学院派刻进石碑，让所有女人去崇拜的僵化真理；相反，它是真理的万花筒，随着更多的、不同的女性开始共同工作和思考，女性的立场也在不断形成和重新改造的过程中”②。

（三）后现代女性主义

后现代主义和女性主义的关系一直是一种很不稳定的、颇令人疑惑的关系。对女性主义者而言，把自己归于后现代女性主义学者常常很难解释自己如何既是后现代的，又是女性主义者③。其实许多人都公开反对过把自己贴上“后现代主义者”或“女性主义者”这样的标签，他们的拒绝态度既反映了后现代女性主义的尴尬处境，同时也推动了女性主义去发展多种性、多元性和差异性。尽管如此，在认识论上依然可以清晰地看到后结构主义、后殖民主义思潮对他们深刻的影响，雅克·德里达、雅克·拉康、利奥塔、福柯等被人们誉为后现代主义干将的思想家更是在后现代女性主义的言论与文本中频频出现。在认识论上，后现代女性主义比女性主义立场论更加激进。首先，它对启蒙思想的基本假设

① SANDRA W. Feminism and international relations [M]. Hampshire: Macmillan Press, 1997: 19.

② 童. 女性主义思潮 [M]. 艾晓明，等译. 武汉：华中师范大学出版社，2002: 182.

③ HIRSCHMANN N J. Rethinking obligation: a feminist method for political theory [M]. Ithaca and London: Cornell University Press, 1992: 138.

和认识论基础进行了激进的挑战，包括对认识论的二元模式的拒斥，对超验的理性和价值中立的客观性的批判，对真理、知识、进步等普遍性概念的解构，后现代女性主义对女性主义经验论、女性主义立场论所追求的共同经验、立场以及更为客观、真实的认识和客观真理的“宏大叙事”持怀疑和批判态度，后现代女性主义者嘲弄经验论者像“男子一样思考”，他们批判立场论者是“本质主义的大异端”。其次，他们猛烈抨击男性中心主义，特别是那种宣扬男女的差异是自然的、必然的，因而女性的低劣是合理的论调。他们认为，根本不存在所谓的“事实真理”，女性的经验或叙述不仅仅反映女性被压迫的事实，而且“叙述”本身也是建构权力和压迫关系的力量。

但是，尽管如此，后现代女性主义还是留有余地的，它对于启蒙思想的批判在于启蒙认识论反映了一种男性思维框架和价值体系，是与男性中心主义文化和父权制社会的等级统治模式相互结盟的，它将女性与女性文化排斥在系统之外的边缘地位。另外，它主张科学知识的合理性就在“具体化的实践”中以及社会和历史上特殊情况的运用里，而不再存在单一的、普遍的和独立于主体、历史、社会情境的客观真理。因此，后现代女性主义认为，只有建立在支离破碎的主体身份基础上的多元认识论，才能对知识创造和权力拥有之间的关系进行持续不断的批判，才有可能放弃认识上的特权立场、专家认可的方法论及客观真理的主张，为女性主义提供一种更少偏见的话语说明和认知模式。

应该说，后现代女性主义清晰地指出女性主义经验论、女性主义立场论理论的内在冲突，为女性主义认识论思维的拓展提供了一种新的视角和可能性。但是，其自身依然存在难以逾越的理论困惑：首先，它消解了所有的群体，不可避免地产生了知识启蒙时期的相对主义，但在理论话语中又在不断地反对相对主义；其次，它解构自我，消解作为整体的妇女概念，主张“主体死了”，这种彻底的批判态度对女性主义而言可谓釜底抽薪，使得女性主义作为一种政治运动和意识形态赖以生存和合理存在的根基受到了根本性的动摇和消解。“当现实需求面对一个由话语构成的主体时，实在的主体被消解成话语的碎片，成为不稳定的、动态的主体，它反映了当代哲学对语言结构过度的迷恋和一味扩大。”① 因此，有女性主义者嘲讽后现代女性主义文本，“只是专门写给学养高深，例如在哲学专业拿了博士学位的女人看的，而不是写给普通妇女的”②。最后，对于后现代女性主义不顾女性主义的实践特性，以去政治化的策略来谋求“学院化”③ 的身份，这一点似乎背离了女性主义运动的初衷而遭诟病。主流的女性主义认为，女性主义任何时候都不能放弃对新的认识论工具的探索和改变现存社会关系的政治追求，因为这才是女性主义得以存在的根基。

二、女性主义的认知构想

当代西方女性主义作为一种社会运动虽然在政治上被边缘化，但是它在学术领域却通过对知识与政治关系的系统阐释提出了迥异于传统认识论的认知图式和知识构想，几乎引起了一场学术界的革命。这种知识图式打破了知识与价值、政治分离的客观性理想，而将有关身份、种族、阶层、政治倾向、性别、性征的问题带入社会分析的中心，一方面它扩大了认识论的范围，将认识论、知识论、价值论问题糅合在一起，体现了将道德的、政治的与经验的理解相结合的知识统一的追求；另一方面它也扩大了政治学和社会学的研究范围，使之成为包括有关自然、文化和知识的政治学和社会学。它强调认知者和知识的社会情境性、价值负载性与政治伦理性是女性主义知识理论和客观性理想的共同出发点与核心特征。

事实上，强调知识的性别烙印，否认存在认知的、社会的、普遍的、

① 黄华．权力、身体与自我——福柯与女性主义文学批评［M］．北京：北京大学出版社，2005：247.

② 童．女性主义思潮［M］．艾晓明，等译．武汉：华中师范大学出版社，2002：287.

③ 这里所谓的“学院化”指的是，女性主义理论被正统学术体制和高等教育系统所认可和接纳，在英美大约始于 20 世纪 80 年代初。这一时期，女性主义受到后现代思潮的影响，结构主义、精神分析、后结构主义等理论被女性主义学者广泛学习、吸收和引用，这些理论的引入对女性主义扎根学院、进入高等教育体制起到了重要的促进作用。

阿基米德式的立场是女性主义认识论的基本立论点，因为它坚持“没有哪种理论、方法、知识，不是由男人和女人制造的，不是从制造的人所处的社会及所代表的利益这一特定的立场出发制造出来的”①。

（一）认知者与知识的社会情境性

女性主义认识论认为，之所以会产生不利于女性的知识，其重要原因就是对知识境域性的“忽视”或“无意识”。知识通常被认为是或者涉及一整套具有本质特征的抽象结构——特别是作为问题和数据的分类，以及符合假定的一致性模式的证明程序，这是一种客观的知识观，也是反映在传统认识论和分析哲学中的观点。它也说明了知识如何在日常经验的现实中得到认识，而在这些经验中，整个世界想当然的本质则很少受到质疑。个人的意识将对象看成是存在于“外面的某处”，看成是强制性的和外在的现实。它们的持续存在为理性行为提供了能够依靠的可能性，而且它们的存在也可以通过由意义所呈现的信号而得到证实。因此，传统认识论认为，知识是可以与构成、选择、维护和转变知识的人的主观活动分开的，可以与知者的身份（种族、阶级、性别、民族）无关。女性主义将此视为客观主义或经验主义，在学术文化和传递的规范与习惯中，这种客观主义和经验主义已具有非常坚实的基础。对此，女性主义已在对传统认识论基础批判中予以了反驳，他们尖锐地挑战了知识价值中立的客观主义原则，质疑了知者的身份特征，认为用客观性、价值中立的标准来认识和鉴别知识是为了对知识作一劳永逸的辩护并反映了作为统治者的男性群体的利益与愿望，而其实质是在父权制文化与认识论辩护策略之间建立起一个内在的联盟。为了瓦解和摧毁这一联盟，女性主义阐释了一个重要的主题——知者和知识的社会情境性。这一主题的强调宣告了单一的真理符合论和永恒、普遍的理性准则在科学认知模式中的失败。于是知识的客观性由抽象的价值中立原则还原为共同层次上可交流、可对话的一致性的实践标准。事实上，人们总是以自己处于一定的时空位置中的具有特定构成的身体来进行认识的。

① SMITH D. The conceptual practices of power: a feminist sociology of knowledge [M]. Boston: Northeastern University Press, 1990: 12.

女性主义这一认识论的来源根据之一是社会建构主义。这可以用来解释知识产生的社会原因。用唐娜·哈拉维的话来说，女性主义的客观性无非意味着情境化的知识[①]。哈丁也明确指出，女性主义的标准知识是“所有知识探索是一种社会化的情境，客观的情境化知识……挑战了某些最基本假设，这些假设把科学的世界观和西方思想一直作为怎样产生知识的模式。女性主义的科学观寻求严格的发现的逻辑，企图最大化研究对象的客观性，因此为那些边缘人提供知识的不仅仅是在其纲领中管理与安排边缘人民生活的统治集团”[②]。在女性主义这里，知识的社会因素被强调，知识被看作通过社会实践获得的，不仅主体是在社会中得到建构的，而且客观性也被认为是通过社会批评而获得其保障的。这种客观性的社会建构性通过强调认知过程的社会特征，肯定了背景假设及其情境性价值不可消除的影响。

另外，知识产生的个体原因也不容忽视。知识社会学认为，人在本质上与他的社会结构是联系在一起的。这个传统的本质特征从历史上看，来源于黑格尔的《精神现象学》和马克思的《1844 年经济学哲学手稿》，它主张人的社会性是一个辩证的现象，人通过生理和精神的活动把他自己外在地表现在客观的过程中。由此他所建立的产物构成了他的客观世界，一种他所面对的，并且可以用于规定其他存在的现实。这在主观上是适当的，而且这种客观结构可以转变为主观意识。精神的解释性构架功能立即在意义的建构中成为一种活跃的，但又具有被动性的力量。通过经验记忆，客观化产物和设想的各种存在中的积淀，重新建构的存在和重新解释的过去被看成是一个一直延续到计划中的未来的连续体[③]。由于这种观点强调人建构经验的积极作用，所以它对静态分析知

① HARAWAY D. Situated knowledge: the science question in feminism and the privilege of partial perspective [J]. Feminist Studies, 1988, 14 (3): 575-599.

② HARDING S. Rethinking standpoint epistemology: what is strong objectivity? [M] // KELLER E F, LONGINO H E. Feminism and science. New York: Oxford University Press, 1996: 224.

③ BERGER P L, KELLER H. Towards a rational society: students protest, science, and politics [M]. Boston: Beason Press, 1964.

识的概念形成了一个明确的挑战，知识作为一个独立实体的地位现在已经成为问题，而且被看成是隶属于个体的解释，当然它们是以特定的社会过程为中介的。正是这些个体性因素把知识作为客体的全部关注，掩饰了它在认识中极其复杂的问题，以及在认识中的无限变化。

（二）认知者与知识的价值负载性

传统认识论所倡导和推崇的客观性是以价值中立、无偏见和非主体性为特征的。女性主义学者尽管观点各异，但他们都是从对价值中立的批判开始，揭示客观性的文化内涵，为女性主义的认识图式的建构奠定了基础。女性主义学者哈丁将这样的客观性称为“客观主义”或经验主义的标准。她指出，传统认识论主张价值中立、无偏见的客观性要求，以此作为知识判断的普遍有效的标准，并认为放弃这一理性准则将导致认识论的相对主义，这种对认识上的客观主义与相对主义的两分法的坚持，树立了传统的价值中立客观性原则的权威地位。女性主义认识论则强调，人们以往关于知识是客观的、没有主体性的认识是错误的，因为这种认识忽视了知识探讨的社会欲望、价值和利益。

事实上，所有知识都被打上了社会文化的烙印，所有的认识都包括认识者特有的社会历史文化背景，如在科学研究中就是有主体的，它是基于从事这种科学研究的群体价值观，在以男性为主体的科学研究中，研究者往往将一些包含特定价值观的隐喻作为科学的模型或假设带入研究，如经济学中所谓的“经济人”模型就具有明显的男性倾向，他是傲慢自大而又积极主动的角色，其蓝本是西方白种男性经营者；如社会学，“其方法、概念系统和理论一直就以男性世界为基础并且局限于其中的”①。其主要议题及所关注的事项体现的是男性价值观和经验，即有偿劳动，政治和正规组织的世界，而家庭、小孩、生育、情感联系以及义务工作等组成的女人世界要么被忽视，要么被边缘化。女性主义科学史家伊夫林·福克斯·凯勒发现，其实在所谓的科学性、客观性的背后，实际上掩盖着男性的统治地位。在“科学的”和“男性的”之间存

① SMITH D. The conceptual practices of power: a feminist sociology of knowledge [M]. Boston: Northeastern University Press, 1990: 23.

在着一种近似对等关系，即“科学的＝客观化＝男性的”①。这一揭露使女性主义者看到了问题的症结，他们对这一对等关系进行了果断的批判，认为如果不打破这种对等关系，作为主宰群体的价值观就会从认识上限制和排斥边缘人群的观点，而且认识也不可能是普遍的和客观的。由此女性主义对传统的价值中立原则，以及在此基础上被认为性别无涉的虚拟性和内在矛盾进行了揭露，一方面打着普遍的、价值中立的旗号，另一方面又追求和崇仰男性利益及与男性气质相联系的文化价值。从这个意义上讲，认识论意义上的认知者和知识本身都是有价值取向的，而且在价值取向上是性别主义的，这其中包含着男尊女卑的价值等级观念，这里蕴含着深刻的文化意义。所以在女性主义学术中，社会性别作为一个重要变量引入研究中也就毫不奇怪了，社会性别在这里不仅作为研究者与被研究者的个人或群体身份标志，而且是作为社会的人受制度约束以及进行行为选择和价值评判的依据。因此性别以及它所包含的文化意蕴也就构成了女性主义社会分析的出发点和科学知识的来源。

（三）认知者与知识的政治伦理性

在西方社会，统治的一个核心特征就是所谓“客观知识”或者借助文本的话语的作用。在女性主义看来，这些貌似客观的知识和文本仅仅是建立在男性所谓的普遍经验基础上，其勾画出的世界恰是男人眼中被歪曲了的世界，因此女人从自己的生活出发所发现和感受的经验与考察这一经验世界可用的概念和理念框架之间存在着严重的分歧②。同时，由于男人和女人所处的“两个世界”以及作为知识构成的两种经验之间并不具有同等地位，男人构造的世界对于女人的生活世界来说具有某种权威作用，它构成了这个社会统治关系的基础。存在主义女性主义哲学家波伏娃就曾雄辩地指出，女性受压迫源于她的“他者”性质，女性是他者，因为不是男人，男人是自由的，自我决定的存在，他给自己的存

① KELLER E F. Secrets of life, secrets of deaths [M]. New York: Routledge, 1992.

② SMITH D. The everyday world as problematic: a feminist sociology [M]. Boston: Northeastern University Press, 1987: 115.

在定义；而女性是他者、对象，她作为对象的意义是被决定的。基于此，在女性主义看来，认知者与知识的伦理政治性是显而易见的，知识的生产实际上可视为一种政治、伦理的参与，所以，他们公开宣称女性主义知识的政治倾向与伦理态度，女性主义激进认识论本身即体现了将伦理的、政治的与经验的理解相结合的知识统一的追求。因此，反观客观性、价值中立，它不仅是认识论的争论，还是一种政治论战，琳达·阿尔柯夫与伊丽莎白·庞特说，“对女性主义来说，认识论的目的不仅是满足智力上的好奇，同样也具有解放的目的，在制造知识过程中民主的扩大。这种目的要求我们的认识论能够弄清楚知识是怎样被权威化的与知识赋予了谁权利（权力）”[①]。所以，他们毫不掩饰地声称其目的是揭露“认识论的政治学”。从这个意义上讲，由于知识根源于政治，女性主义认识论不过是揭示出“真理、理性和逻辑的政治学”。政治伦理性也就成了女性主义认识论区别于传统认识论的一大特点和特色。

第四节　对女性主义认识论的评价

哈丁认为，女性主义认识论是女性主义运动发展困境的产物，当社会科学家和生物学家试图将女性与性别纳入他们既有的知识体系结构时遇到了困难。因为传统社会科学和生物学领域的概念图式以及客观性、合理性、科学方法等处于支配地位的观念体系，在分析性别议题时往往显得捉襟见肘、软弱无力。特别是关于“性别与知识”的论述显得极不充分，因此，女性主义认识论从“女性被遗忘”、“与女性相关的知识被忽视”和“女性被伤害”三个方面批判了主流认识论[②]，并把“知识与性别”的关系问题作为女性主义认识论最根本、最为关注、最具研究特色的主题，有学者甚至认为，“在最广泛的意义上，女性主义认识论最

① ALCOFF L, POTTER E. Feminist epistemologies [M]. New York: Routledge, 1992: 2.

② LANGTON R. Feminism in epistemology: exclusion and objectification [M] // FRICKER M, HORNSBY J. The Cambridge companion to feminism in philosophy. Cambridge: Cambridge University Press, 2000: 130-134.

基本的信念是，社会性别是与知识研究相关的一个范畴"①。

但是，作为一种新兴的认识理论，女性主义认识论由于没有发展出一套完整的、统一的、共识度高的话语体系，因此受到来自各方面这样或那样的质疑与批评。这些批评既有来自女性主义认识论内部三种形式（女性主义经验论、女性主义立场论、女性主义后现代论）之间互相的冲突、批判与影响，也有大量来自女性主义外部的质疑，如："女性主义认识论可能有益于女性吗"，"它能增进知识吗"，"它能帮助科学家更好地提出理论，以帮助我们理解世界，并改善人类处境吗"，等等②。本小节将从女性主义学术内部的争议与女性主义认识论对外部学术批评的回应两个方面来进行评价。

一、女性主义认识论学术内部的争议

（一）女性主义认识论三种形式之间的冲突与差异

由于女性主义认识论的三种形式之间存在话语间的相互冲突，以及各自包含一些难以解决的问题，因而它们之间始终存在不容忽视的相互批判、相互影响。一方面这些相互影响推动了女性主义认识论不断发展，另一方面也使它们之间的区分越来越模糊化。苏珊·海克曼甚至认为，哈丁对女性主义认识论的三元分类法目前已经接近瓦解③。总体而言，女性主义经验论、女性主义立场论和女性主义后现代论之间的冲突与差异主要可以从以下几个方面来理解④。

1. 代表女性主义流派不同。女性主义经验论大体对应自由女性主义；女性主义立场论大体对应激进女性主义、社会主义女性主义和马克

① 蔡仲．对女性主义科学观的反思［J］．南京大学学报（哲学·人文科学·社会科学），2002（4）：37-43.

② PINNCK C K, KOERTGE N, ALMEDER R F. Scrutinizing feminist epistemology: an examination of gender in science［M］. New Brunswick: Rutgers University Press, 2003: 3.

③ HEKMAN S. Truth and method: feminist standpoint theory revisited［J］. Signs, 1997, 22（2）: 357.

④ 魏开琼，曹剑波．女性主义知识论［M］．北京：光明日报出版社，2013：160-178.

思主义女性主义；女性主义后现代论大体对应后现代女性主义。

2．方法论不同。女性主义经验论坚持经验主义的原则，强调严格地遵循价值中立的科学方法对实现“好科学”理想的重要性。女性主义经验论强调知识的社会情境性和视角的独特性，主张弱势群体具有认知特权，倡导价值负载的认知方法。女性主义后现代论虽然断言没有任何一种方法是没有缺陷的，然而却并没有走向怀疑一切方法论的怀疑主义，相反，它倡导研究方法的多元化，认为主要研究者认识到每种方法的价值假设、优势以及局限性，那么，“所有的方法都可以成为女性主义的方法”①。

3．对标准的看法不同。女性主义经验论在自然主义的知识框架中寻找标准，在它看来，不同的环境能制约知识的提出，因为特定的情境既是错误的根源，又是智力的根源。女性主义立场论则主张标准有高低之分。后现代女性主义论反对任何客观的标准，主张标准的多元化。

4．对情境的处理不同。女性主义经验论预设了一个非情境的政治中立的知识主体，而女性主义立场论和后现代女性主义论则对情境认识问题提出了不同的解决方案。女性主义立场论坚持某种情境的认识高于另一种情境的认识。后现代女性主义则持类似相对主义的观点，拒绝认识论的特权要求，强调认知者社会角色的偶然性和不稳定性，因而也强调认识结果的偶然性和不稳定性。

5．对客观性的态度不同。女性主义经验论不怀疑客观性的传统含义，但认为在传统认识中，男性主体在实践中未能严格遵循科学的方法论准则，由于受到传统文化、习俗惯例、迷信偏见的影响，导致男性中心主义未能达到真正意义上的客观性。为此，他们提出了一种达到真正客观性的可能方案，主张通过让大量妇女参与认知活动来弥补和修正，因为女性和女性主义者比男性和男性主义者更容易克服男性偏见，女性经验将揭开男性文化掩盖的真实图景，为追求价值无涉的客观性理想目

① UNGER R K. Psychological, feminist, and personal epistemology: transcending contradiction [M] //GENDEN M M. Feminist thought and the structure of knowledge. New York: New York University Press, 1988: 137.

标提供更大的可能性。女性主义立场论主张排斥传统知识论的二元模式和价值中立的客观性原则，用一种建立在主体与客体、事实与价值相互交融的基础上的具有强烈反省精神的“强客观性”，取代传统意义上主客二分的“弱客观性”，这种强客观性是通过反省自身立场的局限性以及把所有人的立场融入一种理论中获得的。尽管女性主义后现代论有相对主义的倾向，但它对怀疑主义和不确定性的强调解构了所谓无所不包的客观性以及封闭的、傲慢的相对主义的片面性。后现代女性主义提出的独特见解不是“批判是可能的”，而是“批判的任何一种形式使人们能够建立和形成新的认知权力，而不是拆除和解构已有的认知权力”①。

6. 对科学的批判与构思不同。虽然三种知识论都认为主流科学中存在严重的性别歧视和男性中心主义，并力图寻找其原因和解决办法，但它们对科学的批判与构想是不同的。女性主义经验论者将科学批判的对象指向“坏科学”，主张通过严格遵守科学规范的要求，克服现实科学中的男性偏见，使之成为反映自然和社会真实面貌的，真正客观无偏见的“好科学”。女性主义经验论坚持科学的一元论，追求“纯科学”，坚持有一种令人向往的、不表达特殊的社会利益和愿望的知识体系，其目标是“消除烙在科研成果上的性别歧视和男性中心论的印记，同时努力避免用任何其他诸如妇女或女性主义的‘印记’等局部特征而取而代之”②。因此，女性主义经验论的科学方案是“改善”的修正方案。女性主义立场论者从女性的统一立场出发，以女性主义及其他边缘人群的生活经验为背景和来源，建构能消除包括性别压迫在内的一切等级制和压迫形式的真正解放的科学。他们以对主流科学和科学观的性别化倾向的全面挑战为根基，以情境化的知识和负载价值的最大化客观性为追求目标，把批判的矛头指向了“常规科学”而不是“坏科学”。他们认为，为科学的性别歧视和男性中心主义负责的，是科学自身的概念框架和规范准则，为此，必须推翻科学知识论传统中的男性话语，建立女性主义

① 魏开琼，曹剑波. 女性主义知识论 [M]. 北京：光明日报出版社，2013：161.

② 哈丁. 科学的文化多元性：后殖民主义、女性主义和认识论 [M]. 夏侯炳，谭兆民，译. 南昌：江西教育出版社，2002：103.

自己的知识理论，才能从根本上消除科学的男性化。后现代女性主义认为，无论是科学的修正方案还是科学的重建方案，只能提供一种改造现实科学的可能性，并不能取得新的科学模式的建构。因为修正和重建都会落入男性中心主义的圈套，树立新的权威和普遍话语。为此，女性主义后现代论者提出了解构的多元主义的科学方案，他们认为，女性主义科学是建立在多元的、非本质的、支离破碎的女性身份基础上的，因此是历史的、情境的、解释的、多元的和远离中心的科学。

7. 对社会性别的看法不同。在社会性别上，女性主义经验论使用元分析的科学方法挑战传统的性别定型观念，试图证明男性与女性本质上是相似的，不存在性别差异，主张社会性别差异的最小化。女性主义立场论倾向于采用质的研究（如访谈等）的方法，挑战性别相似性的观点，极力强调两性之间的性别差异，认为女性是关系的，女性在道德上有不同的声音，更注重关系、联系、关怀和责任，主张社会性别差异的最大化。由于女性主义经验论与立场论强调性别差异研究的必要性，“认为只有通过对性别差异性与相似性的科学研究，我们才能有可能精确地判断性别的相似性与差异性的程度，也才有可能确定使性别差异更大、更小或无差异的情境因素”①。女性主义后现代论则质疑社会性别差异研究的必要性，否认个体社会性别的概念，认为社会性别不是植根于个体，而是植根于社会相互作用、话语、制度结构以及权力关系。社会性别是社会建构的、变动的、多样的、片段的、本土的。它通过对社会性别产生的复杂过程的分析，超越了相似性和差异论的争论，更加关注社会性别的文化意义，使女性主义知识论更关注社会性别产生的复杂的过程。

（二）女性主义认识论的最新进展

女性主义认识论的最新发展可以从三种不同形式认识论的交融上体现出来。首先，女性主义经验论与女性主义后现代论的联姻。由于科学

---

① KIMBALL M M. Gender similarities and differences as feminist contradictions [M] //UNGER R K. Handbook of the psychology of women and gender. New York: Wiley, 2001: 70.

家发起的早期的女性主义的科学批判预设了一种天真的经验论，而试图更好地理解女性主义的科学批判的女性主义者则追随奎因，明确地把实用主义和自然主义的观念融合到女性经验论中，因此，今天的女性主义经验论者强调情境知识的中心地位，强调事实与价值的相互作用，强调超验观念的非存在性，强调理论的多元性，这些特征都是女性主义后现代论的标识。

其次，女性主义立场论与女性主义后现代论相互渗透。哈丁认为，女性主义立场论和女性主义后现代论可通过下面的途径结合起来，即遵循“立场论方法的引导，进入后现代领域，在这样做的同时，努力改造那些熟悉的但已不能胜任的概念形式，使它们成为对当今科学、哲学和民主斗争有用的概念”①。女性主义立场论把弱势妇女的立场加以扩大化的这种做法，受到了女性主义后现代论的批判。女性主义后现代论的批判导致大多数立场论者抛弃了对优越于其他立场的、单一的女性主义立场的追求，并小心翼翼地避免后现代主义所批判的知识论中的本质主义、殖民主义倾向，试图从全球女性主义立场看问题，考虑到妇女的多样性，强调科学知识和理性进步的社会情境性，从而使女性主义立场论的单一立场向多元化的方向发展，并承认知识情境立场的多样性。这种改变可以从哈丁有影响力的著作中得以说明，在1986年出版的《女性主义的科学问题》中，她分析的焦点是妇女中心；在1988年《科学的文化多元性》中，她的分析是交叉的。女性主义立场论的特权知识观和客观实在论，在最近的融合中几乎完全被抛弃了，哈德萨克和哈丁从根本上修正了特权知识的观点，萨蕊·鲁迪克则完全抛弃了任何特权知识的主张②。女性主义立场论者认为，研究各种边缘群体的想法是十分必要的，像哈德萨克就主张从多层次、多方面的人群需求去研究问题，比单从优势人群的需求去研究问题更有利于知识系统的丰富多彩，更有利于多出知识成果，而这种以实用目的为基础的丰硕成果会使人们更多地

① SANDRA H. Whose science? Whose knowledge? [M]. Ithaca: Cornell University Press, 1991: 49.

② RUFFICK S. New feminist work on knowledge reason and objectivity [J]. Hypatia, 1993, 8 (4): 140-149.

认识社会的正义关系①。与此同时，许多立场论者把自己的目光集中在弱势群体的经验的认知价值上，他们反对在认知风格上对不同的群体做出范畴性的判断。女性主义立场论的这种多元化转变集中表现在女性主义后现代论中，弗拉克斯这位早期女性主义立场论的提倡者接受了后现代主义以及它所蕴含的多元真理论，并断言女性的立场比男性的立场更真实的观点是依赖于有问题的、未经检验的假定②。

最后，女性主义后现代论与女性主义立场论和经验论的交融。女性主义后现代论对启蒙知识的批判有所保留，为避免陷入相对主义和虚无主义，它们试图与彻底的后现代主义划清界限，并在女性主义和后女性主义之间达成妥协。对女性主义后现代论分化和离心力量的谨慎，使某些女性主义者从对女性主义后现代论的同情，转向为寻找一种中立的、稳定的、更能为女性主义经验论者和立场论者及后现代论者共同赞同的基础。哈拉威在这方面的贡献尤为突出，她不仅以经验论的评价标准来评价女性主义科学家的成就，还寻求重构客观性和认知责任的概念以求它们与情境知识协调一致③。

三种不同的女性主义认识论之间的相互批判、相互交融可以看作“重新测量认知的地形，把它变成众多流动的对话”④，这种重新测量标志着三种女性主义认识论界限的超越。可以借用海迪·格拉斯怀克的话来概括女性主义认识论的发展：“毫无疑问，在女性主义认识论响应女性主义运动本身不断变化的需求时，它还将继续发展。在政治关注发生转变的过程中，女性主义认识论者将会面临新的问题和新的研究手段。正如女性主义认识论在回应女性主义者的某些迫在眉睫的知识论问题中

① HARTSOCK N. Comment on Hekman's “Truth and Method: Feminist Standpoint Theory Revisited”: turth or justice? [J]. Signs, 1997, 22 (2): 367-374.

② FLAX J. Postmodernism and gender relations in feminist theory [J]. Signs, 1987, 12 (4): 642.

③ HARAWAY D. Situated knowledge: the science question in feminism and the privilege of partial perspective [J]. Feminist Studies, 1988, 14 (3): 575-599.

④ CODE L. Can she know? Feminist theory and construction of knowledge [M]. Ithaca: Cornell University Press, 1991: 309.

产生的那样，我们完全有理由相信，它的发展方向将继续由女性主义的政治舞台中的当前的和未来的发展所影响。”①

除了以上三种路径的相互融合外，女性主义知识论的最新进展还表现在对哈丁这三种分类的摒弃和超越上。具体来说，女性主义研究者不再只关心社会科学研究中的性别议题，而是转向特定的与经验关系密切的领域从事跨学科的研究。在研究过程中，女性主义者梳理出传统知识论的一些假设并进行分析，哈拉威提出“情境知识”是这些新路径的核心思想，它为当下女性主义知识论提供了有效的解释工具。此外，女性主义知识论者也从其他理论资源中吸收养分，建构新的女性主义知识论的言说，将研究的焦点转向实用主义、现实主义和多元论的立场，虽然当下的研究是对立场论与后现代论的超越，但这些论述并非与先前女性主义知识论完全割裂，只是进一步提出了新的研究方向而已②。

二、女性主义认识论对外部批评的回应：为女性主义认识论辩护

学术界主要从以下四个方面对女性主义认识论进行批评与质疑，女性主义针对这些批评，为女性主义认识论进行了相应辩护。

（一）“女性主义认识论”名称的内在矛盾性

批评者认为，“女性主义认识论”是一个矛盾的术语，因为女性主义是一种谋求社会变化的政治活动，其目标在于消除女性对男性的附属地位，而知识论讨论的是非个人的、客观的、价值中立的知识问题，其目标在于系统地为知识建立和捍卫公正的和无偏见的标准。苏珊·哈克可以看成是这种观点的典型代表，她认为“女性主义认识论”的名称是自相矛盾的，初看起来，就像说“共和国的认识论”一样，并认为女性主义认识论是难以理解的。哈克的批判包括以下几个方面：首先，女性主义认识论者的核心假设是有问题的。女性主义假定的核心原则是“受压

① HEIDI E. Grasswick, mark owen web, feminist epistemology as social epistemology [J]. Social Epistemology, 2002, 16 (3): 195.

② KATHY D, EVANS M, LORBER J. 性别与女性研究手册 [M]. 杨雅婷，等译. 台北：韦伯文化国际出版有限公司，2009：248-251.

迫的、处于劣势的、被边缘化的人，在认知上具有特权的”，以及存在有“明显不同的”女性“认知方式”不为主流知识论所接受；其次，逻辑上由“应该”中推出“是”是错误的，而且，女性主义知识论者要求把认识论政治化也是错误的。哈克指出，女性主义的标签被设计成传达这样一种观点，即科学研究应该被政治化。她担心这不仅是错误的，而且是危险的，因为科学研究的目标在于获得真理，但是那些对诚实研究失去信心的人提出科学研究应该政治化的观点类似于一种宣传工作，从政治上看，这也是相当错误的，因为即便是潜在的独裁者也要求政治上进行充分调查和研究①。

批评者认为，既然女性主义是一种具有明显党派性的政治立场，它就根本不可能与真理知识或者科学保持任何关联，因为后者的标志恰恰就是具有价值中立性和客观性。女性主义必然会涉及各种带有偏见性的因素，而这些因素正是科学方法以及其他方法论措施旨在从那些可以产生真理知识的假设评判的语境中清除出去的东西。但是，这种批判中隐含着强烈的理论预设，那就是只有当人们假定认识论是而且是当代主流知识论者所认可的那样时（哈克主张女性主义认识论是自相矛盾的）才是正确的。哈克完全可以坚持自己的预设，然而这里的问题不是是否追求与共同体的实践、标准和假设一致，也不是质疑缺少柏拉图的形式或所谓先验真理，而是没有其他方法来定义什么是知识论及其相关的问题。此外，哈克关于“真正的认识论本身是一个整体的学科”这个假设是与事实相矛盾的，在主流认识论者之间，不仅有提倡自然化认识论的，还有各种其他的计划和假设。

女性主义认识论者不相信有理由证明认识论应该被设定为主流认识论那样，认为哈克所预设的前提本身并不是自明的。它们中的每一个都依赖于假设、标准、知识和实践之网，对这些范畴的依赖证明了第三种选择的可能性，也暗示着女性主义认识论是值得追求的，而且标准、利

---

① HAACK S. Knowledge and propaganda: reflections of an old feminist [M] // PINNICK C L, KOERTGE N, ALMEDER R F. Scrutinizing feminist epistemology: an examination of gender in science. New Brunswick: Rutgers University Press, 2003: 8-15.

益和传统在解释这类有争议的问题上具有特权。很明显，女性主义者所提出的某些问题必定与主流认识论不相容，至少是不相关的。这些问题包括“谁知道”、“谁的知识”、“谁的科学”之类，它们强调的重点是知识建构的历史性、社会政治性和具体性，所探求的是知识与权力之间的深层关系。对这些问题的回答具有语境相关性，因而没有唯一确定的答案。

哈克认为，女性主义所提出的知识的分析是自相矛盾的，因为它们把政治因素引入了知识。这种批判预设了人们不能从“应该”中推导出“是”，预设了知识论是非政治的，并且通常是“价值中立的”。然而，这种指责是一种循环论证，而且大多数女性主义者基于坚实的证据拒绝这种观点。在女性主义认识论者看来，非政治的或价值中立的知识论不是他们所主张的，更不是他们的理想。他们指出：“‘恰当的知识论’概念未受批判地保留着对知识普遍说明这个前提是……不可能的。然而，正是这个前提，女性主义知识论者提出了质疑。女性主义者……坚持理论的语境的重要性和特殊性。”① 女性主义认识论所从事的事业不同于主流知识论，正如科德表明的那样，女性主义认识论对主流认识论的批判是为了“揭露它所宣称的普遍性的假面具”，并在社会领域中从事一种治疗性的实践，使妇女更好地认识自己②。因此，不能用主流认识论的标准来批判女性主义认识论。而且，如果批判不是立足于对方的论证过程，基于立场差异的争论是不会有共识的，基于某种预设的论证本身是应该批判的，因为女性主义认识论恰恰是从传统认识论中的某些预设开始批判过程的。

（二）女性主义认识论先验的“政治正确性”及“政治优先性”

政治性既是女性主义者用来替自己立论的工具，也为质疑女性主义论断的批评者提供了反驳的工具，当朗基诺提出要承认“政治的考虑是论证的相关限制因素”③ 时，批评者担心朗基诺的证据观是在主张政治

① ALCOFF L，POTTER E. Feminist epistemologies [M]. New York：Routledge，1993：1.

② CODE L. What can she know? Feminist theory and the construction of knowledge [M]. Ithaca：Cornell University Press，1991：314-324.

③ LONGINO H E. Science as social knowledge：values and objectivity in scientific inquiry [M]. Princeton：Princeton University Press，1999：193.

的优先性，这会产生令人担忧的结果：即使一个假设被证据证明是错误的，由于它服务于某种政治利益，它也可能被接受。与此同时，即使一个理论假设是正确的，由于它不利于某种政治利益，它也可能被拒绝。

哈克是坚决批判这种政治化的做法的，她认为，如果说女性主义认识论的目标是“女性主义的价值应该决定被接受的理论”，那么这种政治化的目标会导致“虚假的理性主义者为了某种预定的结论寻找例证”，这会威胁到她称为“一点也不受政治的看法所影响的诚实的研究”①。但是，朗基诺所主张的“政治的考虑是论证的相关限制因素”真的是在主张政治优先吗？这是一种误读。这可以从朗基诺的其他核心观点，即她对科学理论的评估标准的说明以及她对客观性的说明中得到解释。在评估的标准上，尽管不同的科学家可能强调不同的价值，然而有一个标准对所有的科学家都是适合的，即经验的适当性，用朗基诺的话说就是“理论或模型在观察上可以决定真理”②，朗基诺认为，只要认知共同体的结论是“有效的相互批判”的产物，那么这些结论就是客观的，就可以看作知识。这种相互批判“把主观变成了客观，这不是凭借推崇一种主观性而贬低另一种主观性而达到的，而是通过保证那些被认可为知识的东西已经在众多观点的批判下幸存下来而达到的”③。为了确保相互批判的有效性，认知共同体必须：（1）有批判的场所；（2）有共同的评价标准；（3）根据批判做出相应的回应；（4）平等的知识权威，确保理论的民主性。这允许人们把他们具有不同的认知德行或恶习作为赞同或反对某种观点的基础，而不允许人们把他们所具有的社会地位和权力作为赞同或反对某种观点的基础④。

① HAACK S. Knowledge and propaganda: reflections of an old feminist [M] // PINNICK C L, KOERTGE N, ALMEDER R F. Scrutinizing feminist epistemology: an examination of gender in science. New Brunswick: Rutgers University Press, 2003: 15.

② LONGINO H E. The fate of knowledge [M]. Princeton: Princeton University Press, 2002: 185-186.

③ LONGINO H E. The fate of knowledge [M]. Princeton: Princeton University Press, 2002: 129.

④ LONGINO H E. Science as social knowledge: values and objectivity in scientific inquiry [M]. Princeton: Princeton University Press, 1990: 76-81.

朗基诺的这些理论可用来消除批评者由于误解所产生的“共同体可能因政治的理由而接受经验所驳斥的假设”的这种担忧。朗基诺明确地否认她“赋予某些形式的女性主义或任何其他的社会或政治的计划以真理的独享权”①，担忧“共同体可能因政治的理由而接受被经验所驳斥的假设”被“理论在经验上是适当的”这个需求排除了。反对者可能会反驳说，这种被经验所驳斥的证据可能永远不能获得，或者说更好的假设从来没有机会得到发展，因为共同体一开始就因为它们的政治原因而排除了对它们的调查。不过在朗基诺的论证思路中，这种担忧可以被客观性的要求所排除，因为认知共同体必须对批判持开放的态度，没有人有权规定他人对理论的选择，所有人的学术权力都基本平等。正如她在不同的地方所提出的，即使在女性主义知识论中，女性主义的价值也没有特别明显地被授予支配其他价值的权力，她相信个体有相信的自主权，也相信观点的多样性对激烈的、认知上有效的批判性讨论是必要的②。她还明确表达过“不同的女性主义观点在理论化的过程中都可能得到体现”③ 的观点。

那么，当朗基诺说女性主义认识论者“承认政治的考虑是论证的相关限制因素”时，她的意思到底是什么呢？按照她对客观性的理解，价值在理论的发现而不是理论的辩护阶段就已进入了研究的进程中，因为科学家在开始收集证据之前，他们一定要做出很多批判的选择，这不仅包括他们所要调查的对象，而且包括他们想要回答的问题，用来描述研究对象的术语，以及获取数据的测量工具和程序等。这些科学家根据他们的目标做出这些选择，其中一些目标在朗基诺看来可能是政治的，因为这些选择预先内在地限定了一些假说，而且这些限制是进行研究不可

① LONGINO H E. Essential tensions phase two：feminist，philosophical and social studies of science [M] //ANTONY L，WITT C. A mind of one's own：feminist essays on reason and objectivity. Oxford：Westview Press，1993：270.

② LONGINO H E. The fate of knowledge [M]. Princeton：Princeton University Press，2002：131-154.

③ LONGINO H E. Science as social knowledge：values and objectivity in scientific inquiry [M]. Princeton：Princeton University Press，1990：194.

避免的先决条件。而且，不同的科学界可能会做出不同的选择，并受到不同的限制。既然客观性的要求是多元性，为了客观性，就不能强迫研究者都接受某种限制。

（三）过分强调女性气质和女性知识的重要性

批评者指责女性主义知识论者过分强调女性主义气质和女性知识的重要性。凯奇指出，女性主义的科学研究受到女性研究的强烈影响，而女性研究非常强调“女性的认知方式”①。的确，正如前面章节所涉及的，吉利根曾经基于关怀而非正义主张女性有一种特殊的“女性气质的”道德推论模式，哈特萨克在其女性主义立场知识论的最初陈述中强调“女性气质的”认知风格的作用，认为它们在对女性生活目标的肯定上，在对二元对立思维和男性气质的认知风格的批判上，以及在战胜压迫、建立一个较好的社会上，提供了一种较好的立场。

事实上，女性主义认识论与通常的妇女研究一样，不是简单地断言性别中的差异是哪一极，而是力图寻求一种超越“差异”和“平等”的方法，这从女性主义的研究历史中可以看到。一开始，平等的女性主义者主张，在认知上断言女性气质差异的经验基础是不牢固的。有些女性主义知识论者主张，关于女性气质的认知风格强调情绪的认知潜能，在表述这种风格时必须把它从生理性别差异的主张中分离出来。但是，正如贾格尔批判的那样，这种观点在本质上是自然主义的，它与强调女性气质的认知风格的价值的普遍性陈述不同，它把重心集中在偶然的认知优点上，这些优点可能表现在诸如道德研究之类的特殊的研究语境中②。其他如黑人女性主义立场论者、女性主义经验论者和女性主义后现代论者对种族、阶级和性取向等的强调，批判了单一的女性立场。

当然，有些女性主义认识论者贬低抽象的理想而抬高情感的作用，

---

① KOERTGE N. Gender and the genealogy of scientific discoveries [M] // PINNICK C L, KOERTGE N, Robert F A. Scrutinizing feminist epistemology: an examination of gender in science. New Brunswick: Rutgers University Press, 2003: 47.

② JAGGAR A. Ethics naturalized: feminist contribution to moral epistemology [J]. Metaphilosophy, 2000, 31 (5): 452-468.

正如哈克批判他们主张“女性知识”更优越，并幻想用“女性知识”取代“男性知识”，“想要用‘女性中心的’规范代替认识论传统中的‘男性中心的’规范”①，但这只是某些女性主义者的偏激做法，如果以此来批评女性主义知识论对“男性知识”的态度都是如此，而忽略女性主义中的其他论证，那就显得顾此失彼了。其实，绝大多数女性主义者正如哈丁所表述的那样，“主要的女性主义理论家并没有试图以忠诚于一组性别取代另一组——以‘女性中心的’假设取代‘男性中心的’假设”②。或者如其他学者所表明的那样，“女性主义科学哲学并不认为女性主义科学应该是一种女性化或‘女性味的’科学”③。要知道，女性主义的政治目标从来不是为了达到它所批判的传统知识论的做法，以女性的或者是女性化的这种类别去代表所有的人类。

（四）对“性别与知识关联性”的理解过于泛化和极端

“知识与性别的关系问题”是女性主义认识论最根本、最为关注，也是最具研究特色的主题，有学者甚至认为“在最广泛的意义上，女性主义认识论最基本的信念是，社会性别与知识研究相关的一个领域”④。但是批评者也反驳说，虽然在认识活动中不可能完全排除性别性，但并非所有的认识都受到性别的重要影响，女性主义认识论把认识中的性别性扩大化，可能导致荒谬的结论。这不仅为男性科学家所反对，也为女性科学家所不容，有些女性科学家惊呼，在女性主义面前，她们有被科学“变性”的感觉。比如美国麻省理工学院的女数学家诺斯卡说：“当我读到‘女性主义理论’或‘性别差异’的文献时，特别是有关女性科学家

---

① HAACK S. Knowledge and propaganda：reflections of an old feminist ［M］ // PINNICK C L，KOERTGE N，ALMEDER R F. Scrutinizing feminist epistemology：an examination of gender in science. New Brunswick：Rutgers University Press，2003：8.

② HARDING S. The science question in feminism ［M］. New York：Cornell University Press，1986：138.

③ CRASOW S. Feminist philosophy of science：“Standpoint” and knowledge ［J］. Science and Education，2008，17 (10)：1089-1110.

④ ALESSANDRA T. An introduction to feminist epistemology ［M］. Oxford：Wiley-Blackwell，1999：38.

在传统的领域中从事研究工作的陈词滥调和评论时，我常常感觉到他们正在称呼我们所有这些人为‘变性人’。”① 当然，对这种缺陷，女性主义者是有所认识的，正如前面章节中讨论过的，科德在总结认知者的性别问题的意义时就已经表明，提出性别与认知者的关系问题，是为了让人们意识到认知者的特点以及其所处的环境。认知者的特点，认知者物质的、历史的、文化的环境以及他们对研究主题的兴趣，在认识论上与其他关于知识的证据与辩护具有同样重要的意义，最终是要提醒人们注意，讨论性别与认知者的问题不是为了比较不同性别认知者的优劣，而是说主流知识论探讨的范围有点窄了，知识论除了关于研究方法以及知识有效性的标准外，与认知主体有关的知识也是应该关注的。

科德的辩护可以看成是对女性主义认识论的一个有力的支持，同时我们也应看到，女性主义认识论作为一种新兴的知识论，虽然没有发展出一个完整地、统一地、连续地、更好地认识世界的模式，也没有提出一种替代男性中心主义归纳法或演绎法的女性主义的归纳法或演绎法，但它的启示意义是不容忽视的，这些启示意义有：(1) 知识实际上是由一种特殊的社会观建构而成的，因此，从不同的社会观来研究知识论是有意义的。(2) 在知识的研究中，我们应该强调主观与客观、理性与情感等的联系，而不能把它们对立起来。(3) 我们要认真对待情感、主观和身体在知识论中的地位，而这些方面在传统知识论中却常被忽视。正如凯勒指出的那样，“女性主义的一个独特贡献在于，通过纳入女性和她们的实践经验，同时还纳入所有与女性相关的人类经验领域，即私人的、情感的和性的领域，拓宽了我们对于历史、哲学和科学社会学的理解”②。(4) 我们要停止把理性和情感之类看作男人与女人区别的标准，反对把男性气质和女性气质绝对化、固定化。(5) 从多重角度观察世界，以女性观察世界的视角来弥补男性观察世界的视角的不足之类的主张，是值得重视的。(6) 女性主义知识论者对知识和社会价值关系的持

---

① 蔡仲. 对女性主义科学观的反思 [J]. 南京大学学报（哲学·人文科学·社会科学版），2002 (4)：37-43.

② KELLER E F. Reflections on gender and science [M]. New Haven: Yale University Press, 1985: 9.

续探讨，对忽视这种关系的分析知识论来说是具有启发性的，而且，这种探讨能确保这些主题继续吸引哲学家的注意力①。在现代科学将主体性和价值问题引入知识论之后，女性主义知识论在其中增加了性别的内容，并以性别差异及其文化价值的重新认定和估价作为知识建构的来源，以“社会性别”作为知识论的一个重要范畴，分析不同群体利益对现存文化资源中知识结构的形成产生的不同的影响，从而开辟了以性别为基础对科学知识本身进行解构和建构的新思路，极大地丰富和拓展了知识论研究的视域，这有助于我们发现已有理论的局限性，并将对主流话语起抨击、警示和启发的作用。(7) 女性主义认识论强调弱势地位者的利益，强调从弱势群体的视角认知世界，这对社会应代表全民的利益而不忽视弱势群体的利益这一主张的提出，具有重要的启发意义。

哈丁高度赞扬了女性主义认识论探讨的意义，她认为，女性主义认识论现在几乎应用在所有的社会科学和一些自然科学中，而且“特别是女性主义立场论已经成为一个不可抗拒的反思场所：反思现代知识论和科学哲学的局限性，反思过去、现在和未来的科学实践，反思科学中公民参与的可获得性和程度，反思性别关系的重要性和描述它们的女性主义的价值，反思西方的概念框架在新兴的多元文化、后殖民的、女性主义的世界中的权威”②。当然，女性主义认识论还存在着诸多漏洞、矛盾、混乱和困境，但作为一门新的知识论，它所涉及的议题、研究的结果，建构的纲领已极大地丰富了女性主义学术研究，并对诸多学科产生了不容忽视的影响，这证明了它自身的意义和价值，借用威利和荷加斯的话说：“女性主义认识论是一个充满活力的领域。它在许多方面都明确地表现出朝向自我批判的敞开性，坚持那些勇于向经验性和理论性的新洞见做出回应的认知理论的意愿性，以及从事开放性批判研究的

① LONGINO H E. Feminist epistemology [M] //GRECO J, SOSA E. The blackwell guide to epistemology. Oxford: Wiley-Blackwell, 1999: 348-349.

② HARDING S. Comment on Walby's "Against Epistemological Chasms: The Science Question in Feminism Revisited": can democratic values and interests ever play a rationally justifiable role in the evaluation of scientific work? [J]. Signs, 2001, 26 (2): 515.

自觉性。”① 只要人们不带有预设立场的价值观来看待女性主义认识论，必定会发现知识论需要女性主义，女性主义必将促进知识论探讨的深入。

三、总体评价

女性主义认识论是女性主义研究介入知识领域后深入发展的必然结果，也是女性主义学者为寻求女性主义学术存在的理由并获得合法性的重要辩护策略。女性主义在对传统认识论进行了深入批判之后也试图从认识论方面进行自我建构，这一研究其实是女性主义最难攻克的堡垒，也是女性主义无法回避的理论难题，要想向主流学术界和文化界全面渗透，认识论上的自我确证是一道必须跨越的理论屏障。到目前为止，它虽然还存在着诸多漏洞、矛盾、混乱与困境，但它所涉及的论题、研究的结果、建构的纲领已极大地丰富了女性主义学术的概念、内涵和对理论本身的理解，并对诸多学科产生了不容忽视的影响，这同时也证实了女性主义学术自身的价值和意义。

确切而言，女性主义认识论所力图发展和建构的，并不是一种典型的认识理论和新的认识论模式，而是一种新的检验知识的新范畴，它使我们对知识的形成及其活动的后果具有一种“自省”的能力，并促使我们对认识论这一概念本身进行思考和重新阐释与超越。在现代科学对认识的批判已将主体性和价值问题引入知识论之后，女性主义则在其中增加了性别的内涵并以性别差异及其在文化中的价值的重新认定和估价作为知识建构的来源，以社会性别作为一种认识论范畴，分析不同群体利益对现存文化资源中知识结构的形成产生的不同影响，从而开辟了以社会性别为基础对科学知识本身进行解构和建构的新思路，因而极大地丰富和拓展了认识论研究的视域。作为一种批评理论，它无疑有助于我们去发现已有理论的局限性，并将对主流话语起到抨击、警示和启发的作用。

女性主义认识论作为一种理论本身在确定自己的合法性与合理性上进行了艰辛努力和深入探索。女性主义认识论虽然存在着多元化的理论

① 威利，荷加斯．女性主义知识论与科学哲学［M］．欧阳康，译．北京：人民出版社，2005：750．

取向，但其主流——立场认识论相比于较早期的经验认识论和后期的后现代女性主义，理论上更为系统、严谨，所以作为一种理论本身，它已在学术界立足，并受到关注。有研究者认为，“总体而言，立场认识论整体上是可把握的、可辩护的、可批评的”①。

可把握的是指认识论是关于知识和证明的理论，因此任何具体的认识论都应对此有所断言并加以论证，阐明自身是什么，不是什么，女性主义立场论对知识的来源、性质、主体及其特征、客观性标准、自身的目标等都有明确的界说并与种族中心主义和相对主义做了区分，因而在确定性上优于一般女性主义认识论，尤其是后现代主义认识论。可辩护的是指立场论强调“边缘人群的生活”（从一种更广阔、更有理论意义的社会文化性别差异的角度）作为知识来源，强调知识的社会历史局限性是不无道理的，而后者还可以从库恩的理论中获得支持，由此出发，女性主义立场论的其他主张和界说都是可论证的。但问题在于是否所存知识（尤其是自然科学中的定律和事实）都有社会历史烙印（已有不少主流科学哲学家对女性主义科学观提出质疑，认为它们夸大了科学研究的社会维度，忽视科学研究的自然维度，从而把科学真理与意识形态混为一谈），一种中性的、超然的客观性概念是否可保留。显然立场论已变换了经典的客观性概念，因而它是可批评的。从这种意义上讲，女性主义认识论（特别是立场论）以自己理论上的系统性、逻辑上的可论证性在自我合理性的确证上已迈出了坚实的步伐。

在此，需要说明的是，本论著中所称的女性主义认识论并不企图置于某一特定的流派上，而是取其共通的论述，总体而言，基本上是采用西方女性主义认识论主流——立场论的观点，并兼顾其他理论形式。

作为一种新的认识理论，在寻找一种更好地认识世界的模式上，女性主义并没有发展出一个完整的、统一的、连续的理论，这不仅受到来自学术界主流知识理论的攻击，而且不同的女性主义认识论主张彼此之间也是互相批评的。首先，来自主流认识论最根本的质疑在于女性主义认识论对传统认识论最基本概念的消解和重新阐释，他们认为女性主义

① 星河．女性主义哲学学术报告会记略［J］．哲学动态，1995（5）：5.

对客观性、价值中立、理性、二元传统的重释和质疑实际是将知识论还原于知识社会学，将认识论问题还原于价值论、伦理学问题，即把对知识的求真变成了求好，将知识过程还原为本质上是一种立场选择和价值判断，这实际上是用认识论之名消解了认识论的根本问题。其次，女性主义认识论试图超越传统认识论中的客观主义和相对主义，却由于未能形成一种普遍的可判断的客观性标准还是有陷入相对主义的嫌疑。再者，在对启蒙认识论以及科学理性进行解构和重构的过程中，女性主义不得不使用他们所批判的男性话语为工具和手段，也就是说，女性主义虽然极力渲染文化上的多元论与相对主义，但实质上它却并未放弃认知判断上的理性准则，其结果不得不重新落入传统认识论的二元模式之中。最后，对于女性主义认识论所强调的核心与基础性概念——“女性经验”的认定还存在诸多分歧和模糊不清的地方，它作为一个学理性的概念还有待进一步论证、规范与阐释。要想在主流认识论中占有一席之地，并把理论的设想转化为现实的可能性，恐怕还有很长一段路要走，这也许是女性主义哲学家被认为与职业哲学家不同、女性主义认识论与“正当的”认识论不同的重要原因吧！但是，笔者认为这并不妨碍它作为一种认识论与方法论存在的意义与价值。

第二章 高等教育与女性的疏离

在高等教育的发展历程中，性别偏见是普遍的、久远的，也是国际性的。从严格意义上的高等教育机构（12 世纪的中世纪大学）的诞生到 1833 年美国奥伯林学院首次正式招收四名女生入学，其间历时 700 余年①。在漫长的岁月里，正规高等教育仅是“富有的、上层社会男性的特权”②，女性基本上被排斥在正规高等教育系统之外。面对着高等教育中长达几个世纪女性的缺席和无言，长期以来，主流学术界主要从“女性匮乏论”的认识框架加以阐释③。然而，从 20 世纪五六十年代开始，现代西方女性主义学者却对此提出了质疑和诘难，他们声称要为无言者立言，为失语者发声，他们对女性与高等教育关系的探讨已不仅仅局限于为女性争取平等的入学权利，而是从根本上对一向以男性占主导地位的学科领域所形成的知识主体进行重新思考，女性主义者以其独特的关

① 关于女性接受高等教育的开始，学术界一直有争论。一般论及女性进入正式的高等教育机构，许多学者采用了“1833 年，美国奥伯林学院首次正式招收四名女生入学”开始，笔者在此也采用了这种说法。也有学者将女性高等教育的肇始追溯到更早些的 1786 年，这一年，第一所“青年女士学校”在美国费城成立，标志着女性高等教育的开始，而后，又有一些接受女性的学院或专门为女性设置的高等学院出现，但这些学校在办学形式、课程设置、学位授予、社会地位等方面与正规高等教育还是有着本质区别。

② SAPRIO V. Women in American society mountain view [M]. California: Mayfield Publishing Company, 1990: 96.

③ 这里所指称的“女性匮乏论”的解释框架，主要是指解释问题的出发点都是企图找出“女性出了什么问题”，把女性作为问题之源，而不从认识论上去检视教育（学科、课程、教学）本身，包括知识的性质与构造等，为什么会系统排斥女性。

注视点和对问题的分析与认识，“为高等教育中个人与社会之间关系的疑问、回答和解释提供了新的可能性”①，重新规划着大学的蓝图。本章主要以“知识和性别”为认识线索，考察女性在高等教育中的存在状态并由此透视高等教育中的性别问题，通过对其传统解释的批判，探讨女性与高等教育疏离的认识论渊源，这也是女性主义介入高等教育研究的最初起点。

第一节　女性在高等教育中的存在状态

一、高等教育中的“缺席者”

女性主义学者希宾格谈到女性在欧洲大学的遭遇时，曾详细列举了女性进入高等教育系统的确切年代，“瑞士要到 1860 年才接纳女性，英国在 19 世纪 70 年代，法国在 19 世纪 80 年代，德国在 20 世纪初”②。即使当女性有幸进入高等教育系统，但是在建制化的学术机构中，依然难以见到她们的身影，因为这些建制的权力是国际化的，“它不单只用于清除江湖骗子或差劣的科学家，更能排斥女性”③，以至于在“18 世纪末，由圣彼得堡伸延至都柏林，由斯德哥尔摩到巴勒莫的学术网络将欧洲的知识分子阶层团结成某历史学家所云的‘统一的学术共和国’”。在这个学术共和国中，有一个重要特点不容忽视，那就是“完全限制了一整个性别的成员参与其事”④。

著名的比较教育专家露丝·海霍在分析了中国与西方高等教育传统后，也指出“尽管在历史上，双方的大学几乎没有彼此影响，但无论是

---

① 鲍克塞. 重新规划大学的蓝图［M］//余宁平，杜芳琴. 不守规矩的知识. 天津：天津人民出版社，2003：114.

② 华勒斯坦. 学科·知识·权力［M］. 刘健芝，等译. 北京：生活·读书·新知三联书店，1999：18.

③ 华勒斯坦. 学科·知识·权力［M］. 刘健芝，等译. 北京：生活·读书·新知三联书店，1999：17.

④ 华勒斯坦. 学科·知识·权力［M］. 刘健芝，等译. 北京：生活·读书·新知三联书店，1999：18.

封建社会还是近代初期（约是12世纪）妇女都被完全排斥在大学之外”①。由此可见，在长达几个世纪的高等教育活动中，无论东方还是西方，女性基本上都是以“不在场”的方式存在着，她们生存于知识与话语的遮蔽中，生存于黑暗、隐秘、喑哑的世界，生存于早期高等教育历史的盲点。长期以来，高等教育领域都是一个单一性别的领域，早期的知识和专业以及后来近代科学知识之发展，都几乎仅为男性的成就，历史似乎也鲜明地证明了女性在最艰深知识领域内的默默无闻和无所作为。女性长期是高等教育的“缺席者”，高等教育对女性的排斥和疏离成为这一时期二者关系最本真的写照。对于这种状况，当时社会的主流话语主要从以下三个方面予以解释。

首先，社会普遍认为女性天生的角色定位决定了她们没有资格也没有必要接受高等教育。关于这一点，可谓中外同理。一方面，在中国，古代高等教育是“大人之学”和“大学问”②，二者都强调一个“德”字，对于读书人来说最重要的是“德”，按照孔子的理解，女人与小人皆属“无德”之列。也就是说，女人没有资格进入这个系统。另一方面，中国文化推崇“女子无才便是德”，女性最重要的品性就是遵循封建礼教的道德规范和行为准则，履行好为人妻母之责，没有必要研习“大人之学”。

在西方，社会也普遍认为“妇女的生活几乎全部局限于履行作为母亲和妻子的职责。超越她们的家庭职责，就是破坏柔顺、服从、虔诚、贞洁的品德，使女人的名誉受到损失”③。即使到了19世纪70年代和80年代，北美和南美以及欧洲的女性开始有机会就读于医学院，但仍然有男性学生经常抗议，向她们扔泥巴和石头，在苏格兰更发生过令人匪夷所思的事件，男学生为了抵制女性入学，甚至将羊群赶进教室，并称他们已经明白“低等动物”不再属于被排除之列④。再者，由于当时公

① 海霍．关于中国妇女参与高等教育的思考［J］．陕西师范大学学报，1996(3)：152.

② 涂又光．中国高等教育史论［M］．武汉：湖北教育出版社，1997：28.

③ 布卢姆．美国的历程［M］．戴瑞辉，等译．北京：商务印书馆，1988：41.

④ 威斯纳-汉克斯．历史中的性别［M］．何开松，译．北京：东方出版社，2003：244.

共领域的职业只有男人才能担任，父母也不愿意花钱培养日后无望就业而导致所受教育被浪费的女儿，一个埃及官员就曾尖刻地说道，“教导女人就像提着一个边缝裂开的沙袋”①。长期担任哈佛大学校长的著名学者查尔斯·威廉·艾略特也坚持认为，男女不同是由家庭角色分工以及智力水平的差异决定的，高等学校所进行的高深学术研究对妇女没有任何用处，如果听任家庭主妇进入高等学校，会对知识的神圣性、大学的尊贵地位以及声誉造成威胁，他表示：“从历史继承下来的伟大知识对妇女毫无用处，因而必须为女性寻求新的模式。”② 此种言论和观念在社会上都颇具代表性，它反映了当时社会对女性接受高等教育的种种看法，完全受制于根深蒂固的“生物决定论”和“本质主义”思想。这些想法在如今看起来实在荒唐可笑，但它确实是历史的真实故事。

其次，女性普遍被认为缺乏理性思考的能力，标准“学术人”形象的建构已将女性排除在外，女性与以高深学问为基础的学术职业之间存在悖论。西方高等教育机构以往是做学问和培养少量专门职业人员的场所，即使到了现代，对高深学问的探求依然是高等教育的主旋律。在对高深学问的探究中，理性、智慧和能力是至关重要的。由此，理性、知识和智慧就在女性接受高等教育的历程中成为不可或缺的禀赋、素质与能力，在早期的哲学和认识论中，女性的理性和能力是备受质疑的，在二元对立的思维中，男女两性从身体、地位到气质、品格、思维素质都是相异的，而且都是前者优于后者，是一种等级关系，甚至存在一种统治的逻辑。

后结构主义女性主义曾通过主体理论来研究教师的身份，认为主体性是在个体的经验中不断变化的，个体总是处于相互冲突的位置上。教师（学者）的身份并不是一个标准化的模式，而是一种经历的叙述，是受具体的权力关系和话语影响形成的③。

从从事高等教育事业的学术职业来看，“学术人”在长期的历史积淀

① 威斯纳-汉克斯．历史中的性别［M］．何开松，译．北京：东方出版社，2003：226.

② 史静寰．妇女教育［M］．长春：吉林教育出版社，2000：127.

③ IRIGARAY L，OBERLE E. Is the subject of science sexed?［J］. Feminism & Science，1987（1）：73-88.

中已经被建构成了一个超世俗意义的自主、理性的抽象人，实际上他是一个理性人、理念人和科学人的混合体。由于较之于男性来说，女性对于世界体验的有限性，以及传统哲学中理性的符号化、男性化，这个抽象“学术人”的特质是深深地被“性别化”了的。正如格奥尔格·西美尔所言：“男性的本质表现很容易上升为一种超出男性的特别性，成为中立的客观性和有效性的领域。”一旦客观标准是依据男性而建立的，女性的特殊经验就往往会与之格格不入，“所有的误解和低估都是这样产生的：根据完全为了另一个存在而建立起来的标准来评判一个存在”①。审视传统性别观念，女性一向被认为天生富于情感而缺乏理性，特别是缺乏逻辑思维能力，而这一切与高深学问的追求存在悖论。对人本性界定最早的区分可以追溯到亚里士多德，亚里士多德认为，每一单独存在物都是形式（与男性相关联的活动性）与质料（与女性相关联的被动性）的统一，活动的形式支配被动的、死的质料，灵魂的理性部分对非理性部分有某种权威性，与此相结合，他的生物学理论使他得出以下结论：女性最完美的功能包含创造使男性要素盛行的条件，而正是这个“男性要素”提供了充分的人的要素；理性和深思熟虑是男人的特征，正是这一特征使其成为完整的人，而女人中占优势的则是欲望，正是这一特征使其成为有缺陷的人。英国学者吉恩弗·劳埃德在其1993年出版的著作《理性人》中更为明确地提出，在西方文化中，所谓的“理性人”是性别化的，它指的是男性的理性而不包括女性②。奥地利哲学家奥托·魏宁格在其著作《性与性格》中说得更直白，他说：“女人根本不懂人必须根据原则行动的道理，由于她没有连续性，她体会不出对她自己的思维过程进行逻辑论证的必要，她可以被认为是逻辑上神志不清的。”③ 作为女性，即使从其本性来说，她或许具有某种理性，但她的理性和男人的理性也是不同的。一言以蔽之，女性的理性是脆弱的，

---

① 西美尔．金钱、性别、现代生活风格［M］．顾仁明，译．上海：学林出版社，2000：172-174.

② LLOYD G. The man of reason: “Male” & “Female” in western philosophy [M]. London: Routledge, 1995.

③ 格里尔．女太监［M］．欧阳昱，译．桂林：漓江出版社，1991：10.

"妇女的理性屈从于一个超越理性本身的目的，即物种繁殖的目的"①。由于女性先天不具备这方面的资质和能力，高深学问的研习对一个女性来说是反常的，社会普遍认为理性的女性是男性化的。在学术研究中，即使有极少数女学者作为主体一分子（如学术共同体中的一员）参与了学术研究，但前提是，她也必须像男性一样思维和行事，甚至像男性一样说话，琼·埃克就认为：女人为了在学术工作世界的最高阶层获得成功，确实必须变成"荣誉男人"，掩饰她们的女性气质，采取男性的行事作风和标准，即使这样，绝大多数女学者还总是被视为科学共同体中的"异族"和"他者"②。

在女性主义学者看来，以"理性"和"科学"为基本特征建构的标准学术人的形象从某种意义上来说，就是抽象化了的男性和男性特质，它是以排斥女性（女性气质）而获得合法性并得到确认的。而事实上，这个标准并不是普遍的视角，而是特权人的某种经验和信仰。

第三，女性的生理特征不适合从事高深学问的学习。哈佛大学的爱德华·克拉克医生在其著作《教育中的性别：女孩子的公平机会》一书中有详细论证：男女生理结构不同，如果女性过多读书，就会使血液从卵巢流向大脑，从而影响她们生育健康的婴儿，甚至危及她们的身体。与此同时，德国一些知名医生也大肆宣扬女性不适合接受高等教育的原因，他们认为，女性不但在体力上弱于男性，其整个身体构造也比男性的发育进化程度低……女性的大脑比男脑的小、轻，她们用脑过度就会对身体造成严重损害③。在当时，这些以科学面目出现的论点曾被很多反对女性进入高等教育的人所引用，并在社会上产生了广泛而深远的影响。

---

① 傅蕾丝．两性的冲突［M］．邓丽丹，译．天津：天津人民出版社，2003：81．

② JOAN A. Hierarchies, jobs, bodies: a theory of gendered organization [M] // GLAZER R, TOWNSEND B K. Women in higher education: a feminist perspective. Boston: Person Custom Publishing, 1993.

③ ALBISETTI J C. Schooling german girls and women-secondary and higher education in the nineteenth century [M]. Princeton: Princeton University Press, 1998: 112.

二、高等教育中的“失语者”

随着社会经济的发展，初、中等女性教育的普及以及妇女运动的有力推动和教育民主化思潮的影响，从19世纪中期以后，世界各国陆续以各种形式向女性开放了高等教育系统。应该说，女性进入高等教育领域对于一个国家和地区来说是主观愿望与客观条件、个人动力与社会需求多方面因素的综合结果，这一变化对高等教育和女性来说都极富深意。

首先，我们分析一下当时高等教育对女性接纳的原因和目的。这对于厘清这一时期女性在高等教育中的存在状态是有意义的，按照当时女权主义者的观点，他们相信女性和男性有着同样的灵魂和理智，让女性接受高等教育可以在批判思维方面得到训练，目的是让她们充分发挥个人的聪明才智，以求身心全面发展，同时还可以享有最广泛的思想和行动自由，把女性从任何形式的束缚中，从陈规陋习中，从依附他人及种种迷信中彻底解放出来。依这样的初衷和教育目的看，女性进入高等教育对于女性自身的解放，对于高等教育未来的发展都极具意义，但是这种观点只代表女权主义者一厢情愿的美好愿望，当时的社会主流并非这样看问题，他们大都从女性的传统性别角色出发，从女性做妻子和母亲要抚养教育子女的需要出发，来论证女性接受高等教育的必要性和合理性。比如在18世纪末，就出现了这样的观点，“在自由社会，每一个人都是平等的，每一个人都有可能对我们国家的管理负有责任，要使妇女们在一定程度上适合社会需要，就要为她们提供合适的、特殊的教育，使她们能够教育她们的儿子们了解自由的原则和自治”①。到了19世纪中期，一位热心发展女性高等教育的商人就这样说过，“如果她们（受过高等教育的女性）成为母亲，她们会开发婴儿的智力，为儿童的人格形成提供指导，并使家庭成为兴趣和魅力的中心”②。奥伯林学院是第一

---

① KERBER L K, HART J S, DAYTON C H. Women's America: refocusing the past [M]. New York: Oxford University Press, 1982: 91.

② SOLOMON B. In the company of educated women: a history of women and higher education in American [M]. Connecticut: Yale University Press, 1985: 49.

所接受女性入学的正规高等教育机构，即使是在这所当时以高度进步和自由著名的大学里，女生基本上也是学习人文学科和家庭经济学，并为未来的持家育儿和当教师做准备。另外，在这所大学里，女生还要做一些其他的、非学术的事务，如给男生洗衣服、打扫房间、做饭、在公共场所聆听男士夸夸其谈。事实上，奥伯林的“男女合校”也是在为塑造有知识的母亲和柔顺的妻子做准备①。

在东方的日本，女性接受高等教育的一个重要目的就是为获得满意婚姻做准备，凯特·米利特在《性的政治》一书中就尖锐地指出，“妇女们眼下被鼓励通过人文学科的学习，使她们艺术的爱好得以发挥，但它只不过是她们以后为进入婚姻市场而必须努力获得的‘教养’的一种延伸而已”②，以至于在 20 世纪五六十年代的美国还有把高等学校比为“一个大的婚姻市场”之论。直至 1969 年，代表美国最高学术权威的常青藤大学才开始招收大学部女性，常青藤大门的开放象征着学术权威对女性声音的初步接纳，但这一接纳并不代表他们认同女性具有与男性一样的创造知识、发展知识，为人类文明进步做出贡献的能力，他们明确提出，“我们并不认为接受女生入学就是追随所谓的妇女权力运动，我们认为两者没有必然的联系”③。由此，有学者指出，“支持女性接受更高教育以承担教师职责的做法在理论上也不过是女性扮演的母亲功能的扩大”④。

20 世纪中叶，西方社会占统治地位的社会性别话语是“女性的奥秘”，意识形态、社会组织、社会制度对女性做出了严密的规范，即贤妻良母是正常女性的唯一生存方式，这种社会规范的科学理论基础依然是生物决定论，即贤妻良母的角色是由女性天然的生理差别所决定，接受高等教育只是为了使她们成为更好的贤妻良母，进入现代的“高

---

① 郑新蓉，史静寰，强海燕．赋教育以社会性别 [Z]．2000：179.

② 米利特．性的政治 [M]．钟良明，译．北京：社会科学文献出版社，1999：64.

③ GORDON L D. Gender and higher education in the progressive era [M]. Connecticut：Yale University Press，1990：22.

④ 史静寰．妇女教育 [M]．长春：吉林教育出版社，2000：14.

度文明”。

其次，我们看一下高等教育对女性接纳的程度。这里可以从四个维度来进行分析：

第一，高等教育中女学生的人数及所在院校层次。在很长一段时间里，大学中的男女性别比都是极为悬殊的，这也是早期研究者考察高等教育中性别差异、性别歧视的主要参考变量和重要依据。随着社会的发展，特别是到20世纪六七十年代以后，这种状况已大为改变。单从入学人数看，高等教育在注册率方面的性别差距正在缩小，到1995年，全世界有32个国家高等教育中男女生人数持平或女生超过男生，16个国家女生数低于20%，16个国家在20%至29%之间①。20年后，根据最新的世界经济论坛公布的《2016年全球性别差距报告》，从经济、教育、政治和健康4个方面来评估女性的地位②，其中教育地位提升显著，教育差距已成为迄今为止最接近男女平等的指标之一。特别是全球女性接受高等教育的机会已明显提高，其中高等教育的入学率全球平均得分为0.930，有更多国家的女性接受高等教育的比重已超过了男性，得分为1（满分），中国在此方面已排名世界第一，中国还有一项排名第一的指标就是“专业和技术工作者”。在此需要指出的是，性别差距反映的是女性在获取资源、机会上与男性存在的差距，而非反映国家拥有资源和机会的实际水平。1分为满分，得分越高表示性别差距越小。根据近5年的统计数据，中国女大学生进入本科院校的人数在2011年就基本与

① COOKSON P W. International handbook of education reform [M]. New York: Greenwood Press, 1992. 转引自史静寰. 妇女教育 [M]. 长春：吉林教育出版社，2000：312.

② 世界经济论坛于2006年开始，首次引入性别差距指数，旨在量化性别不平等并追踪其发展变化，对全球国家或地区在经济参与与机会、教育程度、健康与生存、政治赋权4个领域男女平等进展情况进行衡量。在经济参与与机会方面考察的变量为：劳动力参与度、同工同酬程度、预期收入、立法者（高级官员、管理人员）、专业和技术人员；在教育程度方面考察的变量为：识字率、初等教育入学率、中等教育入学率、高等教育入学率；在健康与生存方面考察的变量为：出生性别比、预期寿命；在政治赋权方面考察的变量为：议会成员、部长级官员、过去50年出现的女性国家元首的年数等。

男生持平（占 50.40%），2015 年女本科生已达到 53.08%（详见表 1-1）。如果仅从这样一组数据来看，似乎表明高等教育中性别差异已不再成为一个特别的问题。应该说，到目前为止，关于女性在高等教育中的入学权利问题基本上已经达成共识，即“女性应与男性享有同等的入学权利”。但是研究同时表明，“这并未使男女在高等教育中实现平等，特别是考虑到女性所受到的哪种类型的第三级教育时就更明显”①，那就是女性在非综合大学的第三级教育中人数比例极大。在许多国家，非综合大学中的女生数都超了综合大学中的女生数，甚至有的前者为后者的 4 倍②。在中国，成人高等学校、高等职业学校、高等教育自学考试中女性的比例也高于普通高等院校中女性的比例，甚至在一些地区的成人院校中女性人数超过了男性③。表 1-1、表 1-2、表 1-3、表 1-4 分别呈现了近 5 年中国普通高等教育、成人高等教育、网络高等教育、在职硕士教育等方面的性别差异（笔者根据教育部教育统计数据计算的结果）。从统计数字可以看出，女性虽然接受高等教育的数量增加了，但她们进入学校类型的层次还是普遍偏低，学历越高，女性比例越低，特别是在博士研究生阶段，性别比例更为悬殊。由于统计资料方面的原因，目前还很难据此推测女性进入非综合大学的高等教育机构就是一种发展趋势。随着高等教育的多样化，第三级教育的迅速发展，女性进入高等教育的机会日益增多，但深入不同层次、类型的高等院校及不同的学科专业，我们会发现其男女比例的不同会引起男女两性在未来走向和命运前途方面的不同，这就不仅仅是一个性别差距问题，同时它还是一个需要引起深入思考的教育问题和社会问题。

---

① COOKSON P W. International handbook of education reform [M]. New York: Greenwood Press, 1992. 转引自史静寰. 妇女教育 [M]. 长春：吉林教育出版社，2000：310.

② COOKSON P W. International handbook of education reform [M]. New York: Greenwood Press, 1992. 转引自史静寰. 妇女教育 [M]. 长春：吉林教育出版社，2000：310-311.

③ 安树芬. 中国女性高等教育研究 [M]. 北京：高等教育出版社，2002：61.

表 1-1　普通高等教育：分层次高等教育女生比重

年份	研究生			本专科		
	总体（%）	博士（%）	硕士（%）	总体（%）	本科（%）	专科（%）
2015	49.71	37.85	52.15	52.42	53.08	51.42
2014	49.16	36.93	51.65	52.12	52.46	51.59
2013	48.97	36.90	51.38	51.74	51.78	51.67
2012	48.98	36.45	51.46	51.35	51.03	51.84
2011	48.46	36.13	50.89	51.14	50.40	52.17

表 1-2　成人高等教育：成人本专科在校生性别统计

年份	总体女生比重（%）	本科			专科		
		在校生数（万人）	女生数（万人）	女生比重（%）	在校生数（万人）	女生数（万人）	女生比重（%）
2015	56.92	279.34	163.00	58.35	356.60	198.98	55.80
2014	56.11	279.79	160.06	57.21	373.33	206.43	55.29
2013	55.28	265.46	149.56	56.34	360.95	196.72	54.50
2012	54.35	247.55	110.04	55.55	335.56	179.43	53.47
2011	53.85	233.61	130.45	55.84	313.88	164.35	52.36

表 1-3　网络高等教育：网络本专科在校生性别统计

年份	总体女生比重（%）	本科			专科		
		在校生数（万人）	女生数（万人）	女生比重（%）	在校生数（万人）	女生数（万人）	女生比重（%）
2015	48.37	229.48	119.04	51.87	398.99	184.92	46.35
2014	48.79	228.70	119.78	52.37	402.75	188.30	46.75
2013	49.07	217.51	113.95	52.39	397.13	187.65	47.25
2012	49.48	200.27	105.19	52.53	370.14	177.04	47.83
2011	47.83	175.48	89.20	50.84	317.01	146.34	46.16

表 1-4　在职人员攻读硕士学位性别统计

年份	总数（万人）	男生数（万人）	女生	
			人数（万人）	比重（%）
2015	58.75	37.46	21.29	36.24
2014	59.61	38.18	21.43	35.96
2013	55.87	37.93	17.94	32.11
2012	48.99	31.99	17.00	34.71
2011	46.17	29.51	16.66	36.09

第二，高等教育中女性所在的学科和专业。19 世纪末和 20 世纪初，大部分欧洲和北美及南美的大学开始向女性开放，然而对她们的学习科目通常有所限制，一项关于美国的研究表明，女性最开始进入大学时，出于男性文化积淀和社会传统观念对女性的要求，女性选择的专业与男性有明显的差异，女性大多选择教育和家政，而男性选择机械和农业。1900 年就学的女生中，43 000 人学习教育，2 000 人学习家政①。这种状况到现在并没有根本性改变，从美国 1993 届和 1994 届学位获得者专业领域分类统计看，女生获得的最多学士学位出自“商业管理、管理性服务、市场营销”等领域，获得硕士和博士学位的专业都是“教育”领域②。从全世界范围的高等教育来看，已形成一些“女性主导”的学科与专业领域，如人文、教育、社会科学和行为科学等，在部分国家，这些领域的女性人数占到全部女大学生人数的 40%以上。各国的“女性主导”专业虽然有些差异，但在女性数量很少的专业各国几乎相同，如学习计算机、数学和工程的女生就非常少，在大多数国家仅有不到 5%的女生学习这些专业，全世界平均不足 3%。女生选择自然科学专业的也很少，大部分国家不足全部女生的 10%。从而可以看出，高等教育中的

① 金莉. 19 世纪美国女性高等教育的发展轨迹及性别定位 [J]. 美国研究，1999 (4)：82-83.

② 牧野畅男. 美国的女子大学 [M] //安树芬. 中国女性高等教育研究. 北京：高等教育出版社，2002：613.

性别选择分化是很明显的①。还有值得思考的问题就是，许多调查表明，即使是那些已经进入科学和工程学的女生也比男生更易中断学业。这一点和毕业后的收入和地位联系起来就变得颇有意味了，一般说来，女生在高等教育学科和专业中的分布，是她们在劳动力市场上和收入上的缩影。即使平等受教育的机会已在实现之中，但在劳动力市场上，社会文化中的性别平等却还有相当的距离。从全球总的情况来看，“女性主导”的专业与“男性主导”的专业相比在劳动力市场上普遍处于弱势地位。从这种意义上讲，女性在高等教育中分享知识的状况，限制了她们参与社会的条件、资格和能力，从而也决定了她们在社会中普遍低下的地位。故有学者提出，“在高等教育专业方面的性别隔离是妇女平等参与发展的重大障碍”②。表 1-5、表 1-6、表 1-7 是笔者根据美国国家教育统计中心发布的教育统计文摘计算的美国高校近 5 年来不同学科专业授予学士、硕士、博士的女性比例，其中在计算机科学、工程与工程技术、物理科学与技术、国土安全及执法消防、建筑等相关专业呈现的学科专业性别隔离现象依旧比较显著。

表 1-5　美国高等教育机构部分学科近五年授予学士学位女性比例

年度 研究领域	2014—2015（%）	2013—2014（%）	2012—2013（%）	2011—2012（%）	2010—2011（%）
农业与自然资源	51.53	50.88	50.53	50.04	48.73
建筑及相关服务	43.72	43.43	42.80	42.77	42.07
种族及性别研究	70.53	70.20	70.35	70.14	69.22
生物及生物医学	58.96	58.50	58.62	58.74	59.01
商学、管理、市场	47.41	47.38	47.96	48.18	48.76
通信与通信技术	63.23	62.88	62.51	62.23	62.53

① COOKSON P W. International handbook of education reform [M]. New York: Greenwood Press, 1992. 转引自史静寰. 妇女教育 [M]. 长春：吉林教育出版社，2000：310.

② 郑新蓉. 教育政策与社会性别公平 [M] //杜芳琴，王向贤. 妇女与社会性别研究在中国（1987—2003）. 天津：天津人民出版社，2003：378.

续表

研究领域 \ 年度	2014—2015（%）	2013—2014（%）	2012—2013（%）	2011—2012（%）	2010—2011（%）
计算机科学	18.03	18.01	17.83	18.17	17.63
教育学	79.84	79.41	79.16	79.43	79.62
工程与工程技术	18.74	18.38	17.82	17.53	17.20
英语语言文学	69.35	68.64	68.50	68.43	67.93
家庭与消费科学	87.75	87.81	88.00	88.51	87.69
外语、文学与语言学	68.88	69.19	68.41	69.54	69.04
卫生及相关专业	84.43	84.44	84.42	84.78	84.99
国土安全及执法消防	46.37	46.51	47.24	48.41	48.82
法律专业	69.50	67.74	70.44	69.77	70.26
文科与科学	63.03	63.58	63.71	63.89	64.71
图书馆学	83.84	88.98	88.24	92.63	86.46
数学与统计	42.97	42.96	43.27	43.09	43.06
多学科研究	66.50	66.66	67.83	68.08	67.79
休闲健身研究	47.05	46.33	45.62	46.58	47.29
哲学与宗教	36.74	36.80	36.29	37.06	36.51
物理科学与技术	38.48	39.25	38.88	40.10	40.18
心理学	77.20	76.72	76.57	76.69	76.98
社会服务与公共行政	82.12	82.33	82.27	81.87	81.67
社会科学与历史	48.80	49.03	49.29	49.24	49.30
视觉与表演艺术	60.33	60.84	61.08	61.21	61.32

表 1-6　美国高等教育机构部分学科近五年授予硕士学位女性比例

研究领域 \ 年度	2014—2015（%）	2013—2014（%）	2012—2013（%）	2011—2012（%）	2010—2011（%）
农业与自然资源	54.68	54.81	53.98	52.64	52.36
建筑及相关服务	48.78	48.20	47.36	46.69	45.24
地区种族文化性别	65.84	63.94	64.84	63.17	62.23

续表

研究领域＼年度	2014—2015（%）	2013—2014（%）	2012—2013（%）	2011—2012（%）	2010—2011（%）
生物及生物医学	56.50	57.34	56.39	56.68	57.00
商学、管理、市场	46.63	46.77	46.14	46.10	45.81
通信与通信技术	68.48	69.30	67.62	67.72	67.97
计算机科学	28.73	30.44	27.39	27.67	28.23
教育学	76.73	76.82	77.04	76.87	77.29
工程与工程技术	24.40	25.25	23.90	23.06	22.70
英语语言文学	66.50	65.82	67.04	65.76	66.90
家庭与消费科学	86.48	86.37	86.66	86.92	86.46
外语、文学与语言学	64.91	65.20	66.69	66.55	66.30
卫生及相关专业	81.78	81.75	81.58	81.38	81.42
国土安全及执法消防	49.89	50.41	50.94	53.02	54.04
法律专业	53.40	53.46	52.53	51.48	51.52
文科与科学	59.73	64.24	60.31	60.70	59.23
图书馆学	81.85	80.51	81.45	80.85	80.81
数学与统计	41.48	40.60	39.95	40.85	40.90
多学科研究	62.09	61.16	62.28	61.42	62.05
休闲健身研究	42.99	43.33	43.44	44.12	45.29
哲学与宗教	37.37	36.09	34.80	37.44	36.39
物理科学与技术	38.26	37.49	37.60	37.79	38.82
心理学	79.51	79.31	79.42	79.75	79.57
社会服务与公共行政	75.65	75.72	75.08	74.87	74.65
社会科学与历史	49.94	49.75	49.82	49.82	49.83
视觉与表演艺术	56.83	56.96	57.40	57.70	57.72

表 1-7　美国高等教育机构部分学科近五年授予博士学位女性比例

学科＼年度	2014—2015（%）	2013—2014（%）	2012—2013（%）	2011—2012（%）	2010—2011（%）
农业与自然资源	47.48	48.05	45.64	45.91	45.83
建筑及相关服务	45.75	46.69	45.75	42.35	46.34
地区种族文化性别	61.31	61.54	57.04	62.91	58.27
生物及生物医学	53.22	53.27	53.52	53.27	52.58
商学、管理、市场	43.34	44.93	43.16	42.32	40.64
通信与通信技术	56.51	59.78	59.80	57.32	64.19
计算机科学	20.99	22.52	19.33	21.55	20.21
教育学	68.28	67.40	67.67	67.82	68.16
工程与工程技术	22.70	23.20	22.84	22.79	22.28
英语语言文学	60.01	60.93	59.72	61.60	60.64
家庭与消费科学	81.49	76.42	77.49	81.85	81.56
外语、文学与语言学	59.55	57.20	59.28	59.63	58.81
卫生及相关专业	58.36	58.56	58.15	58.01	57.84
国土安全及执法消防	56.58	50.26	51.02	46.15	52.67
法律专业	46.81	48.02	46.41	47.13	47.14
文科与科学	67.78	50.00	57.14	65.59	57.89
图书馆学	73.08	75.00	54.00	60.00	64.00
数学与统计	28.88	27.93	29.13	28.22	28.63
多学科研究	58.13	54.76	57.95	59.15	58.18
休闲健身研究	50.16	40.84	46.10	44.10	45.53
哲学与宗教	33.95	31.50	30.65	30.33	34.16
物理科学与技术	33.29	34.30	33.88	32.79	31.86
心理学	74.68	75.33	74.32	74.38	74.69
社会服务与公共行政	66.95	66.70	64.15	61.76	61.57
社会科学与历史	47.21	46.38	46.53	46.40	46.90
视觉与表演艺术	51.12	53.32	53.14	54.28	53.22

第三，大学教师的情况。即使在传统观念上教师职业属于女性传统职业领域，但在高等教育这个层次上，女性也明显处于劣势。这种劣势主要表现在学术全职与兼职（考察西方高校教师一个重要的维度）、学术资源的占有、在学术共同体中的位置、女教师所处学校的层次与类别、学术职称、学历层次等方面。这些方面呈现的面向不同，代表了不同的学术声誉、不同的学术地位、不同的资源占有和不同的话语权力等，它表示着一种资格、一种身份、一种权力，从统计数据分析，女性在知识金字塔中依旧普遍处于相对弱势的地位，这也是她们在整个高等教育系统中地位的体现。表 1-8、表 1-9 显示了美国高等教育机构不同专业领域全职、兼职教学人员性别比例（笔者根据美国国家教育统计中心发布的教育统计文摘计算的结果）。表 1-10、表 1-11、表 1-12、表 1-13、表 1-14 是笔者根据教育部教育统计数据计算的结果，分别统计了近 5 年中国高等教育中不同类型学校的女教师比重、普通高校分类型教职工女性比重、专任教师中女教师的比重、分学历专任女教师比重、分职称专任女教师比重、分指导关系研究生导师女性比重等多个维度。

表 1-8　美国高等教育机构不同专业领域全职教学人员性别比例

年份 研究领域	2003		1998		1992	
	男（%）	女（%）	男（%）	女（%）	男（%）	女（%）
总计	61.66	38.34	63.69	36.31	66.80	33.20
农学与家政	64.60	35.40	80.48	19.52	75.30	24.70
商学	68.46	31.54	64.95	35.05	68.90	31.20
教育学	39.25	60.75	42.50	57.50	48.90	51.10
工程	91.46	8.54	90.77	9.23	93.90	6.10
美术	61.88	38.12	68.53	31.47	67.00	33.00
卫生	46.66	53.34	49.77	50.23	49.90	50.10
人文	45.30	54.70	55.94	44.06	58.60	41.40
自然科学	74.54	25.46	75.14	24.86	79.90	20.10
社会科学	64.31	35.69	67.64	32.36	72.50	27.50
其他	63.95	36.05	66.82	33.18	69.60	30.40

表 1-9　美国高等教育机构不同专业领域兼职教学人员性别比例

年份 研究领域	2003		1998		1992	
	男（%）	女（%）	男（%）	女（%）	男（%）	女（%）
总计	52.06	47.94	52.15	47.85	55.40	44.60
农学与家政	32.05	67.95	34.50	65.50	48.00	52.00
商学	69.55	30.45	61.86	38.14	70.00	30.00
教育学	29.13	70.87	28.16	71.84	32.70	67.30
工程	90.77	9.23	95.77	4.23	92.00	8.00
美术	51.40	48.60	48.54	51.46	51.70	48.30
卫生	34.52	65.48	41.33	58.67	43.50	56.50
人文	31.58	68.42	44.27	55.73	41.00	59.00
自然科学	58.16	41.84	62.75	37.25	67.80	32.20
社会科学	60.45	39.55	55.08	44.92	56.90	43.20
其他	66.23	33.77	61.81	38.19	63.90	36.10

表 1-10　中国不同类型普通高校女性工作人员比重

年份	总体比重		本科院校比重		高职院校比重		其他高教机构比重	
	教职工（%）	专任教师（%）	教职工（%）	专任教师（%）	教职工（%）	专任教师（%）	教职工（%）	专任教师（%）
2015	47.64	48.62	46.72	47.09	50.1	52.37	50.89	51.21
2014	47.05	48.14	46.11	46.64	49.67	51.93	41.86	42.23
2013	46.6	47.73	45.71	46.24	49.03	51.39	41.94	42.46
2012	46.1	47.28	45.16	45.84	48.52	50.69	48.83	50.27
2011	45.74	46.88	44.88	45.45	47.96	50.26	47.73	48.92

表 1-11　中国普通高校分类型教职工女性比重

年份	校本部教职工				科研机构（%）	校办企业（%）	其他附属机构（%）
	专任教师（%）	行政人员（%）	教辅人员（%）	工勤人员（%）			
2015	48.62	47.53	55.40	29.10	37.87	30.06	54.74
2014	48.14	46.80	55.11	29.39	37.78	29.81	53.05
2013	47.73	46.21	54.63	30.00	37.25	29.46	52.47
2012	47.28	45.51	54.25	30.65	35.54	30.18	51.46
2011	46.88	45.05	53.71	31.15	36.22	29.50	51.95

表 1-12　中国普通高校分职称专任教师女性比重

年份	总体（%）	正高级（%）	副高级（%）	中级（%）	初级（%）	未定职称（%）
2015	48.71	30.12	45.10	53.68	57.15	54.26
2014	48.24	3.59	107.05	72.68	18.25	23.65
2013	47.84	29.03	44.12	52.52	56.33	53.20
2012	47.41	28.57	43.74	51.93	55.27	52.88
2011	47.04	27.67	43.37	51.24	54.91	53.28

表 1-13　中国普通高校分学历专任教师女性比重

年份	总体（%）	博士（%）	硕士（%）	本科（%）	本科及以下（%）
2015	48.62	35.16	56.46	49.14	36.27
2014	48.14	34.46	55.44	48.92	35.48
2013	47.73	33.79	54.59	48.59	35.46
2012	47.28	33.40	53.30	48.35	34.55
2011	46.88	32.42	52.40	48.20	34.87

表 1-14　中国普通高等教育机构分指导关系研究生导师女性比重

年份	总体（%）	博士导师（%）	硕士导师（%）	硕博导师（%）
2015	29.96	15.90	33.86	17.83
2014	29.09	14.76	32.89	17.47
2013	28.77	14.63	32.52	17.31
2012	28.13	14.57	31.84	16.14
2011	27.53	14.22	31.30	15.02

第四，大学行政官员的情况。总体而言，女性参与高等教育决策的人数还偏少，比例还较低。以美国为例，根据 20 世纪 90 年代初的统计数据显示，系主任以上的女领导只占 10%左右①。但现在这个情况已有较大改变，特别是进入 21 世纪之后，女性参与高等教育高层管理的人数已发生了令人惊喜的变化。德鲁·吉尔平·福斯特 2007 年 2 月被任命为

① LIE S S，MALIK L，HARRIS D. World yearbook of education：the gender gap in higher education [M]. London：Kogan Page，1991：106.

哈佛大学第28任校长，成为美国教育体制的一座里程碑：在常青藤联盟院校领导者中，女性人数首次占到了半数。美国教育委员会称，在全美所有院校中，女性校长约占1/4。2015年5月，牛津大学也任命了它的首位女校长路易丝·理查森。中国传媒大学与全国妇联曾于2001年发起创办“世界大学女校长论坛”，旨在关注女性在高等教育管理领域的高层参与，汇聚世界大学女校长的力量，聚焦高等教育发展，探讨提升女性领导力的方法和途径，搭建交流合作、分享智慧的平台，以推动女性平等参与国家和社会事务管理。该论坛已走过10余年的历程，得到了联合国妇女署和教科文组织的高度重视，首次获准使用教科文组织徽标。尽管如此，但是相比于男性来说，女性参与教育管理的情况并不容乐观，即使是在高等教育系统最为发达的美国，其女性高等教育管理者整体比例也不高，大多数女性管理者仍旧处于教育管理的低层，同时，女性在教育政策制定部门的职位情况也类似于她们在教育管理职位上的情况①。有学者详细统计了我国原有的38所“985”层次高校的女性高层领导者，发现在2013年这些高校中共有42名女性高层领导者，并且这部分女性领导者年龄偏大、学历与学术背景高、占领导人数比例低、以副职居多、以党委领导者居多和以内部晋升为主②。

从以上四个维度的分析可以看出，随着社会的进步和发展，高等教育在废除性别歧视上已经迈出了非常重要的一步，高等教育系统中已有了女性一席之地，从整体数量上看，女性更是占据了高等教育的半壁江山，但这些变化并未从根本上“改变权力结构、知识形式和认知方式，也未改变意识的性别化结构，这一结构仍然在生产当前社会性别制度并在它所生产的学校、课程话语和社会中占优势”③，但她们的职业发展前

① 钟婉娟. 美国女性参与教育管理状况的分析［J］. 教育理论与实践，2003（12）：33.

② 王饮寒，喻恺，岳启. 超越天花板的女性——我国“985”高校中的女性高层领导群像［J］. 教育学术月刊，2014（2）：32-33.

③ 派纳，雷诺兹，斯莱特里，等. 理解课程［M］. 张华，等译. 北京：教育科学出版社，2003：384.

景并不容乐观，“她们仍然在和许多无形的压力、歧视以及萦绕心头的被忽视的感觉做斗争”[①]，女性在高等教育中的存在与男性相比依然有较大的差距。虽然已有部分女性通过高等教育进入原先只由男性独占的精英专业知识领域，也有女性在高等教育的等级分层中处于较高的职位层次，但她们始终是女性中的极少数，“她们在职业和工作场所的性别隔离等级结构中处于装点门面的状况”[②]。桑德拉·坎特指出，这种装点门面的位置使女性处于进退维谷的矛盾处境，压力大于收益。有研究者就此尖锐地指出，“尽管她们可以经过教育达到博士水平，可以大量进入到学术职业领域，改变大学教师的性别比，但学术职业并不会因为她们而改变，那仍将是一个男性主宰的世界”[③]。事实上，高等教育对女性的初步接纳并未僭越传统的“社会性别制度”[④]，在这里，女性依然被安排、引导和教育成社会期待的女性角色，包括她的思想、技能、感情表达和行为举止。

应该说，女性接受高等教育为女性提高自己的社会意识和赋予“自我权利”，进入职业市场、经济独立，参与社会生活以及形成新的知识主体提供了一个良好的平台。但不能否认的是，这一时期女性接受高等教育并不是以女性解放为前提的，也不是以解放女性为目的。高等教育对已有性别制度和性别分工的挑战是不彻底的，一方面，它改变了女性单一主内的角色，将其引向社会生活；另一方面，它又保留了女性主内的角色，可以说高等教育依然扮演着复制传统的社会主导与从属模式的基本工具。这一时期，高等教育系统以其有效的、成熟的控制体系对女

---

① 杜德斯达. 21 世纪的大学［M］. 刘彤，主译. 北京：北京大学出版社，2005：176.

② MILKMAN R, ELEABOR T. Gender and economy［M］// SMELSER N J, SWEDBERY R. The handbooks of economic sociology. Princeton: Princeton University Press, 1994: 119.

③ OVER R, OVER J, MEUWISSEN I. Publication by men and women with same-sex and cross-sex PhD supervision［J］. Higher Education, 1990, 20 (4): 381-391.

④ 关于“社会性别制度”的具体内容请参阅第三章第一节。

性实现着体面而温情的规训，实际“掩藏着的是一种‘规范处罚’”[①]。

按照福柯的理解，在一个规训社会中秩序得以维持，主要不再靠统治者和被统治者这样的等级秩序而更多地有赖于一套规训技巧和话语设置。规训秩序中的权力主要不是体现在压制中，而是体现在主体和社会个体的生产上，他们成为规范化控制的对象。大学作为一个以规训为基础的社会秩序体系，它也是靠一系列策略来达成的——它就是要通过灌输有关正常、健康、聪明和得体的准则而对行为加以规范。在这样一个以规范为基础的高等教育体系内，女性自由的拓展空间是极为有限的，她们基本受制于规训秩序的支配，弗里丹在其经典著作《女性的奥秘》中就对这种以性别为指导方向的教育家提出了尖锐的批制，认为这种“性别指导教育”把女性的发展遏制在生理或生物学的水平，它不是激发女性的各种潜能，“而是激发她们的女性幻想，即通过男性代理来实现其成就、地位和身份的愿望”[②]。弗里丹实际上表达了她作为一个女性主义者，对高等教育——这个具有社会批判精神和表现深层次人本关怀的机制没有充当妇女解放的舞台而深深地不满。

在这样一个完善的社会系统中，女性虽然已侧身其间，但高等教育对女性的接纳与规训并未使她们获得“主体”的身份和“话语”资格，大多数高等教育系统中的女性都处于“失语”状态，以“无言的”方式存在着，在所有关于高等教育的优势话语中，她们仅具有被支配、被论述的客体性意义。即使有极少数女性获得发声的资格和权利，她们也大都学着像“男人”一样表达和言说。

三、高等教育中的“批判者”

在西方第二次女性主义浪潮中，许多运动的参与者是女大学生、女教师，她们很快就进入高等院校，就在她们所在的学校里思考男女平等问题，此时已突破了社会领域的思考而深入学术领域，她们从知识的角

---

① 福柯. 规训与惩罚［M］. 刘北成，等译. 北京：生活·读书·新知三联书店，1999：206.

② 弗里丹. 女性的奥秘［M］. 程锡麟，等译. 南京：江苏人民出版社，1988：249.

度发现高等教育的主题与女性的经验和生活经历无关是性别问题产生的一个重要因素，她们从一门门学科开始，逐步对整个知识系统进行清理，看到了以往的以男性视角去观察的知识是有偏颇的，并不像学术权威所声称的：知识是公正的、客观的、中立的。由此她们把“改变学校教育中的性别不平等作为实现自身所追求目标的重要组成部分”①，学院派女性主义者作为高等教育体系中新的知识主体，她们以自己的存在、研究成果和教学实践希冀去改变高等教育的所有领域，包括课程、研究、写作与教学，她们要给女性的观点、经验、要求和兴趣以正当的地位，并由此形成新的教与学的基础。1983 年《高等教育》（美国大学教授联合会的权威刊物）曾这样评论，“新女性主义已经改变了发展道路，高等学府必须思考所有女权主义带来的重大课题——政治、儿童、工资、道德以及思想本身”，并且预言，“如果大学中各学科都能从女性学对思想史的重大贡献中获得启示，整个学院的前景将会大为改观”②。

可以说，经过女性主义学术浪潮和实践的洗礼，女性在高等教育中的存在状态已开始发生微妙的变化。在高等教育的领域里，她们要摆脱“失语者”的抑郁与尴尬，她们已不再甘心扮演装点门面的被动客体角色，她们希望作为行为的主体去言说，她们在反思高等教育对女性疏离和规训的过程中，不断地对大学的高深学问、学科门类、课程、教学过程、组织原则和教育政策进行诘问和多方位的清理，并试图去建构高等教育中女性作为经验主体、思维主体、话语主体的地位，希望重新设计女性与高等教育关系的未来。此时期女性以一个“批判者”的身份对高等教育进行了全面的反思，故在西方女性主义教育学也被视为批判教育学的一种。

（一）女性主义对高等教育系统内知识的反思

从世界范围看，为了使女性的生活经验得以复原和重现，女性主义

① 史静寰．现代西方女性主义的教育理论与实践［J］．山西师范大学学报（社会科学版），2003（3）：5．

② MARILYN B. When women ask the questions: creating women's studies in America［M］. Baltimore: Johns Hopkins University Press. 1998: 246-250.

学者力图建立全新的认识论，它的基本原则就是强调知识是社会建构的结果，知识既是被建构的，因此也就是可以改变的。

高等教育系统作为传播知识、创造知识的重要场所，受到女性主义者的特别关注，他们以独特的女性主义知识观对高等教育中传统学科的主题与结构进行解构，女性主义知识观特别强调这样一个事实，即所有学科的知识都是无视性别的，它们将男性价值标准与经验作为人类生活的全部内容予以表现和描述，并把这种表现和描述作为客观性的和真理性的知识教育给学生，这是需要纠正的偏向。涉及具体步骤方面可以以社会学家P. 艾博特和C. 华莱士的观点为例，她们指出，用女性主义观点进行知识的改造需要三个步骤，第一步是结合，即将女性包容进来以弥补现存知识的缺陷；第二步是分离，它需要由女性来为女性构筑新的知识体系；第三步是强调知识革命的必要性①。

女性主义知识观对知识的改造主要是以高等教育为体制基础的。女性主义学者在大学里建立妇女（性别）研究中心，建构起社会性别理论和分析方法，创立跨学科的社会性别学教育机构，向多学科领域做有效渗透，从而改变众多学科领域对人类社会的认识和阐释。以美国为例，21 世纪初，根据王政的统计，已有 700 多所高等院校有女性学系和中心，每年向学生开设了 30 000 门与性别有关的课程；在欧洲，截至 1995 年的统计，有 150 所大学开设了 6 000 门与性别有关的课程；在亚洲，韩国也已经有了 20 年的女性学课程设置的历史，并拥有了博士点和硕士点②。在日本，2000 年的调查显示有关性别的科目已达 2 456 个，开设科目的高校达 609 所（占高校总数的 49.8%）③。可以说，用女性主义认识论与知识观分析问题、建构知识，已在高等教育领域内引起了极大的关注，它对各学科知识的改造无疑是一场高等教育领域内的革命。

---

① 刘霓．西方女性学——起源、内涵与发展［M］．北京：社会科学文献出版社，2001：28.

② 王政．浅论社会性别学在中国的发展［M］//杜芳琴，王向．妇女与社会性别研究在中国（1987—2003）．天津：天津人民出版社，2003：33.

③ 大野曜．日本国立女性教育会馆对女性学与社会性别问题的探索［J］．大滨庆子，译．妇女研究论丛，2003（3）：71.

（二）女性主义方法论对高等教育的影响

莱英哈兹说：“女性主义本质上是一种方法——一种策略性的叛逆的方法（理解的方法）。”① 它对高等教育的影响主要体现在两个方面。

第一是对高等教育中各学科研究方法的影响。它颠覆了长期以来最基本的研究方法，即质疑二元主义，质疑实证主义。女性主义特别关注社会性别问题，并把两性分析模式用于分析高等教育中的性别不平等，他们极力提倡非等级研究关系，反对传统哲学的二元对立的思维模式，提倡整合的思维模式。女性主义认为传统哲学学习惯用二元对立思维方法思考问题：男人—女人、主体—客体、文化—自然、理智—情感、公共—私人、心—身以及生产—生殖等，这种二元对立的思维方法不在于承认对立双方的差别，而在于使这种差别变成等级关系，其中一方要比另一方优越，且优越的一方总是与男性相关联，这是女性主义方法论极力去解构的。实证主义强调独立主体经验的可观察的客观现实，看重理性、抽象和定量，在女性主义看来，这种占主导地位的研究方法是由性别歧视和男性中心建构起来的假设和信仰。所以他们对实证主义的科学客观性进行了批判，并对蕴含在研究过程中的权力关系进行了反思。尽管有这样的共识，但女性主义方法论对大学中学科的影响仍主要集中于社会科学和人文科学领域，其对自然科学领域的影响还相当有限。

第二是对高等教育方法、教育策略的影响。由于女性主义者采取对女性负责任的实验法关注女性的经验，人种志的研究法以期改变女性的边缘处境；采取元分析纠正一次分析中的性别偏差等方法②，他们把这种研究方法与自己的教学实践相结合，为建立无性别歧视的教育和教学模式而探索。例如，女性主义的学者在有关女性道德发展研究中，发现了一条与男性“公正”取向完全不同的“关怀”伦理路线，并把关怀伦理学直接运用于学校的道德教育实践，走出了一条与传统道德教育完全

① REINHARZ S. Feminist methods in social research [M]. New York: Oxford University Press, 1992: 241.

② 杨昌勇，胡振京. 论女性主义教育研究的方法和方法论 [J]. 教育理论与实践，2001 (5): 2.

不同的思路。

总之，女性已试图并开始以行为主体的身份在高等教育中出现并让人感觉到了她们无处不在的影响，这也是女性在高等教育中寻找自我的过程，她们大量卓有成效的研究成果与实践探索已引起了西方主流高等教育界、学术界的关注。但是我们应该看到的是，此时此景的女性只是西方学院派的少数女性，她们对高等教育的影响也只局限在一定的范围，并未对主流高等教育模式形成根本性冲击。广大第三世界的女性依然游离在高等教育主流与决策系统之外，作为“失语者”存在，甚至依然是一个“缺席者”。

第二节　男权文化的解释方式

女性在高等教育中的存在状态反映了高等教育中普遍存在的性别差异与性别问题，促使人们对它的根源进行思考和解释。高等教育为什么与女性长期处于疏离状态，即使在斗争了几个世纪之后，女性终于进入了大学和研究院，但是这一艰辛的过程并不能保证她们以后进入高等教育渠道的公平，微妙的性别偏见的围墙仍然继续制造着迥然不同的教育环境，引导着女性与男性走向不平等的未来。在女性主义之前对这一问题的解释基本上可以归结为两种：一是以生物决定论为基础的本质主义解释。即把高等教育对女性的排斥与疏离归结于女性生理上的劣势所导致的机会与资格丧失以及发展中的障碍。二是以理性为基础的社会决定论的男性中心主义解释框架，即把高等教育对女性的排斥与疏离归于男女在社会化过程中所形成的性别图式差异和能力差异，并由这种性别图式差异和能力差异导致女性与男性在发展中的差异。在女性主义者看来，无论是强调女性先天的缺陷还是后天的不足，这些解释都是囿于“女性匮乏论”的框架，以传统的性别偏见为基础的男权文化解释方式。

一、基于生物决定论为基础的本质主义解释

生物决定论的本质主义者认为，人的社会性别的形成不是因为社会因素的影响，而是基于生物学因素、遗传因素，而女性与自然则有着生物学上、本体论上的关联。他们将男女在高等教育中的差异解释为两性

先天的智力能力和生理特征上的差异。他们认为，接受高等教育的人需要特殊的禀赋与才智（在中国还应该加上高尚的德行），而女性在这方面的天然劣势使她们被排斥在高等教育系统之外，即使进入之后，也由于其智力与能力方面的原因而无法与男性相比。无论本质主义者是实在论者还是唯心论者，其理论假定因果解释都是客观存在，与解释的人无关。生物学、生理学、心理学、脑科学的研究常被生物论本质主义者作为科学依据来证明这一结论。

在生物学、生理学的研究中，一些研究者指出，雄性荷尔蒙对性别差异具有直接或间接的影响。直接的影响主要是对活动水平、专断行为及攻击性行为、情绪反映等方面。这方面的性别差异使得男女两性形成不同的气质。其中男性气质包含主动、进攻、坚强、理性、抽象等特征，女性气质包含被动、退缩、柔弱、情感、直觉等特征。这种对立和差别又决定了男性和女性不同的角色分工和地位，比如男人被认为比女人更富于进取心，更易做出客观判断，因而适合各项社会公共活动并成为其中的开拓者、组织者和领导者；而女人被认为更富于同情心，更易受情绪左右而无法理性地思考和判断，因而她们更适合个人情感活动，她们更加关注具体的家庭、孩子、自己的身体感受等属于私人世界的东西，从而成为男人世界的附属品。这种观点即认为生物学性别自然而然地规定了我们的身体和性别的本质，而“男性气质”与“女性气质”的抽象属性就是普遍的原型。所以在接受高等教育资格的最初筛选中，女性就由于其生物学、生理学的劣势以及基于这种劣势的社会角色的分工而被长久地放逐。

在心理学的研究中，20 世纪初，蓬勃发展的机能心理学以心理测验为主要方法，通过对性别差异的探讨使得女性的心理特征得到了更为广泛的学术关注。但是，20 世纪初期对两性心理的研究并未超出传统观念的制约，他们认为，女性突出表现的是自己的魅力，而不是追求成功的能力，因而缺少像自主性、创造性、情绪控制力和接受教育的能力等“男性特征”。例如，心理学家埃里克森就认为女性的同一性指向“内在空间”，是为“从生理、心理以及伦理上哺育幼儿肉体而设计”，男性的同一性则指向“外在空间”，故进取、兴奋、冒险等概念与男性有关，由此，又延伸到成就、政治优势等①。与此相呼应的另一个观点是，男女两性具有不同的认知能力，1974 年美国心理学家麦科比和杰克林在对已有的关于性别差异心理学的大量研究成果进行综合评价的基础上，给出了已被确证并广为人知的四项性别差异：女性比男性有更强的语言能力，男性比女性有更好的视空能力，男性的数学能力比女性强，并且更富有攻击性②。另外，心理学还提出了“母性本能”的概念，即认为女性的抚养行为与其他的雌性动物一样，是内在的生物本能决定的，并认为女性心理和生理的大部分能量都消耗在怀孕和哺乳方面，因此，女性缺少发展其他能力的内在力量。心理学对性别差异心理进行研究所观察、测量并加以解释的有关智力、成就、能力和抚养行为的性别差异，都证明了千百年来社会文化传统所认定的女性劣等的看法。这些看法在教育系统都获得了普遍的认可并作为教育科学的认知依据加以广泛地引用，如男女两性在专业选择上的性别差异以及女性在高等教育中的发展障碍等。

在脑科学的研究中，以科学面目出现的知识更是不胜枚举。在 17 世纪，人们认为女性的脑髓太“冷”、太“软”，以至于不能承受严密的思维。在 18 世纪末，人们认为女性的颅腔太小，根本就不可能拥有一个强有力的头脑。在 19 世纪末，人们认为女性智力的运用正在损害着女性应有的生殖健康，这种脑力活动也使女性的卵巢萎缩乃至生殖功能下降。20 世纪 60 年代美国著名的神经生理学家斯贝利又通过对“裂脑人”的研究，发现脑半球不对称或称大脑单侧化现象，即大脑的左、右两半球分担着各自专门化的功能，代表着两种不同的信息处理方式。其中左脑活动与语言能力、理性的、线性的逻辑思维和数学能力相关联，右脑活动与情绪、直觉、音乐能力、思维的格式塔和某些空间能力相关联③。

① ERIKSON E H. Inner and outer space: reflections on womanhood [J]. The MIT Press, 1964, 93 (2): 582-606.

② MACCOBY E E, JACKLIN C N. The psychology of sex differences [M]. California: Stanford University Press, 1974.

③ FAUSTO-STERLING A. Myths of gender: biological theories about women and men [M]. New York: Basic Books, 1985.

在 20 世纪 80 年代和 90 年代，科学家们又发现，女性的大脑比男性的要小，女性的额叶和顶叶不如男性发达，在考虑不同人体的各种平均差别之后，他们认为，在女性大脑中的胝体比男性的更为纤细，那种脑胝体的底部在女性的大脑中是更近似于球茎状，而在男性的大脑中是更近似于管状，拥有较小的脑髓的人智商得分较低，拥有较大夹肌球茎更少偏侧优势，因而具有更少视觉空间的能力，数学能力较差，等等。这些研究成果在学术界引起极大的反响，并被后来一些科学家用于解释两性认知模式和智力能力上的差异，这一研究成果同时也被用于教育领域来解释男女两性在学科与专业的选择与发展中所呈现出的差异。这些研究成果都说明了这样一个问题：女性在抽象思维和科学认知方面处于劣势。

以上这些来自“科学”研究所获得的知识在高等教育领域也被广泛引用，这些基于人的生理与生物性的研究成果与传统的性别观念的某些契合之处成就了“生理即命运”的本质主义信念，长期以来，这种信念已作为一种先验的事实深入人们的社会意识之中。

二、基于理性为基础的社会决定论的男性中心解释

基于理性为基础的社会决定论者认为两性之间在先天禀赋和认知上并不存在绝对的差异，或者说这种差异并不能对高等教育中出现的性别差异与性别歧视现象提供因果解释。他们将关注点转向男女社会化过程中形成的不同性别图式导致的后天的条件差异上，用女性在成就动机、竞争力上的劣势来解释她们在高等教育中发展的障碍以及与男性之间的差距。他们认为，高等教育中的性别差异并不能成为高等教育中性别歧视的依据，因为高等教育系统是按照普遍主义原则进行的，它在人才的选择和培养上是本着无私利性和客观主义的，如“在考试、职称评聘、选拔面前人人平等，是女性自我放弃或能力不如男性”，“没有规定女性不能学理工科，是女性自己没兴趣或没有能力学好这些课程”等言论。导致高等教育中性别差异的唯一依据，只可能是男女两性的能力的差异，它是基于社会选择与个人选择而最后受到高等教育系统合理筛选、理性决策的结果。科学社会学中占主流的默顿学派的研究可以为解释高等教育中的这一现象提供有说服力的依据。

知识社会学的代表人物默顿曾归纳出了称为“科学的精神气质”的一组基本的价值和规范，包括普遍主义（universalism）、公有主义（communism）、无私利性（disinterestedness）和有条理的怀疑主义（organized skepticism），它们既是科学家的行为规范，又是科学共同体遵守的理性命令规则。默顿认为，科学的价值规范或精神气质尽管没有被明文规定，“但它可以从体现科学家的偏好、从无数讨论科学精神的著述和从他们对违反精神气质表示义愤的道德共识中找到”[①]。在默顿关于这些价值规范的论述中，与科学的客观性追求相联系的普遍主义原则占据着中心位置。它要求对科学成就的评价要基于一个普遍的参考框架，而不是依照研究者的个人属性如种族、阶级、宗教、年龄、性别来进行，这是科学共同体有序运行的基本保障。但在科学共同体中，不同研究者由于资源占有、成果质量、奖励分配上的不同而显示出地位上的差别，由这种地位上差别所造就的权威原则和精英主义又维护了科学共同体中知识的一致性和普遍主义原则的运行。事实上，正是这种普遍主义与精英主义两个看似相互矛盾的原则，在科学社会学家眼里就成了科学和科学共同体的自主功能的保证。

高等教育也面临着同样的问题，在社会给予了女性以同等进入高等教育系统的权利之后，每一个置身于高等教育系统中的人在学习和研究中，他们的学习能力、研究能力和工作能力就是评价他们的唯一标准，任何强调个人属性或采用与探究高深学问没有功能上联系的标准来评价高等教育都是不适当的。高等教育对人的选择以及对能力和成就的评价奉行的就是普遍主义和精英主义相结合的原则，性别在其中并不具有特别的分析价值和意义。所以对于高等教育过程和结果中所出现的性别差异，用默顿学派的观点来看，并不是高等教育本身歧视的表现，高等教育也并不对此担负社会道义和知识责任，因为这是女性进入高等教育领域以前社会化过程中累加劣势的结果，也就是说，导致这种差异的并不是高等教育本身有什么问题，而是高等教育之外的社会过程，包括社会选择和自我选择。这两种选择的作用就是鉴别出各种能力，并

① 默顿．社会研究与社会政策［M］．林聚任，等译．北京：生活·读书·新知三联书店，2001：5.

把它“分配到能最好地被利用的位置上，并且配置给它做出新发现所需要的资源”①，这是一个合理选择的结果。由于男女在社会化过程中的不同经历和遭遇，传统文化中关于性别的定型观念对两性教育的影响，女性在社会化过程中形成的性别图式已使女性被置于劣势的位置，成为制约女性发展的重要因素，从而使得女性在进入高等教育的起始位置和成就动机方面就与男性存在差距，所以在高等教育位置的分配上和资源的享有上女性已“先天地”处于劣势地位，这种差距在接受高等教育的过程中不断地被复制甚至扩大，所以以科学社会学家的观点来看，高等教育中的性别差异只是基于两性在竞争力和能力上的差异而被合理筛选的结果，它并不能构成高等教育本身存在歧视与不平等的充分条件。

第三节　女性主义的解释方式

以上两种对于女性与高等教育疏离渊源的传统解释，要么从生物决定论的本质主义出发，认为女性生理上的劣势以及基于生理差异出现的社会角色分工决定了女性在高等教育中的存在状态；要么以女性在后天社会化过程中发展的缺陷来解释她们在高等教育中与男性的差距。以女性主义认识论的视角看，这两种解释方式实际上采用的都是“女性匮乏论”的认识框架，出发点都是要找出“女性出了什么问题”，即把女性在高等教育中被排斥、被忽略以及发展中的障碍归结于女性自身，而把高等教育视为与性别无关的客观存在，也就是说，高等教育对此并不需要担负任何知识责任和道义责任。女性主义认为这样的前提假设实际上蕴含着两种观念上的偏见：一是性别观念的偏见，即对女性的定义出了问题，它仅从生理特征方面来定义女性而忽略了其社会文化内涵，事实上，高等教育中所有关于女性的认识与解释都是以此为依据的。二是对高等教育认识的偏见，即把高等教育视为与性别无涉的客观存在，即高

① 科尔 J，科尔 S．科学界的社会分层［M］．赵佳苓，等译．北京：华夏出版社，1989：266．

等教育自身并不对蕴含其中的性别歧视和教育过程与教育结果中的性别差距负责任。这两种偏见都是源于认识论层面的问题，在此，我们可以通过重新定义“女性”和重新审读“高等教育”来找到女性与高等教育疏离的认识论根源。

一、重新定义“女性”

何谓“女性”？这是一个看似简单却并不简单的问题。尝试为女性定义已有悠久的历史，众多知识领域都试图就“女性是什么”、“女性如何成为这样的”下过定义。比较典型的有以下几种观点。

（一）由生物性来定义“女性”

这是一个大家都普遍认可的定义，即“女性是人类种系中一个能受孕、怀孕、分娩、哺乳的群体”①。这个定义充分表达了女性是由生理特征、生物因素决定的无可变更的群体。而且这样一个“生物体”还是一个“心智尚未驯化的生物性躯体”，“是一个比男人器官低下的复制品”②。在众多关于女性的表达里，都是以此作为前提假设的。在这一未被证实的假设下，生理因素在事实上已决定了她们的命运，这一命运也就为社会文化中两性不平等提供了“合理性”的解释。

在广为人知的弗洛伊德的心理分析理论中，明显地表现出这种“性别生物决定论”。他强调，“‘男性’和‘女性’可以有三种含义，一种表示主动与被动，一种表示生物学含义，一种表示社会学含义，第一种是最基本、最重要的，当‘原欲’被说成是男性的时候，指的便是他永远是主动的，这与男性的生物学相关”③。所以，从某种意义上讲，这个生物学上的定义不仅仅在于揭示了女性作为生产者、哺育者的事实，更令人关注的是由这个生物事实所引发的结论。基于这样一个生物事实，社会对男性和女性所限制的角色都要依据这个定义，并且这个定义又被

---

① 转引自郑新蓉，史静寰，强海燕. 赋教育以社会性别［Z］. 2000：85.

② THOMASSET C. The nature of women［M］// ZUBER K C. A history of women. Cambridge：Harvard University Press，1992，Vol. 2 (2)：53-59.

③ 弗洛伊德. 弗洛伊德文集：性爱与文明［M］. 滕守尧，译. 合肥：安徽文艺出版社，1996：179.

用来做解释，于是循环的推理就这样产生了。

这真是一个无须质疑的定义吗？女性主义者提出的反驳是“我们是完整复杂的人，而不仅仅是‘会走路的子宫’”①。这样一个完整复杂的人还包括思想、灵魂、情感、行为，而不仅仅是身体的某一部分能代表和定义的。人类学家玛格丽特·米德通过对三个新几内亚社会的考察指出，性别并非由生物事实决定，“性别之间标准化的人格差异是由‘文化监制的’，每一代男性或女性都要在文化机制的作用下，适应他们所处的社会文化环境”②。存在主义哲学家西蒙娜·德·波伏娃则把存在主义的自由观直接应用于性别分析，她认为，女性不是生就的，是由社会来定义的身份形式。她指出，“生物学意义上的女性部分特征并不能构成完整意义女性的定义，不能构成女性确定的不可改变的命运，更不足以建立等级制度，宣判女性永远处于从属地位。不论是男性还是女性，都不是一个自然物种，而是一个历史概念、文化概念”③。有研究者更是一针见血地指出，“以生物学来定义女性和解释人类的社会行为本身就过于意识形态化及政治化”④，“这些科学的基本假设本身即是一种意识形态上的信奉”⑤。

女性主义认为，以生物性来定义女性并把生物性作为性别的决定因素，即使从严格的科学意义来说，它也是建立在隐蔽的假设、有缺陷的方法论、不充分的证据以及未成立的一般性概括之上的，这体现了一种简单化、片面化的生物还原主义。因此，与其说是生物学为定义女性提供了科学依据，不如说是文化中的性别偏见解释了生物基础。通过对生物决定论的批判，女性主义已经认识到，“女性的生理不仅不是命运，

① 转引自郑新蓉，史静寰，强海燕. 赋教育以社会性别［Z］. 2000：85.

② 米德. 性别与气质［M］. 宋正纯，等译. 北京：光明日报出版社，1989：74.

③ 波伏娃. 第二性［M］. 陶铁柱，译. 北京：中国书籍出版社，1998：367.

④ CAPORAEL L R, BREWER M B. The quest for human nature: social and scientific issues in evolutionary psychology [J]. Journal of Social Issues, 1991, 47 (3): 1-9.

⑤ RAPPOPORT A. Ideological commitments in evolutionary theories [J]. Journal of Social Issues, 1991, 47 (3): 83-99.

而且常常不是生理"，"因为我们的生物学不是由天父创造的，而是由他的人类儿子们创造的"，结果它不可避免地"包含一系列支撑性别主义的社会实践方面的神话"①。

（二）由与男性的对比来定义"女性"

关于这一点，西蒙娜·德·波伏娃从哲学的视角予以了解释，通过考察"生物学的依据"、"精神分析学的女性观"、"历史唯物主义的女性观"等对女性"他者"性质的分析，她认为，在历史与现实中，在理论与实践上，女性总是通过与男性的比较被定义。女性是他者，因为她不是男性，男性是自由的、自我决定的存在，"他"给自己的存在下定义；而女性是他者，是对象，"她"作为对象的意义是被决定的。在传统二元对立的关系中，"她"是"客体"，与作为"主体"的男性相对立，应该说，在人类社会的历史中，作为男性对照物出现的女性从未成为过主体。一旦男性声称自己是"主体和自由的存在，他者的概念就产生了"，特别是女性作为他者的概念就产生了②。在对比中获得定义的女性总是显得非正统、无关紧要，相比于男性，她们感性多、理性少，更贴近自然、更细腻，总之，男性被认为是标准的，女性却是相对于标准而言的变异。这样男性的特征就被视为理想的而赋予较高的价值与地位。相对而言，女性是有缺陷的、不完善的、非理想化的，从而其就被贬低了。如果女性要成为自我、主体，她就必须像男性一样超越所有限制她存在的定义、标签和本质而重新定义自己。

（三）由关系来定义"女性"

在关于"女性"的定义中，还有一种认识也颇受人关注。那就是"女性"由一系列关系来定义，如丈夫的妻子、儿子的母亲、父母的女儿、公婆的媳妇以及董事长的秘书等。在这里，"女性"自身是隐而不见的，她只是某种关系的成员，只有在某种关系中才得以存在。

女性主义学者盖尔·卢宾借鉴马克思分析工人和资本的方法指出，

① 转引自吴小英. 科学、文化与性别——女性主义的诠释［M］. 北京：中国社会科学出版社，2000：52.

② 波伏娃. 第二性［M］. 陶铁柱，译. 北京：中国书籍出版社，1998：176.

在讨论性别和妇女概念时，“关系”是个关键词，女人只有在某些关系中才会变成仆人、妻子、秘书、奴婢、色情女招待、妓女或打字秘书等，才会有性别歧视问题。为什么会出现这种定义方式？盖尔·卢宾给予的解释是，“一个社会的‘性（社会性别制度）’是该社会将生物的性转化为人类活动的产品的一整套组织安排，这些转变的性需求在这套组织安排中得到满足”①。这就是说，女性处于某种关系的系统中并非出自自然，而是社会组织安排的结果。美国心理学家卡洛尔·吉利根则从心理发展的角度对此进行了研究，她主要关注的问题是两性区别和道德发展。通过这一研究她发现，人际关系，特别是涉及依附的问题，男性与女性的经历是不同的。对于男性，分离和独立与男性特征息息相关，因为与母亲分离是男性特征建立的关键。而对于女性，女性问题或女性特征并不依赖与母亲分离或独立而建立，亲密对男性是一种威胁，而分离对女性是一种威胁。吉利根进一步发现，“女性不仅在人际关系中定位自身，而且通过是否具有给予爱的能力来评价自身。女性在男性生活圈中的角色是抚育者、照护者和助手，是她自己赖以生存的人际关系网的编织者”②。在这里，女性只存在于关系中，没有了关系，她也就无可归依了。这样定义的结果是导致意识层面上女性的消失、实际上的依附。

（四）由文学形象来定义“女性”

在文学艺术中，女性形象的“男性臆想”与“自我”的空洞化一直是女性主义文学批评家所关注的主要论题。玛丽·埃尔曼曾在其《思考妇女》一书中对西方文化中各个层次上充斥着的一种“性别类推”的思维习惯进行了深刻分析，她从男性作家笔下的女性形象和男性批评家笔下的女性作品中总结出十种女性模式：无形、被动、不稳定、封闭、贞洁、物质性、非理智性、依从，以及两种难以改变的形象——悍妇与巫

① 卢宾. 女人交易：性的“政治经济学”初探［M］//王政，杜芳琴. 社会性别研究选译. 北京：生活·读书·新知三联书店，1998：24.

② 吉利根. 不同的声音——心理学理论与妇女发展［M］. 肖巍，译. 北京：中央编译出版社，1999：278.

婆。她认为这些模式充分表现了菲勒斯批评中性别类推的思维习惯[①]。中国学者刘慧英也曾以女性主义视角对中国文学中的女性形象进行了分析，她把中国文学中出现的女性形象归为三类：（1）才子佳人程式：女性对男性的物质和精神依附；（2）诱奸故事程式：女性自我的迷失；（3）社会解放程式：对女性自我的回避与否定[②]。在女性主义研究者看来，这些文艺作品中的女性形象都非女性的真实所指，而是被男权文化所构造和赋予的。真实的女性在其间已被妖魔化与空洞化。

所以，有研究者指出，在关于“女性”的定义中，不同的学科之间虽然各有侧重，但它们却有基本的相同之处，如心理学植根于哲学、生理学和生物学，人类学家不断运用心理学方面的理论来阐释其发现。研究者常常既探讨生理因素对行为和情感的影响，又研究其中心理因素对身体的影响的情况。文学艺术作品中呈现的象征符号与意象在不同的领域都会再现。而且，从一个学科领域得出的结论会影响另一个学科领域的研究假设和研究方法。因此我们会看到很多重叠的研究假设和观点[③]。问题是这些知识信息以及理论观点是建立在一种先验事实的基础之上的，而这种先验事实本身却蕴含着偏见与歧视，正是这种偏见和歧视造成了对女性的伤害，但是研究者基本上对此视而不见。

那么，对于这种先验的事实，其潜在的假设源于何处呢？它们来自不同学科领域的人们所受的教育和个体经验。而这些人基本上是男性，大体有相似的教育背景，并被灌输了同样的对女性的态度和见解。但是，事实上却是在所有的文化中，男性的经历都与女性不同，然而却总是男性在为女性定义，结果女性也学会了用男性的定义来看待自己。显而易见，我们缺少的是女性的自我定义。随着女性主义者不断地进入不同的研究领域，他们对这些领域内潜在的假设和定义提出质疑，揭露以往观念解释中的错误逻辑，试图利用女性主义的新视角展现一幅包括女

---

① 刘涓．从边缘走向中心：美、法女性主义文学批评和理论［M］//鲍小兰．西方女性主义研究评介．北京：生活·读书·新知三联书店，1995：103.

② 刘慧英．走出男权传统的藩篱——文学中男权意识的批判［M］．北京：生活·读书·新知三联书店，1995：128.

③ 转引自郑新蓉，史静寰，强海燕．赋教育以社会性别［Z］．2000：85.

性真实生活、真实体验的完整画面。

（五）“女性”的自我定义

现在，大多数女性主义者已经摒弃了那种把女性看成某个生理局部的定义，但是，他们也不因此否认女性的确具有某个或某些特征，拥有各种亲密的、适宜的关系，但是他们都认为这并不能决定她们真实的存在，她们作为“女性”这一社会性别是社会文化的产物，是“社会的手稿”。

“女性”的自我定义随着“社会性别”这一概念的出现和广泛使用而更加明确、丰满。它已超越了生物范畴、关系范畴、对比的范畴、文学想象的范畴而成为一个社会、文化、政治和历史的范畴，它原本的被认为普遍的、本质的、一成不变的内涵也因社会性别这一概念的出现而有了根本性的改变，因此，关于女性这样的“自我定义”也更具有理论的解释力。

女性主义认为“女性”这个概念本身是以人的生物性别为基础在社会政治、经济、文化发展过程中被人为地建构起来的，既然是人为建构起来的，与此相关的一切联系、认识都是可以改变的，如男女在社会、家庭中的地位、相互关系乃至角色分工。另外，与“女性”概念相联系的所有的一切被视为天然合理而赋予女性的特质和群体特征、行为方式都是社会发展的产物，而不是一成不变的。社会性别作为一种社会关系、权力关系深刻地解释了男性对女性的统治与支配，在这样一个视角下，我们可以发现男女之间的生理差异不足以直接导致作为群体的男女两性在社会地位上的差异和等级关系。所以“女性”这个概念中所包含的劣等、弱者、被统治、被支配都是不确定和非决定性的，是可以改变乃至消除的，强调“女性”作为一个社会性别的存在，实际上就已经摆脱了生物决定论，从而动摇了男尊女卑、男性至上的哲学基础。这也为解释高等教育中呈现的性别歧视、性别差异提供了理论武器。女性通过这样的被定义再来解释她们与高等教育之间的关系必然另有一番情境，因为此“女性”已非彼“女性”了。

在此需要说明的是，女性主义在用社会性别这个范畴定义“女性”时，遭到了来自后现代女性主义者的挑战。首先，他们对“女性”这一身份的统一性提出了质疑，有色人种女性和后殖民地女性针对欧洲中心的、中产阶级的女性主义的批评已经使女性主义者们清醒地认识到他们的话语所具有的规范性、政治性地位，所谓的统一的女性身份只是一个政治上或理论上的神话，在现实生活中它实际上是“支离破碎的”。其次，后现代女性主义者认为，对统一“女性”身份的确认和定义无意之中助长了传统性别秩序的复制和存续，而这一切恰恰又落入了男性的话语霸权和规范性之中，因为历史与现实中任何关于女性的知识都已受到性别歧视的污染，人类文化中到处都充斥着厌女主义的话语，所以，他们致力于解构“女性”这个“虚构”的身份范畴。法国女性主义学者朱莉亚·克里斯蒂娃曾明确宣告：女性不能被界定。她说：“若一个人以为自己是一个地道的女性，那几乎和以为自己是一个男性一样荒诞不经而且莫名其妙。因此我以为，所谓‘女性’即是那不可再现的、不可言说的，存在于称谓之外、意识形态之上的非实体。”① 虽然如此，绝大多数后现代女性主义者还是留有余地的，朱迪斯·巴特勒认为，解构“女性”这个身份范畴，并不意味着取消“女性”概念，而是使这种范畴永久地向争论开放。“我认为……作为出发点的‘身份’永远不能成为女性主义者政治运动的坚固基础。各种身份范畴始终是……规范性的，因此也是排他的……这并不是说‘妇女’这个术语不应该被使用……相反，如果女性主义假定‘妇女’标示了一个无法标示的各种差异的领域，一个无法由描述性的身份范畴来概括的领域，那么正是这一术语成为永久的开放所在……对女性主义的主体进行解构，并没有废弃它的使用，反而使这个术语进入一个具有多重意义的未来天地……使它成为承载可能出现的未曾预期的意义的场所所在。”②

应该说，20 余年来，西方女性主义学者在对“女性”的定义和范畴的界定方面遇到了理论上的重重困境，但这也正是女性主义深入发展的必然结果。在此呈现出女性主义者内部关于女性自我定义的分歧将有助于我们从多角度、多层面深刻地认识和解释女性与高等教育之间的复杂关系。

---

① 胡缨．边缘区域与女性主义——评介克里斯蒂娃及其《论中国妇女》[J]．女性人，1990 (4)：120.

② BUTLER B J. Contingent foundations: feminism and the question of postmodernism [J]. Routledge, 2001, 11 (3): 15.

二、重新审读“高等教育”

高等教育早期历史上的性别偏见是不容置疑的事实，在各类文本中已略有提及，尽管那只是轻描淡写的一笔。社会主流话语对性别偏见的解读前面已有论述，即那都是“女性自身出了问题”，而与高等教育无关。特别是经过几个世纪的努力与奋斗之后，在现代高等教育中，大多数国家已不存在女性教育“有”与“无”的问题，从表面上看，男女两性已有平等考试入学的体制，接受公共教育的机会应该是均等的。但是有学者曾就此进一步追问，“女性到底有多少机会和能力来参与这种竞争?”① 这样的追问我们可以借用女性主义诗人艾德里安娜·里奇的引语——“我们不是由别人提出的妇女问题，我们是提问题的妇女”来解读。这种深层次的女性追问，实际上已把问题由“关于妇女的问题”引向了女性作为主体对高等教育自身的质疑。高等教育确实与性别无关吗?

（一）高等教育的“去性别化”策略

在现代高等教育体制中，采取的基本上是“去性别化”策略，一切活动都是在早已预设的“性别中立”的前提下展开。女性主义认为，实际上却并非如此，高等教育并不是性别无涉的，社会、高等教育与知识之间存在着一种密不可分的价值联系。大学不仅仅是传授高深学问的场所，同时也是一个制造社会性别的重要场所，高等教育在其间扮演的是一个复制社会性别并使之存续的角色。

大学作为一个在社会精神生产层面享有很高声誉的组织，它对人类的精神生产有着重要的发言权。怎样生产？用何种模式和话语去生产？谁是其中的操控者和受益者？谁的利益会受到损害？如此等等。这些都是大学需要面对的政治和价值问题，也就是说，社会、大学与知识之间存在着密不可分的价值联系。

在西方，长期以来，大学作为一种自治体，它认为自己能够独立于政府，独立于社会大众，能先验地产生一种生产、维护知识的权威性、神圣性和客观性的机制。但近些年来，随着高等教育大众化、普及化的

① 郑晓瑛．女性学学科化建设和发展的基础：女性教育［J］．北京大学学报（哲学社会科学版），2002（3）：120．

发展，高等教育的意义危机也在不断凸显，这个先验的“客观性”机制更是受到诟病和质疑，“尽管人们对高等教育的规模、成本和业绩的关注日益增长，但对其可能的退步及整体目标的严肃拷问却极为匮乏”①。在当代中国，经历了长达几十年的、畸形的“教育政治化”之后，中国教育界也走向了另一个极端，在科学主义、技术主义、客观主义的旗帜下，教育理论界始终自觉不自觉地回避着对教育的政治学、伦理学探讨②。特别是在学校场域和教育话语中，对“性别”本身作为一种政治和意识形态更是缺乏必要的敏感和深入的思考。从社会性别角度来审视，当代高等教育体制表面上采取的是一种“去性别化”策略，即一切知识生产和教学活动都是在早已预设的“性别中立”前提下展开的。

20世纪60年代以来，西方女学界开始对知识生产中性别意识形态予以关注，坚决主张高等教育中的道德回归，呼吁道德探索要重返大学课堂，并在大学里提出了女性学“制度化”的诉求。由此，高等教育这个包裹着“客观性”、“性别中立”神话的屏蔽也逐渐被揭开。美国学者玛丽琳·J. 波克塞在《当妇女提问时：美国妇女学的创建之路》一书中谈到女性学对美国高等教育的影响时，就曾自豪地提出，女性学“不仅为大学教学和科研提供了新面孔、新视角和新方法，还为高等教育重新引进了许多非教会学校所缺乏的道德探询”③。

在中国，“男女平等”的基本国策已被写进了法律条款，那种毫无“偏见的”、“中性的”教育立场也曾被认为是最公平的，现有的教育著作基本上不接触或极少接触性别差异问题，可以说是无性别的教育理论④。但也正是因为缺乏对这种“无性别教育理论”的深刻反思，中国的学校

① 巴尼特. 高等教育理念 [M]. 蓝劲松，译. 北京：北京大学出版社，2013：7-8.

② 吉罗克斯. 跨越边界——文化工作者与教育政治学 [M]. 刘惠珍，张弛，黄宇红，译. 上海：华东师范大学出版社，2002：1.

③ 波克塞. 当妇女提问时：美国妇女学的创建之路 [M]. 郑新蓉，余宁平，译. 天津：天津人民出版社，2006：2.

④ 鲁洁. 教育社会学 [M]. 北京：人民出版社，1999：572.

教育包括高等教育中父权制的影响从未消弭，更别说对其进行深刻批判和干预。

当我们以女性主义的认识视角研究高等教育时，发现这种以强调客观性、理性为基础建立起来的高等教育模式，其实是以男性为主导的父权制意识形态在高等教育领域内的反映。它的整个理论体系的构建以及学术规范的建立（包括研究的问题与主题、基本范畴与解释、方法论等）都是基于男性中心的，并以男性的思维模式为主导模式建构起来的，男性已习惯把自己所研究的知识说成人类的知识并赋予其价值，把自己的观点当作人类的观点，而女性由于长期被排斥在高等教育系统之外，即使进入后也并未获得适当的话语权，她们早已经习惯通过男性的眼睛看世界、看待自我和社会。

一些女性主义学者以自己同时具备的作为局内人和局外人立场的优势，在对知识进行梳理和重新审视后①，发现在这些客观性、人类性和真理性的背后，基于的是一种性别偏见，使用的也是男性探讨世界的方式。如在高等教育认知心理学的研究中，有学者发现女性的认知观与男性有很大的差异。女性在接受高等教育的过程中，由于对知识的认知方式与男性不同，她们在知识的学习中会遇到更大的困难，因为整个高等教育体系和思维模式都是以男性的思维模式建立起来的。这也许可以用来解释为什么女性在就业中或在学业的选择中更容易进入传统的以个人经验为基础的知识领域②。另外，在有关道德发展的研究中，也显示了女性与男性发展的差异，而传统伦理学总是把女性道德与男性道德发展的不同视为发展上的不足或失败。所以女性主义者指出，高等教育中这种“男性”的规范性、客观性和中立性，不可能成为完整的（包括女性）研究视角和立场。正如英国两位人类学家雪莉·阿登那和埃德汶·阿登那所指出的，“在男权文化体系中女人构成了一个失声的集团，其文化和现实生活圈子同主宰集团（男性）是两个相交的圆，失声集团的

---

① 局内人、局外人的说法参见 Changing the Curriculum in Higher Education 中的用语（转引自余宁平，杜芳琴．不守规矩的知识［M］．天津：天津人民出版社，2003：1.）。

② 王俊．社会性别视野中的高等教育研究［J］．江苏高教，2003（6）：59-60.

圆大部分都在主宰集团的圆的范围内，同时还在一个月牙形的边缘且处于主宰域之外，被称作‘野地’。与之相应的，在主宰域内也有一片女人不可企及的领域。按文化人类学的观点，哪怕女人从来没有见过男人的那片月牙地，也知道它的情形，因为它已成为传奇的主题了，而男人却不了解‘野地’”①。应该说，在高等教育研究的领域内，这块“野地”同样存在，也同样荒芜。在这里，性别是单一的、残缺不全的。女性的经验、情感和思维方式是被忽略的，是沉于历史的地表之下的。面对着女性的缺席和沉默，主流的高等教育研究是漠然的，甚至是无意识的。如何在高等教育领域补充一种以往历史上被践踏、被压抑、被忽视或丢失了的不同声音——女性的声音，这是女性主义教育学所关注的重要问题，也是本论著后面各章将要论述的主题：高等教育蕴含着不容忽视的性别意识形态。如今，面对大学中各类纷纷扰扰的“性别教育”话题，这种表面的“去性别化”策略也到了应该重估和反思的时候。

（二）高等教育的“性别盲视”立场

女性主义通过对高等教育体系内的知识、学科、课程、教学等各方面的审视发现高等教育并非性别无涉，而是具有性别化倾向的。但是现实的高等教育却以“性别中立”为策略，采取了一种性别盲视的立场，这种盲视在大学这样一个塑造人的场所中，已被主流文化深刻默许并且变得习以为常了。

在西方，广大女性经历了长时间的“性别指导教育”的实践之后，亲眼看见和感受了“女性的奥秘”这个美丽谎言的破产，她们对自己在高等教育中被解放与被规训的尴尬和无所适从有了切身的体验。在女性主义第二次浪潮的推动下，她们开始从知识的角度对高等教育所蕴含的性别化倾向进行思考并试图去改变这一状况。经过女性主义学者20余年不懈的努力，如今“性别盲视”在西方国家的高等教育中已大为改观，关于这一点，在本章的第一节中已有论述。

---

① 肖沃尔特．荒原中的女权主义批评［M］//王逢振．最新西方文论选．桂林：漓江出版社，1991：276.

当代中国社会在经历了“男女都一样”的社会性别话语之后，随着改革开放又出现了对“男女不一样”的强调以及对“女性味”的推崇，在这个把女性界定为由性功能来决定本质化的女人的社会性别话语中，大量的传统性别符号被调动起来了。当代一个有“女性味”的现代女性是“年轻美貌，穿着时髦，富有性感，开着洗衣机，用着微波炉，善于消费，并在消费各种现代化商品中，实现女性的家庭角色，获得充满‘女性味’的满足”①。这可以说是当代中国社会对“女性”内涵的又一次重新界定。“差异政治”逐渐替代了“平等政治”，“承认政治”替代了“阶级政治”②。对此，中国的高等教育和大学表面上对社会性别文化的变迁采取了冷漠与不参与的态度，事实上，社会上各类充斥着本质主义的性别话语已通过各种方式（包括我们的教材、课程及教学等）浸染到大学的角角落落，高等教育的日常和主流话语也几乎被当代流行的社会性别话语所操控，并规训着学生成为被社会接纳、期待的性别角色。对此，曾有学者把当代中国与20世纪五六十年代美国社会盛行的“女性的奥秘”相联系，著名的比较教育专家露丝·海霍通过对中国高校的实地调查，不无忧虑地指出，现在中国高校的女大学生，“她们主要关心社会关系和美满的婚姻而不是事业发展，这是一种日益衰退的学校文化精神。很多女大学生在她们的事业方面都没有太高的追求，只是急于毕业的时候在城市找一个舒适的工作”③。戴锦华曾指出，“20世纪90年代以来，在整个中国社会当中，实际上真正参与中国文化建构的是大众文化，而不再是传统的精英文化”④。所以，以高等教育为主要基础建构的精英文化、政治文化在当代已逐渐丧失了其对大众生活的影响力。当

① 王政．浅议社会性别学在中国的发展［M］//杜芳琴，王向贤．妇女与社会性别研究在中国（1987—2003）．天津：天津人民出版社，2003：33.

② 宋少鹏．资本主义、社会主义和妇女——为什么中国需要重建马克思女权主义批判［J］．开放时代，2012（12）：98-112.

③ 许美德．中国大学1895—1995：一个文化冲突的世纪［M］．许洁英，主译．北京：教育科学出版社，1999：584.

④ 戴锦华．大众文化中的阶级和社会性别［Z］//杜芳琴．赋知识以社会性别．2000：24.

然，即使这种精英文化、政治文化里蕴含的社会性别意识也是颇令人质疑的①。

事实上，在向市场经济的转型中，在文化层面，“‘消费经济’和消费主义中的性别政治已在意识形态层面，很大程度地重新限定甚至缩小了女性发展独立意识的空间。尽管男女平等作为一种文化观念也许仍然起着一定的作用，但作为社会实践，似乎失去了普遍意义和导向作用”②。相比于20世纪五六十年代，中国女性踊跃打破职业界限，今天的女性有多少自由来充分发展自己的潜能？受这种大众文化影响的高等教育在其间做了些什么，又应该做些什么？它的组织制度、培养目标、教育理念、学科专业体系、课程设置、教学方法以及校园文化是否也不自觉地受到了大众社会性别话语的浸染，抑或它自己本身也参与了大众话语的制造？近些年来，在高等教育大众化、市场化、功利化及实用主义的浪潮中，国内诸多知名高校纷纷开设了各类商业化的“女性课程班”③，旨在通过传统国学、现代知识与时尚元素的浸润，将女人形塑为理想中的女性形象。如北京大学卓越女性与传统文化高级研修班、清华大学女性魅力高管班、复旦大学女性白领魅力提升班等。从其教学目的

① 参阅王政的《浅议社会性别学在中国的发展》、《“女性意识”、“社会性别意识”辨异》和钟雪萍的《“女人味”大观——论当代中国大众文化中的“女性话语”》、《后妇女解放与自我想象》等文，她们的论文对当代中国的社会性别话语进行了深刻的分析。

② 钟雪萍．后妇女解放与自我想象［J］．读书，2005（11）：13-20.

③ 到目前为止，在中国的妇女（性别）研究和各类挂有“女性”、“性别”为名的课程中，并没有出现一套统一的学术术语、概念体系和课程名称。其主要原因还在于妇女（性别）研究还处于学科化的初级探索阶段。“妇女（性别）研究”、“妇女学”、“女性学”、“妇女（社会性别）学”、“妇女研究”、“女性研究”、“性别研究”等是目前使用较为广泛的几个概念，这些概念基本上随研究主题、研究场域和研究者个人的喜好使用，并未进行严格的区分。笔者在此使用“女性学”这个概念，主要是强调妇女（性别）研究一定是在现代性别平等的理念与框架中建构、生产与传授的知识并谋求在高校中的学科化，即认为妇女（性别）研究除了“研究”之外，还应该与大学教学、学科、课程和机制建设密切关联。其与论著中所批判的各类商业化的“女德班”、“女性课程班”在价值理念、课程设计与知识传授上有着本质性的差异。

和内容上看，这些女性课程班拥有大致相似的教育理念：那就是以儒家式的、“内外兼修”的方式，来平息和安放现代女性（特别是精英女性）焦虑不安的身心①。如复旦大学推出的“智慧女性课程”的宣传标语就赫然写着：“以专家授课的形式，内容涵盖仪态、气质、品位、艺术修养、心灵成长等方方面面，从养生美颜到资产管理，旨在实现成为‘优雅、精致、智能’女人的目标。”② 北京大学女性研修班将其强烈推荐给精英女性的理由概括为：“聚大千之美，凝个人神韵，点东方智慧，传家业文明。”③ 总体而言，这些女性课程班的核心思想就是：在幽静雅致的大学殿堂里，通过传统国学、现代知识与时尚元素的浸润，将女人形塑为男性理想中的形象，帮助女人完成华丽转身，实现其梦想的美妙人生。这实际上已不是所谓的“性别无涉”和“价值中立”的教育立场了，而是带有强烈的性别价值导向。这些明显有违现代性别平等理念的课程班之所以在中国高校出现，实际上反映了大学与父权制、商业资本及文化政治上保守势力的不谋而合，也是大学自身意义危机、日益衰退的学校文化精神及父权制幽灵的呈现④。如何在现代性别平等的框架下对大学理念、大学制度及课程与教学进行深度反思，超越历史传统，重构中国大学作为塑造社会性别价值观与性别秩序的重要机制应该受到关注。

从某种意义上讲，高等教育是在复制社会性别，大学自然也就成了一个制造社会性别的场所。对此，以追求学术自由，视前瞻性、创造性和批判性为其精神要旨的高等教育和主流学术界不但不去反思、批判大众文化对社会性别塑造所造成的偏见与误区，反而在社会“阴盛阳衰”

① 竹子. 复旦开办“新女德班”：精英女人的加冕仪式 [EB/OL]. [2015-05-27]. http://www.360doc.com/content/15/1218/00/461276_521186322.shtml.

② 复旦大学智慧女性研修班招生简章 [EB/OL]. [2015-03-24]. http://www.fudan-edu.com.

③ 北京大学卓越女性与传统文化高级研修班招生简章 [EB/OL]. [2015-11-18]. http://www.beidaf.com.

④ 王俊. 大学、知识与课程的性别分析——对中国精英大学各类商业化“女性课程班”的审视 [J]. 妇女研究论丛，2016 (3)：5-14.

的鼓噪声中，用双手捂住眼睛，用“男女已如此平等”、“我什么也没看见”的暧昧立场来摆脱自己应该承担的一份知识责任和社会道义。

正是囿于以上种种认识，高等教育中的诸多性别问题总是以同样的理论假设，用不同的言语方式表达着、解释着，它重复的却是同一个主题——天生男女有别。女性主义在此给我们提供了另一种思路，那就是有关高等教育的所有认识与知识都是由社会主流文化建构并通过社会主流话语进行言说，在父权制文化下，这些都是由父权制文化建构并由男性权威来代言的，高等教育在其间扮演的是一个重要的媒介，它与社会主流文化具有一种天然的同盟关系。在现代女性主义者看来，这个知识系统中，男性只就他们自身进行了系统的阐述，而通常使女性隐而不见或将其归入异类，那种拒斥女性进入高等教育的观点与理念更是充满了男性的意识形态，高等教育系统所标榜的客观性与逻辑性实际上是体现了男性的政治学，高等教育长期对女性的集体无意识遗忘与忽略实际上是源于生物决定论和本质主义的偏见，也源于对高等教育的偏见。由此看来，高等教育与女性疏离的渊源不在于女人自己出了什么问题，而在于人们对待“女性”的观念以及对高等教育的认识，那就是：高等教育应该是什么，不应该是什么的文化规定。对此，女性主义认识论为我们移开了障目之叶，它告诉了我们这样一个现实：传统文化对女性在高等教育中疏离状态的解释是一种需要批判的男权文化认知方式，它否认了“女性”与“高等教育”的社会文化建构性。

第三章 “高深学问”与性别

在对高等教育的所有解读中，没有什么比“高深学问”这个概念更能简单明了地阐释人们对高等教育的理解与认同。作为打造高等教育组织机构的材料，高深学问之于高等教育的意义是根本性的，有关高等教育的所有含义都是围绕这个最基本、最核心的概念展开的①。

从早期的艰深性、客观性、绝对性、中立性到现代的实证性、确定性、普遍性等特征，与“高深学问”相依相伴，社会普遍视其为一种先验性事实，从未对此理论预设提出质疑。但是到了后现代语境中，思想家们却对人类知识进行了全方位的审视、清理与批判，并给知识以新的阐释：从知识的客观性到文化性，从普遍性到境域性，从中立性到价值性②。这一批判实际上也直指作为高等教育核心概念的“高深学问”。以女性主义认识论的视角对高等教育进行省思，我们会发现：女性之所以被高等教育系统排斥，以及出现发展中的障碍，形成与男性之间的差距，其认识论根源就在于女性没有与男性一样参与创造“高深学问”、建构“高深学问”、分享“高深学问”，女性天生被视为理智上的弱者，人类的绝大部分被称为“知识”的领域实际上都是以男性的视角出发建

---

① 在西方，约翰·S. 布鲁贝克的《高等教育哲学》一书中“高深学问”被视为高等教育的核心概念已广为人知，如文中相互关联的八个方面的论述都是围绕“高深学问”展开的（参见约翰·S. 布鲁贝克. 高等教育哲学［M］. 杭州：浙江教育出版社，1987：11.）。在中国，薛天祥主编的《高等教育学》一书明确将“高深专门知识的教与学”作为高等教育学理论体系的逻辑起点，高等教育的所有范畴都是围绕这个概念展开的（参见薛天祥. 高等教育学［M］. 桂林：广西师范大学出版社，2003：14-15.）。

② 石中英. 知识转型与教育改革［M］. 北京：教育科学出版社，2001：143.

构的，这无疑带有男性的旨趣与偏见，而不利于女性认知与发展。历史上，政治领域、经济领域、教育领域、军事领域乃至整个社会生活中的性别歧视都有着它们的认识论或知识理论的依据与根源。赋予知识以社会性别、赋予“高深学问”以社会性别是女性主义认识论的理论创见，通过分析社会性别如何影响“高深学问”的观念、“高深学问”的建构以及“高深学问”的研究主题与方法，可以重新解读高等教育中出现的性别差异与性别歧视问题。本章主要考察社会性别制度与“高深学问”之间的内在关联性，通过对“高深学问”男性形象的批判以揭示造成高等教育中的性别差异与性别歧视的认识论根源。

第一节 社会性别制度

一、社会性别制度的提出

“社会性别制度”这一概念是1975年美国人类学家、女性主义学者盖尔·卢宾在其论著《走向妇女人类学》的一篇文章《女人交易：性的“政治经济学”初探》里首次提出的，它用来指称“一套社会将生理的性转化为人类行为产物的机制”①。这一论述体现了那个时代的女性主义学者对女性受压迫根源问题的密切关注与深入思考。

在此需要首先区分一下“社会性别制度”与“社会性别”这两个极为相关的概念。“社会性别”作为女性主义学术的核心概念和精髓，它是与阶级、种族等并列的一个分析范畴，关于这一点在本论著的第一章已有论述。“社会性别制度”则是基于对“社会性别”这一概念理解基础上的一种可以通过某种方式描述、解构的制度，是一种社会关系、一种存在，它是历史文化建构的产物。

盖尔·卢宾在《女人交易：性的“政治经济学”初探》一文中对马克思主义政治经济学、弗洛伊德精神分析学、列维-施特劳斯结构人类学这三大学术理论进行了审视。她认为马克思主义理论分析了资本主义的

---

① 卢宾．女人交易：性的“政治经济学”初探［M］//王政，杜芳琴．社会性别研究选译．北京：生活·读书·新知三联书店，1998：21-22.

生产、商品流通过程以及女性参与资本主义生产的作用，但它没有分析女性受压迫的根源。虽然马克思本人也提出了女性受压迫有历史的、道德的成分，但他并没有对这个历史的、道德的因素进行深入分析。恩格斯敏锐地觉察到了“性”、“生育”的必要作用，而且他认为必须把性的文化关系和生产关系分开论述。但是，“恩格斯没有对自己的设想作继续研究和必需的精心改进，不过他确实指出了社会生活中那个我要称为性（社会性别）制度的领域的存在及其重要性”①。在对列维-施特劳斯的分析中，卢宾指出，性（社会性别）制度的精髓在于列维所指出的男人对女人的交换。这样就把对女性的压迫置于一种社会关系中而不是置于生理基础上。它是通过交换，而且是男性把女性进行交换而产生了压迫。在交换中男性建立起一种关系，而这种关系中，女性是作为物而存在，即女性是被交换的，而非交换的主体。列维的上述论述明确提出女性受压迫是因为交换而不是因为生理因素，这一点给卢宾极大的启迪。在对弗洛伊德精神分析学的审视中，卢宾肯定了其提出的一整套理解男性和女性以及性欲的概念，并对其提供的有关性别再生产的理论解释予以某种程度的认同，但对其狭隘性进行了批判。

盖尔·卢宾正是在分析、批判这三种学术理论的基础上提出了性（社会性别）制度的概念。在此之前，她认为虽然也有很多其他学术概念在谈性的文化、社会问题，例如恩格斯提出的“生育方式”、“父权制度”概念等，但性（社会性别）制度的包容性更广泛。以“父权制”为例，这个概念就不能涵盖社会性别关系的全部，难以描述很多丰富的社会形态，在有的社会中，女性受压迫并不以“父权制”的形式表现出来。如成年男性结成秘密的组织，通过某种仪式对女性进行压迫，而压迫的权力并不在父系家长身上。再者，卢宾认为“性（社会性别）制度”这个词是中性的。很多文化中都存在这种制度，而这种制度却并非说是压迫女性的。例如，我们可以从居住在中国云南的摩梭人那里看到一种完全不同的社会性别制度，它体现的就是一种以母系文化为基础的

---

① 卢宾．女人交易：性的“政治经济学”初探［M］//王政，杜芳琴．社会性别研究选译．北京：生活·读书·新知三联书店，1998：30.

中性特质的性别文化。这里举一个有趣的例子来说明这一问题，这是一位研究者拍的一段录像片①。在片中，有个女主人，她是一个妇女队长。有一天，她在家里生孩子，生完孩子后，她很疲倦就睡了，她妈妈在厨房里为她准备吃的。这时，她的汉族同事打电话来问：“哎呀，生了吗?”她说：“生了，生了。”同事问：“你生的是男孩还是女孩?”“哎呀，我还没注意呢!”她答道。于是她问她妈妈：“妈，那是男的还是女的?”她妈说：“嗨！我还没顾得上看呢，光顾看手和脚了，我去看一下吧。”这段录像说明了一种什么样的社会性别制度呢？对摩梭人来说，具体的性别是什么并不受到特别的关注，一个人的手和脚比男女性别更重要，社会性别制度在这里体现的就是一种中性特质。另外，在已有的关于父权制的论述中，都认为现存的社会性别制度已深刻内化为我们文化难以避免的一部分，是历史的产物，这就给真正意义上的女性解放设置了一道不可逾越的思维障碍。

卢宾提出性（社会性别）制度是以人类学和精神分析学为基础，并在此基础上进行了政治经济学分析。在她看来，社会性别制度不仅仅是精神的、人际关系的，还和政治制度、经济制度一样是历史文化建构的产物。应该说，这样的分析比“父权制”内涵要丰富深刻得多。以后的女性主义学者从中受到启示并在发展这个概念，不断丰富其内涵的过程中，进入了最基础的、最根本的认识论领域。他们发现社会性别制度与人类知识生产具有密切的相关性，为此，他们对人类知识生产中的性别主义倾向发起挑战，进行揭露与批判，考察的范围几乎涉及每一学科领域的前提、理论框架、研究材料、研究方法和结论诠释，而且这一研究主题 30 多年来一直主宰着当代的女性主义学术。

二、社会性别制度

有关社会性别制度的构成与内涵，可以从琼·斯科特的研究中得到有益启示。她在《性别：历史分析中的一个有效范畴》一文中指出，对“社会性别”这一概念定义的核心在于下列两大命题之间必要的联系：社会性别是组成以性别差异为基础的社会关系的成分，社会性别是区分

① 这是中国香港学者周华山博士在云南摩梭人村寨拍摄的一段录像。

权利关系的基本方式。斯科特进一步指出，作为社会关系的一个成分，它蕴含着四个相关因素：第一，文化象征的多种表现。第二，规范化概念，这些概念解释了象征的含义，限定了比喻的各种可能性，这些概念大多反映在宗教、教育、法律、科学和政治教义中，通常它们以固定的两极对立的形式出现，按部就班地描绘男性和女性、男性气质和女性气质的含义。事实上，这些概念排斥了其他解释的可能性。第三，与人有关的政治、社会组织，包括家庭与亲属系统、劳动力市场、教育与政体等场所。第四，主体身份的构成与认同。作为表现权力关系的基本方式，社会性别不仅是权力形成的源头和途径，还是维护权力的方式①。在此，斯科特明确地将男女两性及其关系视为社会权力关系和制度规范的历史生成而非自然本质的造化。

朱迪思·洛伯在《黑夜与它的白天：社会性别的社会建构》一文中更为详细地论述了社会性别制度的构成要素②：

1. 社会性别地位

社会性别地位在此指被社会认同的几种社会性别类型，以及在行为上、姿势上、语言上、情绪上、生理上表现这些社会性别类型的规范和预期。社会性别地位的评价取决于特定社会的历史发展状况。

2. 劳动的社会性别分工

劳动的社会性别分工指对不同社会性别地位成员在生产和家务劳动上的安排。不同社会性别地位所安排的工作强化了该社会对这些地位的评价——地位越高，工作的声望越高；价值越大，获得的回报也越多。

3. 社会性别化的亲属关系

社会性别化的亲属关系指不同社会性别地位的家庭权利和义务。亲属关系反映并强化了不同社会性别之间的声望和权利的差异。

4. 社会性别化的性规则

社会性别化的性规划指性欲和性行为的规范化模式。不同的社会性

---

① 斯科特. 性别：历史分析中的一个有效范畴［M］//李银河. 妇女：最漫长的革命. 北京：生活·读书·新知三联书店，1997：168.

② 洛伯. 黑夜与它的白天：社会性别的社会建构［M］//余宁平，杜芳琴. 不守规矩的知识. 天津：天津人民出版社，2003：271-272.

别地位有所不同，占统治地位的社会性别有更多的性权力，而从属地位的社会性别可能受到性盘剥。

5．社会性别化的个人性格

社会性别化的个人性格指被社会性别规范化了的各种特征。这些社会性别规范包括不同社会性别成员应如何感觉和行动等。他人在面对面的接触中所持的社会预期支持着这些社会规范。

6．社会性别化的社会控制

社会性别化的社会控制指对社会认同的行为给予正式及非正式的赞许和奖励，对不被社会认同的行为冠以恶名，进行社会隔离、惩罚或医学治疗。

7．社会性别意识形态

社会性别意识形态指对维护社会性别地位尤其是对不同地位的不同评价而产生的理论依据。占统治地位的意识形态倾向于通过使这些评价显得自然而压制对它们的批评。

8．社会性别形象

社会性别形象是社会性别文化的表现和化身，通过符号语言及艺术作品再生产社会性别地位并使它们合法化。文化是支持占统治地位的社会性别意识形态的主要力量之一。

以此为理论视点，我们来分析中西方社会性别制度的建构。

（一）西方的社会性别制度

在此需要说明的是，这里所言的“西方”，并非指西方社会就是一个统一的整体，就本研究而言，主要是从其共性来考察。

从斯科特和洛伯的分析中，我们可以得出关于社会性别制度最基本的认识：一个社会的社会性别制度的形成实际上是男女两性在权力关系和社会关系中的表现与定位。这同时也说明了社会性别制度乃是某种社会建构过程的本质，即多种社会力量从不同层面共同参与了社会性别制度的建构。

我们首先对西方社会性别制度建构的认识论基础进行分析。正如第一章的理论研究部分所指出的，在西方思想文化传统中，认识论与性别两分法相对应形成的二元结构具有悠久历史，在那里，男性总是被置于文化、心智、理性、客观的世界，而女性则被纳入自然、肉体、情感、主观的世界，并且这二者之间是互相排斥、决然对立的，与男性相关的一方总是被赋予积极、统治和支配的特性，与女性相关的一方总是被赋予消极、被统治和被支配的特性，两者共同构成一种等级关系，“……非此即彼的二元论思维模式，这是西方社会所有统治制度的核心部分”①。这种认识论意义上的区分实际上已经从根本上把男女两性割裂与对立起来了，并被人为地置于不同的位置（如公共领域、私人领域）和赋予不同的价值。正是基于对此种认识论基础的了悟，中国台湾学者陈敏郎提出至少有三条线索可以看成是西方传统社会性别制度建构的社会基础。一是古老而源远流长的神话信仰与宗教生活，二是神圣不可侵犯的知识建构及其论述范围，三是作为政治统治形式的法律制度和国家角色②。

西方神话中的“厌女情结”可谓亘古悠远，其具体表现便是把女性看作“罪恶的渊薮”（如引起战争、不和、不祥的原因，“潘多拉”等）、“物件”（如战利品或与耕牛同值等）或者类似于奴隶一般的人。几部著名的史诗如《伊利亚特》、《奥德修纪》、《工作与时日》、《神谱》中都对此有生动详细的描述。在宗教活动与信仰中，更可以清楚地表现出两性权力分配的情形。无论在何种情况下，男性都是这一社会权力的主要代表人物和领导者，而女性则被迫处在一种“边缘化”的位置。所谓边缘化，“就是指在一些表现社群权力的重要祭典仪式上，弱化女性参与宗教活动的意义”③。在古代西方社会，神话信仰以及宗教生活和古代社会性别制度之间是具有高度同构性的，即社会性别制度常常借由某些古老的神话信仰来求得其合理性存续和获得无上的权威感。而社会性别制度则以其所具有的“正当性”，持续保障着由宗教信仰来建构某种社会性

---

① 胡克斯．女权主义理论：从边缘到中心［M］．晓征，平林，译．南京：江苏人民出版社，2001：36.

② 陈敏郎．西方性别历史中之性别秩序的社会建构——性别的相对主体性与性别权力思考逻辑的型构［J］．妇女与两性学刊，2001（12）：27-48.

③ 如：有女人出现的公共祭典，由于和社群权力及其利益与表现无关，因此将被认为必定是异邦人的祭典；若干与女人有关的祭典不能在白天举行，也不能在城中进行，因为它被归为是与奴隶或其他社会边缘人同一类的祭典。

别秩序的特殊权力。

给女性以社会定位，长期以来同样也构成一套知识的意识形态体系。在西方的历史经验中，虽然建构社会性别关系知识的唯一声音来自男性，但并不是所有男性都拥有这种权力，其主要控制者是僧侣和教会人士①，在这些少数拥有知识记述能力和权力的神职人员眼中，女人、金钱与名位是男人的三大敌人，在这些知识特权人士的“凝视”之下，女人尤其成为男人最亲密的敌人②。古代乃至中古时期的西方社会，宗教信仰是知识建构的重要基础和主要源泉。神学、医学、哲学对于女人的臆想、表述与诠释的知识建构，基本上都归结于宗教的启示和教诲。在神学理论上，那些和人类一切罪恶源有关的宗教信条都把女人置于显著的地位，这一方面是由于经书中所说的原罪，另一方面则是因为身为女性。在医学上，传统的知识思辨方式对于社会性别制度的建构同样产生着重要的影响。西方在 13 世纪首次出现了人体解剖学，但是任何的观察结果仍要以符合“女人的身体是一个心智尚未驯化的生物性躯体”，“女人的器官是一种比较低下的男人器官复制的”等固有的“理论基础”为要旨。文艺复兴时期的解剖学虽然已经和传统知识有所分裂，但仍然不足以对中古以来的医学理论构成挑战③。有关性别关系的哲学思想，主要表现在穿透中世纪的亚里士多德思想中：“女性是不完整的男性”，“女人是有过失的男人”，等等。即使到了文艺复兴、启蒙运动时代，乃至 18—19 世纪，对于性别关系的哲学论述，仍然延续着一种传统的认识。就像克莱穆普·卡斯贝拉特所指出的，18 世纪有关性别关系与社会性别制度普遍的社会意识形态仍是“男人是女人的最终依归”④。在她看

① ZUBER K C. Including women [M] //ZUBER K C. A history of women. Cambridge: Harvard University Press, 1992, Vol. 2 (2): 17.

② DALARUM J. The clerical gaze [M] // ZUBER K C. A history of women. Cambridge: Harvard University Press, 1992, Vol. 2 (2): 22-23.

③ THOMASSET C. The nature of women [M] // ZUBER K C. A history of women. Cambridge: Harvard University Press, 1992, Vol. 2 (2): 1753-1759.

④ CRAMPE-CASNABET M. A sampling of eighteenth-century philosophy [M]. Cambridge: Harvard University Press, 1993: 347.

来，卢梭、孟德斯鸠乃至康德的性别思想，基本上也仍在延续着这一类的观念。

西方传统社会性别制度下的性别关系与性别权力的界定，除了通过神话传说、宗教信仰以及知识的论述来求得“合理性”外，还通过法律认定来求得其“合法性”与“权威性”。直至第二次世界大战结束之前，女性在法律上的权利依然是附属于丈夫的意志之下的，没有丈夫的授权，女性是不得在法庭上作证或签署任何文件的。法律是国家意志力的一种表现，故国家角色对于社会性别制度也有着直接的影响。在传统国际政治中，女性是国际政治决策中的“缺席者”和国际政治中的“沉默者”，这是不争的历史事实①。即使欧洲各式的现代政府试图将女性市民国家化，但事实上它们也只是把女人作为救援、抚慰的象征意义，对社会性别制度的整体改变仍然有限，女性走进现代世界的脚步仍远远落在男性后面②。

从以上的分析中可以看出，男性总是社会权力的掌握者和社会关系及知识建构的主体。在传统的社会性别制度的建构过程中，基本上遵循的是一种权威性权力的逻辑。这种建构逻辑实际上是使女性成为思考与论述的客体，并因而成为一种想象的再现③。这种由权威性权力所定义的社会性别制度同时也是一种社会道德规范与价值标准的再现，这其中隐含着男性对女性有意识的想象和无意识的贬抑，它界定了女性应有的角色、地位与权利。总体来说，这造成了女性在法律、宗教、政治、经济、文化、教育等社会活动中的无职能与边缘化。

所以，西方传统的社会性别制度无论从男女角色定位、社会分工、价值观、道德观、婚姻观还是知识论述来说，实际上都存在着统治与被统治、支配与被支配的关系，男性与女性在社会生活的各个领域都处于

① 李英桃．社会性别视野下的国际政治［M］．上海：上海人民出版社，2003：126-171.

② 陈敏郎．西方性别历史中之性别秩序的社会建构——性别的相对主体性与性别权力思考逻辑的型构［J］．妇女与两性学刊，2001（12）：29.

③ CRAMPE-CASNABET M. A sampling of eighteenth-century philosophy［M］. Cambridge：Harvard University Press，1993：319.

不平等的地位。

（二）中国的社会性别制度

中国的社会性别制度与西方相比既有相似的一面也有其独特性。中国传统文化中的儒、道、佛三家相互交替、融合互补，深刻影响了国人的思维方式。儒家的学说在中国社会一直占主导地位，其中的性别歧视和等级制度是显而易见的。但道家的尊母尚柔的心理倾向与佛家的众生平等的理念在中国民间也颇有影响，所以在性别关系上呈现出较为复杂的态势。

从社会性别制度建构的认识论基础来论，中国文化中没有像西方文化那种决然对立的两极，虽然也有“天尊地卑，乾坤定矣。卑高以陈，贵贱位矣”的二元对立①，但它也强调“阴阳合德，而刚柔有体，以体天地之撰，以通神明之德”和谐的二者互补及相互生成的意义②。至于道家，就更主张“专气致柔……能为雌”③ 和“柔弱胜刚强”④，按一般的理解方式，这一派毫无疑问是扶阴抑阳的，“谷神不死，是谓玄牝，玄牝之门，可谓天地根”⑤。看到道家中的这样一些“女性语言”，有些学者甚至认为“中国文化的发展染上了强烈的女性性别特征的色彩”，“总体说来，中国哲学似乎提倡一种‘女性伦理’”⑥。正是这种阴阳相济的动态平衡的认知方式，使中国哲学中中道和中和的思维方式突破了二元对立模式。中道源于佛教，是感受和认知真理的方法。中道之法体现在对一切二元对立事物的认识上，让人避免极端而背离事物自身，从而忽视了对事物本质的认识。其反映在性别关系上，就是既要面对性别的不同，又不能简单地判断是非，人为地规范男女的一切气质特性，诸如

① 四书五经全译：易经［M］．韦连根，李国征，等注译．郑州：中州古籍出版社，2000：231．

② 四书五经全译：易经［M］．韦连根，李国征，等注译．郑州：中州古籍出版社，2000：249．

③ 老子．老子［M］．卫广来，译．太原：山西古籍出版社，2000：15．

④ 老子．老子［M］．卫广来，译．太原：山西古籍出版社，2000：53．

⑤ 老子．老子［M］．卫广来，译．太原：山西古籍出版社，2000：10．

⑥ 安乐哲．和而不同：比较哲学与中西会通［M］．温海明，译．北京：北京大学出版社，2002：162．

尊卑、内外、理性和情感的区别等。中和是指在处理事情和行为上，协调适中，达到和谐。它在性别的认识上强调对立面的和谐性，反对有意地树立对立和反对面，在思维上平和而不偏激。另外，中国文化注重整体化和直觉悟性的认识方式，涉及性别时它也表达了与之相通的理想，它区别于西方二分法，而更注重事物的一体性和整体性以及对立面的超越性，强调“和而不离”、“和为贵”的生活理念，所以，有学者指出，“中国文化中对妇女的歧视不是决定论式的和普遍化的。在现实层面上，总是留有回旋余地和家庭、家族内的阴柔空间，乃至道观尼庵中的自由天地；而在思想层面上，则都是以阴阳互补、相济为前提的，因而伏下了重构和重新解释的各种可能”①。

因此，有学者指出，“中国传统性别观念和西方一个很大不同点就在于，西方人往往把男女两性关系看作斗争的关系，而中国人长期以来把男女两性关系看作协调互补的关系：阴阳调和，阴阳互补”，要“中国放弃性别的本质区分比西方更难”②。

有了这样认识论层面的定位，是不是说中国社会性别制度的现实表现就与西方迥然不同呢？事实上并非如此，这种制造了“阴阳和合”、“阴阳互补”、“夫妻一体”神话的认识论基础和建构逻辑往往会给人一种错觉，即男女两性的相互区别是建立在互相需要、互相定义的内在基础上的，在“构成意义”这个终极含义上是“彼此彼此”的，谁也不比谁从本性上更优越、更真实。它与“存在”的逻辑形式如实体（属性）、存在（非存在）、形式（资料）、主体（客体）等范畴之间并无直接关联，而只为“意义”所需要。按照这样的逻辑推论，中国社会应该奉行的是性别平等的制度模式，但研究者却对这种单纯的逻辑推论提出了质疑。

20世纪八九十年代，中国一批历史学者、考古学者、甲骨文学者、妇女史学者突破了传统的研究方法，不再以某个人物的观点为真理标准

① 张祥龙．“性别”在中西哲学中的地位及其思想后果［J］．江苏社会科学，2002（6）：7.

② 李银河．中国女性的感情与性［M］//霍红．中国精英女性大论坛：21世纪我们做女人．长沙：湖南大学出版社，2000：51-52.

去梳理历史事实。他们开始从中国大量历史文献出发，结合考古学、民族学、文化人类学、甲骨文等方面的资料，去论证中国社会性别制度起源的原因与状态。赵宇共先生详细地论述了上古先民性别关系变化与生产、人口性别比、战争、灾变、信仰巫术等互相关联性的影响，得出了“历经仰韶、龙山时期社会发展到夏代时，父系家长父系制度的男权社会已具稳定社会结构”① 的结论。

杜芳琴教授则从社会性别角度重新认识上古（夏—秦汉）的文明史，并以世系延续和变化为主轴，把中国社会性别制度的建立分成三个阶段：一是由宽泛的父系（男系）传承到严格的父子传承的惯例（夏商）；二是血缘贵族父权制性别制度的建立（周）；三是官僚地主阶级的皇（君）权—父权—夫权合一的社会性别制度的确立（秦汉）。她认为，“严格说起来，西周礼制的建立，才称得上华夏社会性别制度的正式建制；在此之前的性别存在，应该称作‘状态’或者‘关系’。这是因为，制度应是一种人为自觉的建构、系统的建制、稳定的建设，而构成‘关系’和‘状态’中的性别联结（组织和社会）可以是不自觉的、不稳定的和不系统的……该制度的建立首先适应了居统治主导地位的精英男性需要，用人为的制度设置的、具有价值等级的、表现在活动空间、所从事的职业以及行为和气质心理等规范诸方面为男女两性设置屏障界说，同时这一制度文化强调阴阳和谐中使妇女比同阶层的男性失去了更多的利益和尊严。当然，在这个过程中，也曾经有过性别的磋商较量，也有在性别制度的运行中出现越轨和打破‘阴阳平衡’的情况，但制度内的弹性和修复功能很快重新调整，将这个父系—父权的社会性别制度维系下来……并将这一制度模式与价值观推广到本阶层男女并用教化与法制的手段向下层民众渗透，就形成了由礼而俗、由风而习的自上而下的、由中心到边陲的扩展和传播，于是这一制度在周代建立后得以维持三千年”②。由此她梳理出了华

① 赵宇共. 史前时期的社会性别：多学科的历史考察［M］//杜芳琴. 中国历史中的妇女与性别. 天津：天津人民出版社，2004：72.

② 杜芳琴. 从历史的角度理解华夏族社会性别制度（提纲）［C］//“发展中国的妇女/社会性别学高级研修班”会议交流论文，2004.

夏族的社会性别制度体系①，其表现形式如图 3-1。

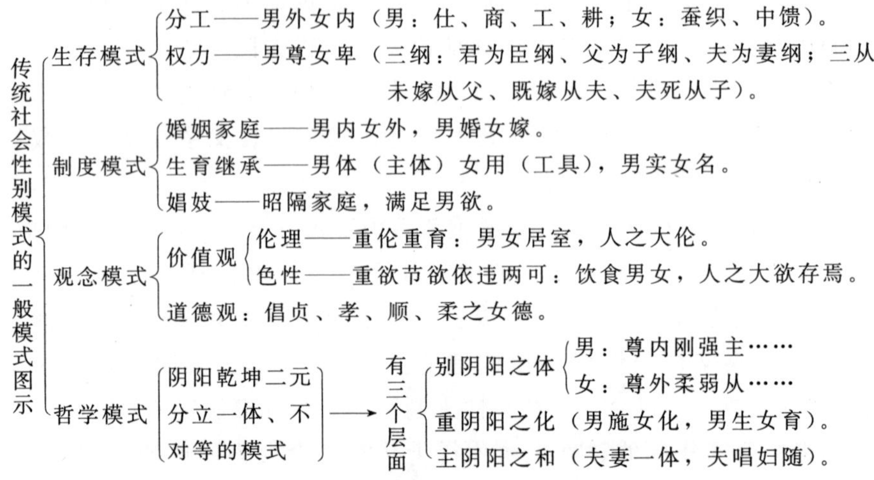

图 3-1　华夏族社会性别制度体系

从上图可以看出，中国社会性别制度无论从生存模式、制度模式，还是价值观念和哲学模式上，实际表现出来的并不是以制造“阴阳和合”、“阴阳互补”、“夫妻一体”神话的认识论为建构基础与建构逻辑的。它在价值取向、社会分工、角色定位、婚姻家庭关系方面与西方社会都具有极大的相似性，那就是——男尊女卑、男主女从、男刚女柔、男外女内的社会性别模式和男性处于支配、统治地位而女性处于被支配、被统治地位的制度模式。

关于这一点，西方学者郝大维与安乐哲提出了具有中国特色的相关性别歧视论并与西方文化中的二元性别歧视论进行了比较。他们认为，“‘相关论’的模式比起‘二元论’模式来说，易于变化，不太稳定。相关模式的灵活性允许更大程度创造力的发挥，但这种灵活性同时也允许了更大程度地滥用和更粗野地侵犯人类的尊严。……在二元论模式中，我们可以说女人不允许成为男人，而在相关论中，有史以来女人就从未被允许成为人”。所以，“中国的性别歧视问题与那些西方工业化社会相

① 杜芳琴．妇女史研究：女性意识的“缺席”和“在场”[J]．妇女研究论丛，1996 (4)：6.

比，不仅同样严重，甚至更加严重”①。另一位西方研究者黎也同样指出，中国的性别歧视有别于西方的二元对立模式，作者也用道家的阴阳之说来解释男女之间的关系，并强调儒家的“君子”概念是无性别依据的②。事实上，在以儒家文化为主要思想脉络的中国传统社会中，围绕着男女符码所做出的一系列表述与西方男性中心的话语却是极为相似的，而研究者单纯地以道家的阴阳说和孔子的“君子”来论证中国独钟于两性的互补而非男尊女卑，恐怕有失偏颇。如董仲舒的阴阳哲学、“三纲五常”以及班昭的“三从四德”等对中国性别文化影响深远的表述完全可以概以“男尊女卑”的两性模式，它直接传达了中国父系社会的正统意志和王道理想，并以堂而皇之的理性话语形式成为中国传统社会有效控制、支配、压抑、束缚女性的政治手段与文化策略。其间尽管有道家“尊母尚柔”和佛家“众生平等”的理念引起性别领域的较量与磋商，但这种“母权”与“平等”并没有转化成女性在社会中的权利，也绝不是近代意义上的“女权”。况且，比起儒家的一统地位，道家和佛家对中国女性地位形成的影响要小得多。

所以，中国社会性别制度的建构虽然有自己认识论层面上的独特定位，但它只是比西方文化留有较大的认识空间而已（如通过张扬“母权”凸显阴阳和谐，掩盖男女不平等关系的实质等），使得男女两性在文化上形成既相抵牾又互相制衡的关系。这种结构关系一方面在维系父系社会伦理原则的同时，又在较大程度上弱化乃至拆解了该社会特有的“菲勒斯主义”话语暴力，使中国审美文化呈现出较为明显的“阴柔化”表象特征并在人际礼俗层面又形成了男女对等、阴阳两仪的两性模式，以及由此所规定的内外守中、情理相和的传统文化精神③。但无论如何，都无法从整体上否定传统中国社会中女性的从属地位和男尊女卑的社会性别等级制度。

---

① HALL D L, AMES R T. Sexism with Chinese characteristics [J]. Journal of Asian Studies, 2000: 75-97.

② LEE L H. Chinese sexism and the Confucian virtue of familial continuity [C] // The 3rd Annual Research Conference of the Society for Asian and Comparative Philosophy, 2001, January 5-9.

③ 仪平策. 男女符码与儒家文本的三重意义 [J]. 文史哲, 1996 (4): 83-87.

第二节 女性与“高深学问”的悖论

从前面对中西方社会性别制度的分析中可以看出，无论是西方的二元性别歧视论，还是中国的相关性别歧视论，女性都由于其生理特质被传统社会“合理合法”地置于私人领域和从属地位，这也是社会性别作为一种文化图式在社会结构中的反映，同时，这种无形的制度作为一种强大的意识形态也深刻影响着社会的知识系统以及个体的生活选择。“高深学问”作为整个知识文化系统中的一种特殊形式，它所体现的理念、性质、建构过程、论述主题及研究的方法都与社会性别制度有着密切的关联性和同构性。由此，我们可以这样认为：“高深学问”并非性别中立或性别无涉的，它实际代表着的是一种男性形象，从本质上与女性（女性气质）是存在悖论的，而这个“本质”又与社会性别制度一样，是以男权为主导的社会文化建构的产物。

一、“高深学问”观念的性别分析

何谓“高深学问”？目前并没有一个明确的所指，所以“高深学问”作为一个成熟的学理性概念至今仍是值得质疑的。在国内高等教育研究中引用最多的是布鲁贝克在他的《高等教育哲学》一书中对高深学问所做的说明：高深学问即是“还处于已知与未知之间的交界处”，或者“虽然已知，但由于它们过于深奥神秘，常人的才智难以把握”的那些学问。布鲁贝克虽然从两个方面描述了这些学问的“高深特征”，但他仍然认为“所谓‘高深’又是极为含混不清的”①。显然，这只是一个大家习惯了的经验性概念。笔者认为，在中国传统文化语境中“高深学问”所指与西方又略有不同，它主要用来指称“大人之学”，与“小人之学”（启蒙的知识体系）相对应。这种“大人之学”主要是阐述“小人之学”知识合理性的知识，从某种意义上讲，它还可以用老子和孔子著作中常见到的“道”（高级的、根本的、形而上的知识）来表示，而与相对应的“艺”

① 布鲁贝克．高等教育哲学［M］．王承绪，郑继伟，张维平，译．杭州：浙江教育出版社，1987：2.

(低级的、具体的、经验的知识）相区别。老子、孔子之后，这种“道”又演化为一种历史的与道德的经世致用知识。笔者在本论著中使用“高深学问”这一概念主要是基于两方面的考虑：一方面是考虑到这一核心概念长期以来已得到国内高等教育研究者的默许与认同，另一方面是因为“今日华人社会的高等教育实际上与西方的高等教育一样，都是启蒙方案的产物”①。在当代中国语境中谈论高等教育实际上是很难与西方世界剥离开来的，在此使用这一概念，中西方基本上可以求得理解的一致性。至于布鲁贝克所言的“高深”是否含糊不清或“高深”程度何许，本论著并不想去探究，因为它于本研究来说并无多少实质性意义，但有一点是可以肯定的，那就是在传统认识论及社会性别制度的规约里，“高深”与女性（女性气质）是相悖论的，知识程度越高与女性（女性气质）疏离越远。

在传统认识论与现代认识论中，“高深学问”在普遍主义与客观主义的旗帜下，实际上创造了一个将价值中立与性别化集于一身的知识神话。在这个神话里，“高深学问”将性别无意识地隐去，它将男性价值与经验作为人类生活的全部内容予以表现与描述，并认为这就是人类真正的、客观的、全部的生活。但女性主义认为这种将女性（女性气质）排斥在“高深学问”之外，实际上就历史地构成了“高深学问”的特殊含义——作为无可辩驳的、客观的、普遍的、非个人的男性气质的文化含义。在其间，社会性别制度是实存于高深学问观念的核心以及对高深学问描述和解释的整个过程之中的。从认识论的角度而言，正是由于“高深学问”与“男性的”不加证明的神秘结合，才导致女性（女性气质）与“高深学问”的悖论，从而使女性在高等教育中处于不利的地位。即使在被认为具有“女性气质”的中国传统文化中也不例外。按照中国文化对“高深学问”的理解，那些有关“道”和“经世致用”的知识与女性也是毫不相关的，即使在中国古代社会出现过令西方人惊异的“才女现象”，但从本质上来说，这些才女们并没有进入中国古代学术系统，因为“中国古代的学术是以经学为主，而许多女性从事的是文学创

① 金耀基．大学之理念［M］．北京：生活·读书·新知三联书店，2001：264.

作，纯粹是出于个人的爱好和消遣，并不是以研究知识、发展知识、传播知识为目的的。因此她们所谓的研究成果也就不可能对学术发展产生什么推动性影响。这些有限领域的涉足，充其量是一些茶余饭后的闲情逸致，也是女性修身养性的一部分"①。

"高深学问"求得合法性生存很大程度上依赖于其所体现出来的性质。按照社会学家孔德的划分，人类理智发展经历了三个阶段，即"神学阶段"、"形而上学阶段"与"科学阶段"。我国学者石中英在《知识转型与教育改革》一书中以孔德的划分为认识基础把人类的知识型划分为四种形式，即"神话知识型"、"形而上学知识型"、"科学知识型"和"文化知识型"。按照石中英的理解，神话知识型的性质是神秘性、情景性、叙事性；形而上学知识型的性质是神圣性、终极性、抽象性；科学知识型的性质是普遍性、客观性、中立性。笔者认为，高深学问在发展历程中也经历了相似的形态转变，即从早期玄思的学问（包括神学知识、形而上学知识）到人文知识、科学知识以及当代所倡导的科学人文相融合知识的转变。在教育者和受教育者看来，这些知识型也无疑带有同样的禀性，正是由于这样的禀性，它们才被允许进入高等教育系统，进入课程体系，作为真理传授给代代学子。但是，从女性主义认识论的视角来看，"高深学问"所具有的这些特性是需要质疑的，其中的性别指向是不容忽视也是不能隐去的，即它都是与男性（男性气质）相结盟而排斥女性（女性气质）的。在此，笔者主要通过分析"科学知识"来阐述高深学问观念的性别意旨，因为自欧洲启蒙运动以来，"科学知识"已成为高等教育中的主要知识形态。

对"科学"、"科学知识"男性化特征的批判是西方女性主义学术中很重要的一个研究主题与研究领域。性别与科学在当代女性主义思潮中成为相互影响、不可分割的两大系统，它们共同构成了父权制文化中一个特殊的部分——"科学—性别系统"（science-gender system）②。科学史

---

① 张晓明．学术参与：中国高等教育进程中的妇女［D］．武汉：华中科技大学，2003：32.

② KELLER E F. Reflection on gender and science［M］. Connecticut：Yale University Press，1985：8.

哲学家伊夫林·凯勒在考察了历史上关于科学知识的种种描述之后发现，在“科学的”与“男性的”之间存在一种神秘的对等关系，“科学的＝客观的＝男性的”被看成是不证自明的等式。这种神秘的信念通过“性隐喻”（sexual metaphor）的方式在日常语言的表达和有关知识的阐述中体现出来。女性主义断言，科学与男性（男性气质）的结盟早在培根时代就产生了，培根所倡导的近代科学的观察与实验方法本质上就具有厌女主义的倾向，“培根用大胆的性的想象去解释作为研究自然的实验方法的特征，说自然被强暴，或者用培根的话来说：‘因为你也只有通过猎取在游荡中的自然，你才能在你愿意的时候把自然再带回其同一位置。当真理的探索是其整个目标时，一个男人就应该毫不犹豫地进入这些突破口或角落。’”① 女性主义认为，在这里，培根所表述的科学是以理性的男性形象对被描述为女性的自然激情的征服为特征的，也就是说培根把对自然的研究类比成男性对女性的强暴过程，在这个过程中，无论是科学知识还是获取知识的方式都被赋予了男性气质。所以，科学无论是作为一种社会建制还是作为一种知识传统都已经被男性化。再如我们在孩提时代就被灌输自然科学是“硬”科学的观念，它强调抽象思维能力、逻辑推理能力、实证研究能力，而这一切与女性的思维、生理、特征都是相悖的，所以社会普遍认为女性更适合从事“软性科学”的学习与研究，特别是人文科学的学习，即使在人文社会科学中，那些相对“科学化”程度高的学科（如经济学等）也还是男性占主导地位。因为在社会性别制度关于性别特征认定上女性早已被“本质化地”归于感性的、非逻辑的、不确定的、身体的、依赖的、消极的、被探索的等框架内，而女性自己也“自然地”、“宿命地”接受了这一认定。

由于科学知识以及获取科学知识的天生能力与方式都被赋予了男性气质，所以女性（女性气质）在其间已从认识论上被边缘化。即使被称为女性化的东西作为知识的一个分支或一种思维方式出现，由于其脱离

① NOERTTA K. A house built on sand [M]. New York: Oxford University Press, 1998: 195. 转引自蔡仲. 对女性主义科学观的反思 [J]. 南京大学学报（哲学·人文科学·社会科学），2002 (4): 38.

了建立在科学或科学所提供的模式之上特殊的社会和智力价值而愈加贬值①。所以关于“科学知识”与男性（男性气质）的神秘结盟，实际上是“性别与科学”作为一种社会制度通过与权力的关系而相互作用、相互建构的，它们可视为文化中这种权力关系的结果和反映②。在女性主义看来，因为任何一种知识的建构、生产不可避免地与生产这些知识的人的利益联系在一起，而且是这些人提出了“他们自认为有道理的评价标准”。科学知识之所以看起来男性化而与女性（女性气质）相悖离是因为男性掌握和控制着社会权力，而“科学知识”本身已沦为一种权力的工具。所以作为教育性知识的“高深学问”也是一种权力的工具，它也不可能是价值中立和性别无涉的，它代表的也只能是某一优势群体对自身利益的设计和考虑，从中可以看出社会性别图腾的现代形式③。

二、“高深学问”建构的性别分析

（一）“高深学问”建构主体的分析

“高深学问”从玄思的学问（神学知识、形而上学知识）到人文知识再到科学知识，谁是其建构的主体呢？在传统认识论中，人们往往把知识作经验主义的理解，认为知识是一种静态的经验积累的结果，它“只注意去理解那些现成的、人们熟知的知识的意义和发展的逻辑……而不去观察在知识背后产生知识的主体”④。但是后现代知识观却从知识利益、知识权力的视角对知识的主体予以特别的关注，女性主义用社会性别视角审视了知识的建构主体，在他们看来，这一建构主体无疑是具有男性气质的人。

在神学知识里，掌握其建构权力的是“上帝”及其所发布的神谕。

① KELLER E F. Gender and science in discovering reality [M] //HARDING S, MERRILL B, HINTIKK A D. Discovering reality. Berlin: SPRINGER Netherlands, 1983: 198-216.

② 吴小英. 科学·文化与性别——女性主义的诠释 [M]. 北京：中国社会科学出版社，2000：77.

③ HARDING S. The science question in feminism [M]. New York: Cornell University Press, 1986: 228-229.

④ 任平. 广义认识论原理 [M]. 南昌：江西人民出版社，1992：2.

上帝认为人类的一切善恶都与宗教信条有关，亚当是灵魂，夏娃只是肉体，对抗肉体的诱惑成为主要的宗教教谕。12世纪中叶这样的警告与训诫扩及更广大的教本、伦理与法律规范，到14世纪更成为裁判手册的基本原则①。就此而言，在上帝的眼里“女人”已被视为异类和“罪恶的渊薮”(如不洁的、邪恶的女人是男人腐化堕落的根源等)。在高深学问建构的“神圣”工作中，根本没有女人作为主体存在的空间，她们只是神学知识中被想象或被贬抑的对象而已。

形而上学知识是人们对于事物本质的反映与表述，它是由概念和逻辑所构成的命题，具有抽象性、绝对性、终极性，一旦获得就永远有效，它是人类理性认识的结果。经验主义者认为，要正确反映事物的本来面目或事物之间的本来联系，认知主体就必须按照事物本来的样子来认识事物，但是这种本来的面目却是按照他所选择的关系和观点建构的。理性主义者认为，感觉经验只能提供知识的材料，理性才能提供知识的形式。理性主义和经验主义虽然各有侧重，但在认知主体上都持一种“非历史的”、“抽象的人”的观点。正因为这些深层的相似，所以卡尔·波普尔非常坦率地指出：“它们之间的差异远远小于它们之间的共同之处。”② 但是，从西方传统的基于男、女这对隐喻之上的两分法来看，我们可以发现这个非历史的、抽象的人都是具有男性特征的人，如男性特征被视为理性的、果断的、侵略性的、竞争的、以支配取向的、克制的等；女性特征被视为感情的、柔顺的、消极的、顺从的、以关系取向的、直觉的等。从亚里士多德的女性是不完整的、有过失男性的哲学论述到以后历代的许多哲学家都对女性的理性能力持怀疑态度。在传统认识论看来，理性是建构知识主体必备的能力与条件，没有理性便没有科学，而没有求知的权利便没有知识。在这两种标志即理性存在的标志与获取知识的标志之间露出一片领地，在那里，理性、科学和知识与

① DALARUM J. The clerical gaze [M] //ZUBER K C. A history of women. Cambridge: Harvard University Press, 1992, Vol. 2 (2): 40-41.

② POPPER K. Conjectures and refutations [M]. London: Routledge & Kegan Paul C, 1963. 转引自石中英. 知识转型与教育改革 [M]. 北京：教育科学出版社，2001：16.

性别之间就有了必然的关联性。到了现代，人们已不否认女性具有理性，但是把女性的理性表现为既相似又相异于男性的理性，即“女性诚然是有理性的，但却没有运用它的天然能力；女性被承认为主体，但却没有完全自由地掌握作为主体应有的自主。……一个女性的理性所担负的职能只是明白她的特殊身份以及她在其中扮演角色的自然的规则”①。基于此，在传统的社会性别制度中，女性总是被置于私人领域和扮演与家庭生活相关的角色，而进入公共的知识领域，参与“高深学问”的建构，对她们来说是不可想望的，这也是她们的理性无法企及的领域。法国女性主义学者露丝·伊利格瑞在分析女性气质与物质性的传统关联时曾指出，当女性气质已经被建构成一种被排斥在外的、非正当性的、不合适的、无所有权的东西时，“女人就已不是一种本质，她也不拥有本质”，而她之所以这样认为，恰是因为“女人”是被形而上学话语排除出去的东西②。所以，在对形而上学知识的建构中，女性只是一个语焉不详的模糊幻影。

在科学知识中，女性作为建构主体的身份也是令人质疑的。即使她们中有极少数人作为主体一分子（如科学共同体中的一员）参与了知识的建构，她们也必须像男性一样思维和行事，甚至像男性一样说话，即使这样，绝大多数女科学家总是被视为科学共同体中的“异族”和“他者”，她们所做的工作以及所取得的成就常常被主流科学界所忽略、遗忘、误解，或被排斥、贬低为非科学。在科学的公认观点中，作为认知主体的人必须与研究客体保持分离状态，这样才能保证科学知识是以一种“上帝之眼”的观点，来描述客观中立的自然规律。在其中，作为认知者的心智是机智的、复杂的、主动的，作为所知的自然是盲目的、简单的、被动的，这样对立的两分法实际上构成了心智或科学知识作为“自然之镜”的反映和统治关系的基础，其中知者的一方被赋予的都是与男性相关的特征，所知的一方都是与女性特征相关联的。在社会性别

① 傅蕾丝．两性的冲突［M］．邓丽丹，译．天津：天津人民出版社，2003：77.

② IRIGARAY L. Marine lover of friedrich nietzsche [M]. New York: Columbia University Press, 1991: 86.

制度中，男性特征对女性特征是具有统治和支配权力的，而且二者之间是以一方对另一方的否定来定义的。所以，科学知识建构主体的男性气质就是以排斥女性（女性气质）而获得合法性并得到确认的。

（二）“高深学问”建构的原则分析

“高深学问”求得合法性存在是建立在客观性、理性、普遍性、价值中立的原则基础之上的，女性主义认为这些原则本身就蕴含着性别化倾向，真正的客观性、普遍性、价值中立是不可能的。理性更是男性想象中的神话，由于其“先验性”与“自足性”，它只能是某种形而上学的假设或信仰，而不足以作为“高深学问”合法存在的归依（关于这一点，本论著第一章第二节已有较具体的论述）。

（三）“高深学问”建构逻辑的分析

高等教育哲学家约翰·S. 布鲁贝克在谈到使高等教育合法存在的基础时，提出了认识论与政治论的两种哲学观。其中认识论的高等教育哲学把遵循知识的内在逻辑作为“高深学问”建构的依据，“高深学问”的唯一的坚实基础就是维布伦所讲的严格的客观性，“高深学问忠实于真理，不仅要求绝对忠实于客观事实，而且要尽力做到理论简洁、解释有力、概念文雅、逻辑严密”①。唯有如此，才能保证“不受价值影响”。知识内在的逻辑是否就是一种纯粹的认知活动，它能否保证知识的清白纯洁呢？20 世纪下半叶随着对科学知识型本身的质疑，这一辉煌几个世纪的认知观念受到了挑战，这种挑战主要来自三个领域：知识社会学、科学哲学以及哲学。其中波普尔的证伪主义、库恩的科学范式革命论、弗耶阿本德的科学研究“无政府主义”等都对知识建构的内在逻辑提出了质疑，这些研究为女性主义的知识思考提供了丰富的资源，他们认为作为知识内在逻辑的知识也不是在真空中发展起来的“纯真知识”，而是与社会之间有着不可分割的、互相包容的关系。女性主义认为，“这种关于科学及其社会应用的人为界限所包含的信念基础，就是对科学作为一种认知活动的神圣性的捍卫，这种神圣性被认为使科学区别于其他

---

① 布鲁贝克. 高等教育哲学 [M]. 王承绪，郑继伟，张维平，译. 杭州：浙江教育出版社，1987：14.

社会活动而获得一种先天的进步性……科学的逻辑和方法论以及所产生的科学事实的经验内核被认为是完全免除了社会文化的影响，而这种纯粹的、价值无涉的科学内核又被认为应该为科学方法、物理学模型、数学语言及逻辑推理中声称的进步性负责”①。所以，女性主义认为这是一种自相矛盾的科学与知识观念。女性主义科学哲学家哈丁明确指出，“科学即为一种社会过程，科学在任何历史时代中成为什么，依赖于我们把它创造成什么”②。在这个创造的过程中，阶级主义、种族主义、性别主义的社会关系像在更一般的社会生活组织中一样是核心的。例如，在创造将女性定义为母性的、感性的、起抚养功能的角色这一“科学”观点时，心理学和社会学起了中心作用，这些性别主义强迫女性承担起母亲和社会照顾者（如护士、秘书或社工）的角色。

至于“高深学问”建构的外在逻辑，依照布鲁贝克的政治论观点分析，“高深学问”的建构离不开满足各自所属的历史时期不同程度的需要，如“解决政府、企业、农业、劳动、原料、国际、关系、教育、卫生等问题，就需要极深奥的知识才能解决”③。关于这一点，知识社会学领域的重要人物曼海姆在《意识形态乌托邦》一书中进行了明确的阐释。他认为，知识并不是完全依据“内在法则”建构发展的，也不完全按“纯粹的逻辑可能性”被“内在辩证”地推动，相反，知识的产生与发展实际上受到知识以外的许多非理性因素的制约与影响，曼海姆把那些因素称为“存在性因素”。他认为，“存在性因素”不仅与特定知识的产生与发展相关，而且影响到知识的形式与内容。女性主义在其间也看到了这些“存在性因素”对“高深学问”建构的影响。女性主义社会学家多萝西·史密斯摆脱了女性受压迫的根源在于性别角色体系，家庭、异性恋爱原则或男性统治政体的传统认识，而强调一种被忽视了但她却

① 吴小英. 科学、文化与性别——女性主义的诠释［M］. 北京：中国社会科学出版社，2000：79.

② Harding S. Whose science? Whose knowledge?［M］. New York：Cornell University Press，1991：10.

③ 布鲁贝克. 高等教育哲学［M］. 王承绪，郑继伟，张维平，译. 杭州：浙江教育出版社，1987：15.

认为是核心的知识统治机制，即被客观化了的知识和话语。史密斯认为，在支配性话语中，包括在各学科中，显然见不到女性的经验、价值和观念取向。在史密斯看来，社会学只是建构了男人的社会学，男人是其主要演员和编剧。女性则一律被排除在其主要视野之外，女性为使男性的公共角色成为可能所做的一切均被忽视，女性在创造社会和社会学方面所起的作用也同样无人问津。

由以上分析可以看出，在“高深学问”的建构中，无论其遵循的是内在逻辑还是外在逻辑，男性由于在社会的重要机构或史密斯所说的“统治关系”中占据着权力和特权地位，所以都无法掩饰其性别化特征，尽管“高深学问”总是“用抽象的方式来谈论自然、人性、个人、社会及道德因素等，但它却不以同样的方式去谈论不同性别意义上的自我、行为和经验”①。

三、“高深学问”主要论题的性别分析

从“高深学问”的历史演变来看，它所涉及的论题基本上是无所不包的，但从整体上看，其间女性的角色和活动却是被忽略、被边缘化的。这里主要涉及三个相关的问题：第一，“高深学问”中有多少涉及女性的知识？第二，“高深学问”中论述的有关女性的知识是否是女性生存与生活经验的真实反映？第三，与男性（男性气质）相关的“高深学问”相比，那些同女性（女性气质）相关的“高深学问”处于什么位置？

有关这些问题，我们可以从研究者对教材的检视与分析中得出某种结论。目前从笔者所查阅的文献看，中国大陆尚未发现对大学里的教材进行性别检视的研究成果，只有几篇零星的对幼儿园、中小学教材的性别分析。中国台湾学者相对而言对此问题关注较早，也比较深入，他们对幼儿园、中小学乃至大专教材的性别检视都已有一些研究成果产生。西方学者由于受到女权运动的影响，对这个问题比较敏感，研究也比较主动，成果也很丰富，研究的范围并不局限于中小学阶段，大量文献都涉及高等教育阶段以及对高深学问的检视。通过对这些高深学问（主要

① 塞德曼．有争议的知识——后现代时代的社会理论［M］．刘北成，等译．北京：中国人民大学出版社，2002：213．

是以大学教材为文本）的性别检视，虽然涉及领域不同，但都发现一个共同的问题，即女性的贡献如果不是被消音、贬低，就是被扭曲、刻板化。例如，女性主义学者艾斯勒就指出，“毫不奇怪，我们普通的历史学有意删去了任何有关女性的东西，只是在不久以前，甚至还没有一所美国大学开设妇女研究教育大纲的课程。在我们绝大多数的中学和小学里，仍然没有这种课程。甚至现在，在开设妇女研究课程的地方，在等级森严的高等院校和大学里，妇女研究课程得到的预算也很少，地位低下，甚至没有优先权……因此，毫不奇怪的是，大多数受过教育的人们仍然很难相信曾经存在过任何在历史上起过重要作用的妇女，或者不会相信任何像女性和女性价值这样表面的东西可能是一种力量核心”①。加拿大学者戴娜·福克利与珀琳·巴特在 1971 年曾发表了对大学医科妇科学的检视结果，指出产科医师和妇科医师往往把女性描绘成心理有病的②。美国学者伊莱恩曾分析了 1982 年到 1988 年间出版的 36 版大学社会学文本，发现相比于 20 世纪 70 年代中期，女性已在某种程度上被纳入教科书，于是问题便不再是女性是否被包含在书中，而是被放在哪里，结果显示基本上有关女性或女性议题的讯息都被孤立在一章（如性别或女性），不然就是置于传统的女性主题中（如家庭或性别角色）。至于这些知识是否真实地反映了女性的生存与生活却是备受质疑的③。在女性主义者看来，几千年来的人类文化史都是女性经验不在场的历史，男性作为经验主体和言说主体，基本上无视女性的生存经验。他们言说女性，基本上是按照他们自知或不知的性别偏见，在他们的话语中，女性经验是以被扭曲的形式而出现的（关于这一点，本章第一节有关西方社会性别制度建构的知识基础中已存论述，其中涉及神学、医学、哲学等学科对女性本质和两性秩序的看法），女性形象研究的批评者曾使用

---

① 艾斯勒. 圣杯与剑［M］. 程志民，译. 北京：社会科学文献出版社，1993：169.

② 转引自编辑室报告. 性别与大专教科书检视（专题）［J］. 女学学志：妇女与社会性别研究，2003（16）：41-63.

③ 转引自编辑室报告. 性别与大专教科书检视（专题）［J］. 女学学志：妇女与社会性别研究，2003（16）：64-78.

了“男性凝视”这样一个概念来解释父权制下女性呈现的地位①。另外，“高深学问”在涉及与女性（女性气质）有关的论题时，女性要么被扭曲，要么被边缘化而赋予较低的价值认可度，甚至长期难以进入知识的主流。如社会的主要问题一直被认为是经济、军事、政治、政府等那些基于男性价值观与经验之上的正规组织和世界，而那些与女性相关的议题如家庭、小孩、生育、情感联系以及义务工作、家务劳动等皆被视为不重要的或者是非主流的。

四、“高深学问”研究方法论的性别分析

“高深学问”在求得其合法性存在的过程中，不能忽视对其方法论的关注。从早期玄思学问、人文知识到近现代的科学知识，“高深学问”的研究方法也经历了从思辨抽象到实证研究的转换以至于发展到如今实证主义、科学主义凯歌高奏、统领一切的局面，实证主义与科学主义都强调独立于主体经验的可观察的客观现实，看重理性、抽象和定量。其中定量的研究方法也被当作科学方法的代名词，任何学科要想建立起学术权威，都需要用大数据、大样本、电脑处理资料等科学方法来验明正身。特别是人文社会科学在纷纷追逐科学方法的过程中又不免由于其学科本身的特征而显得有些力不从心、牵强附会，以至于引起本学科内对抗性质的“范式大战”(paradigm wars)，女性主义社会学家奥克利·安将这样的范式争斗看成是“两性战争的另一种形式”。她认为，定量研究与定性研究的两分法首先是作为认知方式的一种性别化描述起作用的。其中

① 男性凝视（male gaze），是一种社会文化现象。传统中把女性定位于被看者，置于男性凝视的主控操纵下，宣扬男性的凝视权力，将女性角色建构成男权社会所希冀的具有“女性气质”的角色。女性主义理论认为，基于生理性别的社会文化习俗和传统观念的塑造，社会通过一整套的价值观念、制度规范和文化习俗等，对男女提出差别化的角色期待和要求。在此基础上，一旦女性出现某种“行为偏差”，便“自然地”被人们所“凝视”，对其形成由外而内的强压。20世纪60年代至70年代，法国学者米歇尔·福柯在其著作《疯癫与文明》、《临床医学的诞生》和《规训与惩罚》中提出了“凝视”理论。英国学者约翰·伯杰写于1972年的《观看的方式》一书中提到，人们观看方式中“理想”的观赏者通常是男人，而女人的形象则是用来讨好男人的。

“定量的”是指硬性的、可靠的、理性的、客观的、公共的，与男性气质相呼应；“定性的”是指软性的、不可靠的、直觉的、主观的、私人的，与女性气质相呼应。这样就构成了一个二元结构的权力等级体系，社会性别制度在这里反映的不仅指作为社会群体的男性和女性的关系，而且用来喻指更一般意义上的有权者和无权者之间的社会定位；定量和定性也不是简单的方法对立，而是包含着复杂社会性别文化内涵的话语权力之争[①]。正因为如此，定性方法（后来发展称为质性的研究方法）常被倡导用于许多弱势群体如女性、儿童、残疾人、少数族裔、同性恋者等的研究，因为这些人往往被排除在白人中产阶级男性文化的主流研究之外。

许多女性主义者对定量研究表现出来的性别偏见持批判态度。这种性别偏见主要表现在以下两个方面：一是定量研究样本中女性声音和经验的缺失；二是把男性当作标准，把依据男性样本和理论假设得出的结论强加在女性头上，形成对女性经验的扭曲性理解。例如，在高等教育认知心理学的研究中，美国心理学家威廉·佩里在 20 世纪五六十年代曾对 400 多名哈佛大学学生的知识成长特点进行了长达 4 年多的跟踪研究，并总结出大学生认知发展的 9 个阶段，其中主要表现形式是从二元论、多元化向情景主义方面发展[②]。佩里的研究对认识大学生的认知发展规律起到了积极的推动作用，但是在他对 400 名大学生的跟踪研究中竟没有一位是女性，这使得其研究结果的公平合理性受到女性主义学者的质疑。在道德心理学的研究中，柯尔伯格利用其通过对男性研究建立起来的道德发展阶段理论来解释女性道德发展水平。基于其 6 种道德认知发展水平，他发现大多数女性的道德发展水平都比男性低，女性基本上处于一到三级水平，很少有人达到第四级水平，因此，柯尔伯格得出了女性的道德发展水平低的结论。他的学生、女性主义学者吉利根通过对女性道德的研究，发现他的研究工作带有明显的性别偏见。因为以男性生活建立起来的道德标准反映了男性的个人主义和社会公正观，用强调个

① OAKLEY A. Experiments in knowing: gender and method in the social science [M]. New York: The New Press, 2000.

② 转引自马万华. 关于男女学生的知识类型和认知方式的理论探讨 [J]. 外国教育研究，1997 (1): 12-16.

人主义道德观的标准来解释女性的道德发展水平对女性只能产生误解①。

由此可以看出，研究“高深学问”的方法也是有性别意旨的，所以“女性主义相信解放方法与解放性别是不可分割的两个方面”②。女性主义通过对“高深学问”的性别解读完成了从法律层面、社会文化层面向人类精神与知识生产层面的转换，如果用后结构主义的理论去解释，那就是它触及一个“话语”——知识与精神层面的话语与绝对知识，这些高高在上的、具有绝对真理性的、权威性的人类精神遗产从未被怀疑过、挑战过，可现在我们却发现，那些我们最看重的受经济制度、法律制度、政治制度、文化制度支配的东西，实际上多是我们的话语构造出来的，而且这些话语又是由具有权威的、掌握资源的人建构的。这种权威性话语在建构我们的生活时，它根本不需要任何外在的压力就会让我们自然地归顺于某种生活状态之中。作为高等教育核心概念的“高深学问”实际上就是这种“话语”的结果或者说它本身就是被建构起来的“话语”，它在其间扮演的就是一个使性别歧视和性别偏见合理化的角色，它通过所谓知识的客观性、中立性、普遍性，为社会的经济制度、政治制度、文化制度和社会性别制度提供了合理合法的依据，实际上也就是为实现社会现存的政治、经济、文化与性别霸权提供了认识论与知识论上的解释。

第三节 经典文本的性别解读：卢梭的《爱弥尔》

“高深学问”基本上都是通过文本的形式呈现的，本章节笔者将通过对一个教育学经典文本的解读，去检视和分析其间所包含的性别意蕴。

卢梭的教育学名著《爱弥尔》是教育学研究者及学子们耳熟能详的经典，它在教育学中的地位已为世人称道。卢梭自己也宣称：《爱弥尔》一书，构思 20 年，撰写 3 年，他对此书极为满意，并被认为是其诸多著作中最为系统的一部。关于这部著作，有必要提及一件事，那就是大哲

① 吉利根，沃德，泰勒，等．描绘道德的图景：女性思维对心理学理论与教育的贡献［M］．季爱民，杨启华，译．北京：教育科学出版社，2012：1-27.

② 吴小英．当知识遭遇性别［J］．社会学研究，2003（1）：12-16.

学家康德对其的痴迷与推崇，以至于某一天早晨，他所居住的哥尼斯堡小城的居民因其没有按时出来散步而极为不解，康德这一生中唯一的一次没有遵循惯常的生活规律，就是因为彻夜阅读《爱弥尔》所致。在迷信权威话语的现代社会，康德生活中的这件小事当然意味深长。这当然是题外话，但《爱弥尔》作为教育学经典的地位确实是无人否认也无法撼动的。无论中外，代代学子都在阅读它、歌颂它，甚至膜拜它，但现代女性主义学者却从女性主义的认识角度对其提出了质疑。

哲学家简·罗兰·马丁作为一位“有造诣的实用主义教育哲学家”，在准备她的一篇《教育的社会哲学》文稿时，描绘了她在处理一篇有关卢梭的《爱弥尔》文章时的感受：“一个星期五的下午，我被一个想法深深地震撼了，它是这样的：如果考虑索菲的观点的话，那么对卢梭教育哲学的常规理解将被证明是错误的。”马丁写道，她不久发现，“如果认真对待教育妇女的问题，那么我们文化中关于受过教育的人的定义和概念就必须重新确立”，这就是，“所谓有教养的人的完美典范是：必须能够对社会的生育过程赋予必要的尊重并作出自己的贡献”①。

应该说，读到马丁这段话，我也被震惊了，在教育学领域被视为圣典的《爱弥尔》还可以这样去阅读、去思考。

一、自然的女人：《爱弥尔》中的社会性别定位

卢梭生活于18世纪的法国启蒙时期，他的政治伦理思想在当时是激进的，也是革命的。欧洲启蒙运动对人主体性的高扬把人从神的奴婢身份中解放出来，卢梭置身其中对此有深刻的认同感和参与意识。其颇具代表性的政治著作《论人类不平等的起源和基础》与《社会契约论》同《爱弥尔》一样在思想界、学术界享有盛誉。他倡导社会契约论，主张人生是自由平等的，国家只能是自由的人民自由协议的产物，如果自由被强力剥夺，人民就应该革命，最好的政体应是民主共和国。但他在此所指的人民和公民的资格与权利都是不包括女性的。这一点可以从卢梭所憧憬的伟大的罗马城的情况中得到证实，“最后一次的户口统计数字

① MARTIN J R. Changing the educational landscape: philosophy, women and curriculum [M]. New York: Routledge, 1994: 6-13.

表明，罗马有武装的公民四十万人，而全帝国的最后数字则有公民四百万人以上，还有不算属民、外邦人、妇女、儿童和奴隶在内”①。也就是说，卢梭并没有把自己社会契约论中所主张的自由和平等的权力给女性，而是在一曲回归人性、回归自然的咏叹调中把女性永远置于从属男性的地位。

在西方传统认识论的二元划分中，有着男和女、主体和客体、公共领域和私人领域、理性和情感等广为人知的范畴，卢梭在《爱弥尔》中承继着这种思维模式并设计了爱弥尔和苏菲两个理想形象。爱弥尔被赋予男性气质，而苏菲被赋予女性气质。在肯定男性公民地位的同时，卢梭给女性以男性“伙伴”关系的地位。“上帝使女性长得那样机灵，从而就极其不公平地补偿了她在体力上的不足；没有这样机灵，女人就不是男人的伴侣，而是他的奴隶。”② 然而正是在这种伙伴关系中，卢梭不仅继续否定女性的公民权，而且彻底地将男性和女性用公共领域和私人领域划分开来，女性被置于家庭的私人领域中，成为“理想的”依附者和被统治者。

这种认识来源于何处呢？卢梭认为，女性的角色、女性对男性的服从不是由于社会经济原因，而是她们天生应当如此，这是一种大自然的馈赠。“如果你想永远按照正确的道路前进，你就要始终遵循大自然的指导，所有一切男女两性的特征，都应看作自然的安排而加以尊重。因为，每一种性别的人在按照他或她特有的方向奔赴大自然的目的时，要是同另一种性别的人再相像一点的话，那反而不像现在这样完善了。”③

就这样，在“自然性”的规约之下，卢梭在教育理论中予以爱弥尔与苏菲不同的生存状态和价值追求。

（一）爱弥尔是主体，苏菲是客体

卢梭在《爱弥尔》中所指称的受教育主体明确指向男性化身的代表——爱弥尔，在著作的前四部分，卢梭以深邃的、富有洞察力的视界

---

① 卢梭．社会契约论［M］．何兆武，译．北京：商务印书馆，1997：119．

② 卢梭．爱弥尔：下［M］．李平沤，译．北京：人民教育出版社，1985：528．

③ 卢梭．爱弥尔：下［M］．李平沤，译．北京：人民教育出版社，1985：515．

对爱弥尔的教育予以极大的热情与关注，并提出了颇有见地的教育理论和新教育方案，即尊重人的自然本性，发展人的天性，为社会培养适应新时代的新人。只是到了第五章，当爱弥尔进入了青年时期，作为“一个成年人单独一个人生活，那是不好的”[①]，他需要一个与之相匹配的伴侣时，这样苏菲才姗姗出场。那么当“爱弥尔们”在接受自然化的新教育时，“苏菲们”又在哪儿呢？她们默默地在为作为男子的妻子、孩子的母亲而做准备，而这个准备的漫长历程在历史的叙述中基本上是隐而不见的，是沉于历史的地表之下的（历史向来不屑去关注日常琐屑、人世间的悲欢离合，女性主义对此却甚为关注，在西方高等教育中“妇女史”是最为发达的也是研究最深入的领域）。直到有一天，当男性的生活舞台需要一个陪衬的时候，她们才以“语焉不详”的面目出场。至于她们的教育，那是和男人都有关系的，“使男人感到喜悦，对他们有所帮助，得到他们的爱和尊重，在幼年时期抚养他们，在壮年时期关心他们，对他们进谏忠言和给予安慰，使他们的生活很有乐趣，所有这些，在任何时候都是妇女们的天职，我们应当从她们小时候教育她们”[②]。

此番男女两性定位，在认识论上是颇具深意的，那就是从自然和天性的角度来讲，男性总是处于永远的主体地位，而女性则处于永远的客体位置。女性的生活、生存乃至所有的一切都是因为男性才会变得有意义、有价值。用波伏娃的观点说，那就是，男人是“自我”，女人是“他者”，谁也不能忤逆“自然”与“天性”。虽然从某种意义上讲，卢梭已比前代的思想家们走得稍远一些，如他已不把男和女视为主和客的决然对立，而将其视为为了双方的利益而生的，但他又说，他们和她们互相依赖的程度是不相等的：男子是由于他们的欲望而依赖女人的，而女人则不仅是由于她们的欲望，还由于她们的需要而依赖于男人；男人没有女人也能够生存，而女人没有男人便不能够生存[③]。卢梭深信，这种性别不平等不仅是大自然的造化和天性所为，也是一个完善的市民社会所需要的。

① 卢梭. 爱弥尔：下［M]. 李平沤，译. 北京：人民教育出版社，1985：505.

② 卢梭. 爱弥尔：下［M]. 李平沤，译. 北京：人民教育出版社，1985：517-518.

③ 卢梭. 爱弥尔：下［M]. 李平沤，译. 北京：人民教育出版社，1985：520.

（二）理性的爱弥尔活跃于公共领域，感性的苏菲应沉默于私人领域

在卢梭看来，由于男女自然天性使男女两性会呈现不同的特征。男性的节制、公正和诚实是好品质，而女人则应学习忍耐、服从、善良和灵巧，大自然和理性给女性安排的生活方式就是如此①。基于此，卢梭认为男人的天空应是高远的、广阔的，而女性则应局限在家庭中，他曾经指出这样一个问题："妇女能不能够今天做乳母，明天去做战士呢？"答案自然是否定的。卢梭对于社会中"男性化"的、有才华的女性极其反感，他说，"对丈夫、孩子、朋友、仆人以及所有其他的人来说，有才华的女人都是灾祸"②。他认为对女性而言，"她的尊严在于不为人知，她的光荣在于她的丈夫对她的敬重，她的快乐在于她一家人的幸福"③。早在20世纪二三十年代我国老一代学者王森然在解读《爱弥尔》的过程中就指出，"《爱弥尔》书中由苏菲所表示之女子教育论，则仍为极端贤母良妻主义，谓妇女之任务，在悦乐男子；夫对妻之意志为绝对命令，为妻者当完全屈服于此意志之下。卢梭不特言之如是，且行之"④。

基于这样一种对性别的认识，卢梭在《爱弥尔》中"自然"地陈述了他对女性、女性教育的看法。这一套知识的建构实际上是为社会确立了某种价值导向，而社会价值则为这种知识论述持续建构某种社会性别制度提供了合法性，同时提供了某种道德上、法律上、舆论上的保障。在这个过程中二者实际上是同构的、互释的。

二、插花的女人：《爱弥尔》中女性的存在状态

经过启蒙运动，女性已在知识中有了立足之地，《爱弥尔》一书也给了爱弥尔的伴侣苏菲一个存在的空间并对其施以教育，以便更好地与爱弥尔相匹配。尽管这种教育在今天的女性主义者看来完全是父权制意识形态的反映（前面已有分析）。在此，我们关注的主要问题是《爱弥尔》中的女性是以何种身份、何种存在状态出场的，她们在全书中所处位置如何？

---

① 卢梭. 爱弥尔：下［M］. 李平沤，译. 北京：人民教育出版社，1985：513-592.

② 卢梭. 爱弥尔：下［M］. 李平沤，译. 北京：人民教育出版社，1985：520.

③ 卢梭. 爱弥尔：下［M］. 李平沤，译. 北京：人民教育出版社，1985：517.

④ 王森然. 世界妇女运动大系［M］. 北京：大众文艺出版社，1995：5.

30多万字的《爱弥尔》除了第五章有较大的篇幅来论述对苏菲的教育外，其余的一些章节也零星地有一些女性存在，如一个斯巴达的母亲、孩子的保姆、穿着锦绣衣裳的女人、那不忠实又很可怜贪婪的女人、才貌双全的妓女等。但是这些人基本上都是爱弥尔生活中的点缀和过客而已，包括苏菲，她们在文本中出现的频率是相当有限的，她们的形象都是以作者早已定形的性别刻板印象来评价和描述的。至于这些女性们真实的生活经验、心理感受，包括爱弥尔最亲密的人——苏菲，却是我们无法知晓的，她们在文本中只不过是随着男性大师的理论脚本起舞罢了。那位斯巴达母亲在国家大义上固然令人尊敬，但她更深刻的丧子之痛却不屑被提及；乳母的挑选是严格的，但从中我们却看不到真正的“人”的灵魂，而是一个制造优良乳汁的动物或“机器”；苏菲思考的永远是讨人喜欢，爱弥尔的高兴与幸福就是她的幸福与高兴，“她不仅不硬要他按照她的兴趣去做，而且自己愿按照他的兴趣去做。要是她是一个女学士的话，她还不如现在这个样子对他更有用处”①。这是真实的苏菲吗？真实的苏菲又在哪儿？她到底在想什么？她真实的幸福体验是什么？没有谁听到过她的声音，也没有谁想过要去倾听她的声音，我们听到的只是作者的代言——一个男性的代言而已，用穆勒的话说，我们从文本中了解的仅仅只是女性的替代性感受。所以，波伏娃说过这样一段意味深长的话：“即使最有同情心的男人，也无法完全理解女人的具体处境，男人既然急于捍卫他们的特权，而这个特权的范围连他们自己也难以估量，我们就没有理由完全信任他们。”②

所以，在《爱弥尔》的整个文本中，我们并没有看到真实的女性经验，听到真实的女性的声音，女性在其间不过充当了“插花”的位置而已。在这里，女性仅被视为点缀与装饰的花卉。女性主义进行知识检视当然是希望揭露有关女性经验、女性知识被扭曲、被错置的状况，走出那片迷雾缭绕的灰色沼泽，自己主动去插花，甚至去耕耘一块土地，装扮一片蓝天，营造一个美好的未来。

① 卢梭．爱弥尔：下［M］．李平沤，译．北京：人民教育出版社，1985：594.

② 波伏娃．第二性［M］．陶铁柱，译．北京：中国书籍出版社，1998：23.

第四章　学科与性别

学科作为高等教育学术活动和教学活动的重要载体，一向以价值中立的形象出现。直至以卡尔·曼海姆为代表的知识社会学问世之后，人们才开始将其视为特定于历史时空的形式，认识到知识可能是建构在意识形态或利益基础之上的。后现代思想家福柯更是提出了惊世骇俗的知识（权力）观，强调学科是控制人的一种工具，是“生产论述的操控体系”和主宰现代生活的种种操控策略与技术的更大组合①。女性主义在此认识基础上，通过对性别与知识关系的探讨，看到了学科自身所蕴含的性别意识形态，并把它与高等教育中的性别差异与性别歧视联系起来，重新审视了学科的性别属性并对其进行了质疑与挑战。本章主要探讨学科制度所呈现的性别立场并对其进行女性主义批评，在此基础上，阐述女性主义对学科制度的反思与重构。

第一节　学科制度及其性别立场

一、学科的内涵

在高等教育领域，学科是一个使用频率颇高的词汇，但对其内涵的理解又极其模糊。在中国的语境中，它经常与专业、课程、学科专业等概念相互混用。所以，在此有必要首先对“学科”概念的内涵与外延进行辨析和廓清。

① FOUCAULT M. The archaeology of knowledge [M]. New York: Pantheon, 1972: 224.

学科是一个历史的范畴，它既是时代精神孕育的结果，又总是处于过渡和发展状态，人们对它的认识也有一个不断深化的过程。从词源学的角度看，“学科”（discipline）的最初概念与学习相关，它源自一印欧词根，即古希腊文的“教”和拉丁文的“学”，意义相同，在古拉丁文中“discipline”一词兼有知识（知识体系）和权力（孩童纪律、军纪）之意。乔塞时代英文中的“discipline”单指各门知识，尤其是医学、法律和神学这些新兴大学里的“高深学问”。《牛津英语词典》对“discipline”的解释是，为门徒和学者所有，基于普遍接受的方法和真理。在法国，“discipline”最初指用来进行自我鞭策和自我约束的小鞭子，在这种含义逐渐消失之后，学科变成了鞭策那些在思想领域进行探索的人的工具，再后来学科被视为科学领域的一个组成部分。沿袭至今，学科概念越来越多义，而且，在不同的领域，人们对它的理解也不尽相同。尽管如此，无论是英文、法文中的“学科”，还是德文以及拉丁文中的“学科”都强调其两个最基本的含义：一是指知识的类别和学习的科目；二是指对人进行培育（并且尤其侧重于指带有强力性质的规范和塑造），引申为制度、建制、规训之意。这两个含义从表面上看似乎并不限于高等教育的范围，但笔者在此把学科作为高等教育的核心概念之一来待之，主要是基于以下考虑：随着高等教育在科学发展中的作用越来越重要，学科的发展也越来越倚重高等教育，绝大部分学问的分类、知识的分化都是以高等教育这个重要媒介为体制依托的，大学也由此成为许多学科发展的重镇；与此同时，“学科”对于高等教育的意义也日益明显。美国学者伯顿·克拉克在《高等教育系统》一书中说道，“学科明显是一种联结化学家与化学家、心理学家与心理学家、历史学家与历史学家的专门化组织方式”。无论在哪里，“高等教育的工作都按学科和院校组成两个基本的纵横交叉的模式”，并且，“主宰学者工作生活的力量是学科而不是所在院校”①。从这个意义上讲，学科实际上就是高等教育学术活动与教学活动的重要载体和不可或缺的组织机构。本论著使用

① 克拉克．高等教育系统——学术组织的跨国研究［M］．王承绪，徐辉，等译．杭州：杭州大学出版社，1994：33-35.

“学科”这个概念不是谈论宽泛意义上的学问分支或学术组织机构，而是将其置于高等教育体制之中作相对狭义的理解。也许正是因为学科与高等教育的密切关系，才导致学科、专业、课程等概念之间语义的混乱。

在西方的学术语境中，学科、专业、课程是不同的概念，不存在区分的困难。“学科”一方面是基于普遍接受的方法和真理；另一方面它又是规范和控制知识和人员的方法。“专业”则指特殊职业，如医生、律师、教师、商务专家、知识工作者等，它区别于一般职业在于专业工作需要深奥的知识和复杂的技能，所有的专业都要求有一个与之相应的科学知识体系，这一专业的知识体系包括“关于专业的知识”和“为了专业的知识”两部分①。其中“关于专业的知识”是专业的核心知识，落入与该专业同名的某一学科领域；“为了专业的知识”则落入多个学科领域。某一专业的知识体系可以而且必然包容多学科的知识，某一学科却只能包含本学科的知识。“课程”则只是学科知识的一部分，即学科知识的教育形态，课程在编排方式上除遵循与学科知识相同的逻辑外，还需特别考虑学生学习的因素等。在汉语的语言中，很难找到与“discipline”相对应的词汇，将其译为“学科”其实很难从字面上与“制度、规训”的含义相联系，所以，对于学科内涵中透视出的制度属性，长期以来并不受到中国学术界和教育界的关注，这也是导致国内学者对学科、专业、课程等相关概念模糊处理的重要原因。根据国内学者孔寒冰的界说，他认为，学科内涵应包括三个方面的意思：从传递知识、教育教学的角度，学科的含义是“教学的科目”，即“教”的科目或“学”的科目；从生产知识、学术研究的角度，学科的含义则是“学问的分支”，即科学的分支或知识的分门别类；从大学教学与研究组织的角度，学科又可作为“学术的组织单位”，即从事教学与研究

① KYRO P. The management consulting industry described by using the concept of “Profession” [M] // Finland H. Department of education. Helsinki: University of Helsinki, 1995: 123. 转引自朴雪涛. 论知识制度与大学发展 [D]. 武汉：华中科技大学，2003: 86.

的机构①。这三个方面的界说较全面地概括了学科的学术属性并被国内学界广泛引用。

近些年来，由于受到西方学术思潮的影响，国内学术界也开始从“学科”的制度属性这一层面来关注学科的发展。本论著对“学科与性别”关系的思考也正是基于对学科制度属性的关注。笔者认为，在中国的教育理论与实践中谈论“学科”，基础教育阶段更多的是与“课程”相联系，而在高等教育阶段，它则与“专业”联系密切，所以在本论著中，笔者对“学科”与“专业”进行学理上的区分仅是出于明晰概念的需要，而在具体内容的阐释中，仍将“学科”与“专业”这两个概念从经验意义上进行通用。

二、学科制度化及其性别意识形态

在西方语义中，“学科”这一概念自身所蕴含的制度属性古已有之，但作为特定的制度安排则是在19世纪以后才真正趋于成熟。华勒斯坦在《开放社会科学》一书中指出，“19世纪思想史的首要标志就在于知识的学科化和专门化，即创立了以生产新知识、培育知识创造者为宗旨的永久性制度结构”②。其主要标志就是，各学科摆脱了哲学“母体”，获得了学科的独立，成功地走上了制度化的道路，如自然哲学断裂成为各门独立自然科学；社会科学稍后从道德哲学中分裂出来；人文科学是20世纪对那些遭排拒在自然和社会科学之外的学科的简便总称；现代哲学则是由科学形成时清除出来的东西界定的；其他现代人文科学则首先以古典语文学的形式出现，其后衍生出历史、现代语言甚至艺术史③。

在学科制度化的进程中，高等教育起到了极其重要的作用，社会学家孔德曾指出，一个科学体系能否从朦胧的哲学猜测上升为具有坚实基

---

① 孔寒冰．高等学校学术结构重建的动因［M］//胡建雄．学科组织创新．杭州：杭州大学出版社，2001：243-244.

② 华勒斯坦．开放社会科学［M］．刘锋，译．北京：生活·读书·新知三联书店，1997：9.

③ 华勒斯坦，等．学科·知识·权力［M］．刘健芝，等译．北京：生活·读书·新知三联书店，1999：16.

础的科学，最好的证明常常可以从大学里如何开设这一学科中看出来，“大学……在18世纪晚期、19世纪初期得到了复兴，成为知识创造的主要制度性场所”①。大学的产生使知识的生产与再生产获得了制度上的保证。同样，现代学科制度的确立，对于高等教育的人才培养和科学研究也产生了深刻的影响，大学的组织结构和组织理念无不受制于学科。由此可以看出，学科制度化的进程与高等教育密切相关。从这个角度看，高等教育早期排斥女性的历史与“女性和关于女性的知识被排拒于诸学科门外”就有了颇有意义的联系。在当代的许多研究者看来，学科在制度化进程中不仅遵循着知识的内在逻辑，成为学术共同体成员开展知识游戏的舞台，而且“通过统一性的作用来设置其边界”②，使学科成为外在于学术共同体的社会各种利益集团角逐的竞技场。也就是说，学科制度包含着一整套知识的权力形成系统，它实际上是“隐含着知识霸权的制度”。在女性主义看来，这种权力和霸权不仅用于清除江湖骗子或差劣的科学家，更能排斥女性，“早期学科的建制就完全限制了一整个性别的成员参与其事”③。朗达·希宾格就明确指出，“新科学首次取得认受性之日，刚好是女性正式被排拒出科学之日。欧洲学院制度建立的同时，女性在科学中的位置的一般模式开始出现：某种科学活动的声望日隆，女性在其中的参与就越发减少”④。由于女性和关于女性的知识在学科化进程中被排斥，所以早期高等教育中学科化学问也就与女性无缘。在此，其实很难说是因为学科排斥了女性才导致高等教育排斥女性，还是因为高等教育排斥女性才导致女性和关于女性的知识在学科中的尴尬处境，“学会排拒女性，通常都干脆是基于性别的理

① 华勒斯坦．开放社会科学［M］．刘锋，译．北京：生活·读书·新知三联书店，1997：8．

② 华勒斯坦．开放社会科学［M］．刘锋，译．北京：生活·读书·新知三联书店，1997：35．

③ 华勒斯坦，等．学科·知识·权力［M］．刘健芝，等译．北京：生活·读书·新知三联书店，1999：18．

④ SCHIEBINGER L. The mind has no sex? Women in the origins of modern science［M］. Cambridge: Harvard University Press, 1989: 20.

由，而且一般也不会从没有机会受到高等教育的阶级中招揽成员"①。从这个角度而言，学科排斥女性与高等教育排斥女性是互相印证的。笔者认为，孰因孰果在这里其实并不特别重要，重要的是弄清楚学科是如何与权力结盟，造成了对女性的忽略与伤害。

学科是人类学术知识生产的一种产物，就像知识是被建构的一样，学科也是被建构的。被什么人建构？如何建构？建构起来做什么？这是所有学科都必须要回答的问题。所以，学科自身的形成与发展并不仅仅是知识层面的问题，它同时也是一种社会实践，而且是一种高制度化的社会实践②。从这个角度来理解学科，学科就不再是价值中立的，学科科学主义的神话也必然受到质疑。女性主义认为，长期以来，知识的专门化、知识生产的组织化都集中在男性的身上，是一种男性群体的产品③，他们的知识身份与他们的政治身份、他们在社会结构中的优越地位和所掌握的权力密不可分，正是这种特权影响着知识生产的全部过程，所以，只有他们才是学科化知识的局内人。而女性由于被排除在知识体系之外，她们理所当然地成了学科化知识的局外人。女性主义学者戴尔·斯彭德在她编辑的《修改男性的研究：女性主义对学科的影响》一书中就指出，"在这个知识体系中，男性只就他们自身进行系统的阐述，而通常使女性隐而不见或将其归入异类"④。学科制度隐含的性别意识形态通过学科准入制度和学科划分制度表现无疑。

1．学科准入制度

学科准入制度决定着什么知识门类可以称得上是学科及其是否具有进入高等教育系统的资格，决定着一个知识门类或中心或边缘的地位。从中世纪大学的学科来看，它主要是以传统的三学科（语法、修辞、逻辑）和

---

① 华勒斯坦，等．学科·知识·权力［M］．刘健芝，等译．北京：生活·读书·新知三联书店，1999：17.

② 华勒斯坦，等．学科·知识·权力［M］．刘健芝，等译．北京：生活·读书·新知三联书店，1999：5.

③ 刘霓．西方女性学［M］．北京：社会科学文献出版社，2001：102.

④ SPENDER D. Men's studies modified: the impact of feminism on the academic disciplines [M]. Oxford: Pergamon Press, 1981.

四学科（算术、几何、天文、音乐）为基础，研习完这些基础学科，再进入法、医、神这三科“高级学院”进行学习，其中神学知识是地位最高的学科门类。13 世纪以前，这些学科门类基本上涵盖了知识的划分，并借由中世纪大学课程结构一直持续不变。随着文艺复兴的兴起和人文主义文化的彰显，基督教文化开始式微，神学知识不再成为“统制性”的知识，关于自然、社会的知识，特别是古希腊、罗马的人文知识开始以学科的形式进入高等教育体系并逐渐占据至尊的位置。历史发展到近代，由于科学作用的凸显，高等教育迎来了科学教育的时代，大量与科学有关的知识通过学科化的步骤取得了合法性地位并在高等教育中占据了优等学科的位置。学科建制意味着本门类知识的课程化，意味着学科人才培养的可持续性，意味着学术研究的正规化。所以，如果一个知识门类完成了学科化的形式并获得了大学建制，就意味着它已在学术界和教育界确立了自己合法存在的身份。由此可以看出，对于什么知识称得上是学科，并没有一个一劳永逸的界限，它总是随着时间而变化的，“具有不可避免的任意性”①，其间也“不可避免地蕴含着对主流阶级意识形态有利的理论前提和假设”②。所以，学科准入制度很难被认为是一个公正的制度，相反，它可能充斥着偏见与封闭气息，它所隐含的权力、利益基础和意识形态是不容忽视的，它对女性和关于女性的知识的排斥就是传统的社会性别制度在学科领域内的反映。20 世纪70 年代，西方学院派的女性主义者已意识到，女性和关于女性的知识在很大程度上被排拒于学科和高等教育体系之外，与知识的性别意识形态极为相关。于是，他们就开始以局外人的身份对传统的学科知识和学科准入制度提出质疑和批判，希望能在高等教育体制内给女性和女性创造的知识一个必要的空间，至于是否被冠以学科的“尊称”，他们认为已没有实际的意义③。因为他们已对传统学科的

① 鲍克塞．不守规矩的知识：妇女学与学科问题［M］//余宁平，杜芳琴．不守规矩的知识．天津：天津人民出版社，2003：6.

② 华勒斯坦，等．学科·知识·权力［M］．刘健芝，等译．北京：生活·读书·新知三联书店，1999：3.

③ 鲍克塞．不守规矩的知识：妇女学与学科问题［M］//余宁平，杜芳琴．不守规矩的知识．天津：天津人民出版社，2003：15.

意识形态提出了质疑，为学科褪去了神圣的光环，并不想让自己新建的东西回到传统学科的旧辙中去。

2. 学科划分制度

学科划分制度就是把知识分门别类并按照一定的层次从组织机构上予以建制。它的合理性在于能建立完整严密的理论体系和方法论，有利于深化专业知识的生产与研究；同时它也顺应了社会生产和社会分工向专门与精细方向发展的趋势。但它也存在明显的缺陷，那就是学科领域内的学者往往以学科内部的训练为借口，树立不必要的界限，造成“学科壁垒”，阻碍了学科间的交流，影响了知识创新，“使学术体制成为偏见的生产地，以服务自己的利益为尚，建立虚假的权威之虞”①。另外，学科的划分也并非是一个完全理性沉思的结果，它还不可避免地受到知识以外的许多非理性因素的影响与制约。女性主义学者在对这一问题的思考中，从两个方面指出了学科划分制度所蕴含的性别意识形态：一是学科划分所造成的“学科壁垒”，使女性主义在构建自己的知识体系和学科时陷入困境。因为女性主义的学科并不在传统的学科范围之内，所以它不可能被传统的学科体系所认可，“如果把现成的学科当作终极的、唯一的知识模式，那么，我们现在已有的集体知识的发展便不能进行”②。二是学科划分制度为学科的等级化提供了基础。获得高等教育体制内建制的学科地位并非完全平等，那些不能带来经济效益的所谓软学科在学科家族中的地位远不如能够直接生产物质财富的所谓硬学科。颇有意味的是，这些软学科往往带有女性气质，与女性有着更为深切的关联性，被划为经验意义上的“女性学科”；而那些硬学科则与男性气质相关，被划为经验意义上的“男性学科”。对于学科“男性化”、“女性化”的认定是造成学科与专业性别隔离的重要因素，也是高等教育复制、传承社会性别等级差序的主要表现形式之一（关于这一点，后面将进行具体论述）。

---

① 华勒斯坦，等. 学科·知识·权力［M］. 刘健芝，等译. 北京：生活·读书·新知三联书店，1999：2.

② 鲍克塞. 不守规矩的知识：妇女学与学科问题［M］//余宁平，杜芳琴. 不守规矩的知识. 天津：天津人民出版社，2003：13-14.

三、解读“男性学科”与“女性学科”

在高等教育中，学科与专业的性别分化一直受到研究者的普遍关注。从全球总的情况看，随着女性在高等教育中所占百分比的增加，学科与专业的性别分化也日趋严重，虽然各国的情况各不相同，但女生在自然科学、工程和农业学科中的比率低于在各领域的总比率。相反的是人文学科，法律和社会科学则与总比率持平。教育和医学中女生人数高于各领域总比率。这一现象在世界各地区，不论是发展中国家还是发达国家都是相同的①。事实上，高等教育中已形成了社会普遍认同的“男性学科”和“女性学科”。需要说明的是，这里所说的“男性学科”和“女性学科”并不是两个学理性概念，而只是人们经验上的称谓而已。“男性学科”指社会普遍认为适合男性和男性相对大量集中的学科领域。“女性学科”指社会普遍认为适合女性和女性相对大量集中的学科领域，它包括两个方面的内容，一是高等教育接纳女性之初，专门为女性所设置的学科和专业；二是在高等教育的发展过程中，由于女性相对集中于某些学科与专业，从而形成了经验意义上的“女性学科”。对于这种现象的理论解释，学术界主要有两种代表性的观点：一是基于男女两性生理差异和心理差异的生物本质主义阐释，二是女性主义的社会文化建构论阐释。

生物本质主义主要以男女两性的生理差异和心理差异为认识基础来阐释学科与专业中的性别差异。从生理因素而言，研究者最为关注男女不同的荷尔蒙系统和左右脑的专门化。一些研究者指出，雄性荷尔蒙对性别差异具有直接或间接的影响。例如，刚学会走路的幼儿还未形成性别认同，即在不清楚自己性别的情况下，就已经在选择（我们所认为的）与性别相适宜的玩具了。由于不同的活动所要求发展的技能及练习频率均有所不同，因此不同的能力和行为由于参加活动的不同而得到不同的发展，使得男女儿童分别在某些方面发展得比较好，而在某些方面发展得较差。当他们进入高等教育阶段，这种“本质性”的差异不可避免地表现在学科与专业的选择上。脑科学的研究进一步论证了性别差异

① 史静寰．妇女教育［M］．长春：吉林教育出版社，2000：313．

的“本质性”。许多研究认为，男女在语言、空间能力和数学成绩方面的差异主要归于大脑在一定年龄阶段的左右脑分工。有大量研究表明，男女大脑半球存在着差异，女性大脑的专门化比男性要早，所以女性的语言功能得到了早期开发。但由于空间能力和高水平数学能力的发展要晚于语言技能，女性早期大脑半球的专门化由于出现得太早而影响了其他能力的充分发展。所以，进入高等教育后，女性由于其“先天”能力的不足，“自动”放弃了某些涉及空间能力和高水平数学能力的硬性学科的学习。

从心理因素而言，心理学早期对两性心理差异的研究基本上受生物学的影响，也主要从生理特征上去寻找依据。首先，以脑的形状和脑的不同区域的发展来解释成就和个性特征上的性别差异；其次，提出了“母性本能”的概念，这为高等教育中专门为女性设置一些与“母性”和“抚育”相关的学科提供了直接的依据；再次，提出了偏离性假设去解释男女差异，即认为男性在智力等某些特征上比女性更多地偏离常态。就智力而言，这个假设认为，女性处于中等状态（常态）的比男性要多，而男性在高和底两端（偏离常态）的比女性多，这一假设为解释高等教育中无论是“男性学科”还是“女性学科”，男性在最有成就者中占据极高比例的现象提供了直接的证据。

20 世纪 70 年代以来，已经有大量的关于性别差异的生物因素、心理因素的研究成果问世，并被教育学界广泛地引用。“但是可以说，在性别差异的生物因素方面，我们仍然是无知的。虽然已有的研究发现，生物因素使男女的某些行为倾向性有所不同，但都未能通过研究来确定生物因素引起差异的程度和范围，也未能发现这些生物因素所影响的行为倾向中哪些更顽固，或更难以进行后天的改变。”① 所以，“我们的观点是，社会机构和社会实践不应该只是生物性的反映……它取决于我们人类社会的选择，我们应该去选择对人类生活方式最有价值的社会实践”②。

① 强海燕．性别差异与教育［M］．西安：陕西人民教育出版社，2000：18.

② MOCCOBY E, JACKLIN N. The psychology of sex difference [M]. San Francisco: Standford University Press, 1974: 374.

正是基于这一认识，女性主义从社会性别的视角出发，对高等教育中学科与专业的性别隔离提出了自己的解释。

女性主义认为，所谓“男性学科”和“女性学科”的出现与划分并不是男女本性差异使然，也不是学科理性沉思的结果，而是社会意识形态、权力系统和利益基础在学科领域表现的结果，它是由社会文化建构的。

对于男性和女性适合学习什么学科完全是一个人为的过程，由于人类社会文化在早期就通过完备的观念系统、知识系统和制度系统将女性划归于低于男性的类别，所以女性在接受教育之初就被置于与男性不同的知识领域，接受与男性不同的教育。关于这一思想，捷克教育家夸美纽斯在其名著《大教学论》中有专门的论述，在书中，夸美纽斯把男性和女性分成接受教育的不同类别，明确指出，“我们不主张这样教育女人，使她们的好奇倾向得到发展，而是要使她们的诚挚与知足能够增进，主要的是，一个女人应该知道和应该做的事情，能够增进丈夫和家庭福利的事情”①。所以，在早期的大学教育中，女性被认为应该学习的是，“食品和营养、纺织品和衣着、健康和保育、住房设计和室内装饰、花园设计和应用植物学，以及儿童教育”等专门为女性设计的科目②。女性主义学者弗里丹在《女性的奥秘》一书中曾对这种以性别为指导方向的教育提出过嘲讽，她认为，“教育家们几乎不受下述论点的影响，这个论点是：大学课程不应该被诸如烹调或手工劳动这样的学科污染或扩大”，这是不可思议的③。所以，早期高等教育专门为女性设置的“女性学科”并不是由于女性天生适合学习什么学科，而在于传统的社会文化希望通过学科把女性教育（或塑造）成什么。

在学科制度演进的过程中，“女性学科”不仅没有消失，而且其族类

① 夸美纽斯．大教学论［M］．傅任敢，译．北京：人民教育出版社，1984：53-54.

② 怀特．教育我们的女儿［M］//弗里丹．女性的奥秘．南京：江苏人民出版社，1988：212.

③ 弗里丹．女性的奥秘［M］．程锡麟，朱徽，王晓路，译．南京：江苏人民出版社，1988：212.

还在不断增加和变化。历史地看，“男性学科”和“女性学科”的划分并非从来如此，除了早期专门为女性设置的学科外，现代意义上的“女性学科”都是在女性进入高等教育系统后，逐渐在男性主导的文化传统和学术传统中形成的，它与权力、利益基础和意识形态密切相关。在高等教育的早期历史中，由于女性受到排斥，无论什么学科都是男性的学科，而且人文学科比科学和技术有着更加至高无上的地位，这在中西方都是如此。但是随着科学技术的发展，它在社会生活中的地位越来越重要，西方的知识系统也发生了重大的转型，人文学科的地位不断下降，与科学相关的学科成了高等教育中最重要的知识。女性主义认为，由于男性在社会中的主导地位，科学观念与男性气质就有了“神秘的”结盟，从而造就了高等教育中所谓“男性学科”的现实。

在培根关于“新哲学”的讨论中，首次将科学知识与权力联系起来，充满了男性科学家与女性化自然之间性的结合的比喻，确立了科学对自然控制和支配的目的，并通过性隐喻的表达将它与男性对女性的统治和征服相对应。在女性主义看来，培根著作中的性隐喻不仅仅是一种修辞手法，而且构成了培根机械哲学的本质，近代科学的诞生正是建立在这种哲学基础上的，即以理性的男性形象对被描述为女性的自然激情的征服为特征①。基于此，女性主义赋予科学知识一种社会文化属性，这样科学就不仅是一种社会建制，同时也是一种社会知识，理解科学就必须理解科学与社会文化及其政治权力的关系，在男性中心的社会文化中，性别与科学作为一种社会制度通过与权力的关系而相互作用、相互建构，它们可视为文化中这种权力关系的结果和反映。从这个意义上讲，在现代高等教育体系中，与科学相关的学科成了事实上的“男性学科”，并在学科家族中占据绝对优势，不是因为男性天生就适合学习科学，而是因为男性掌握和控制着社会权力，科学学科在建制之初就已沦为一种权力的工具。对于厕身于高等教育的女性来说，在权力和利益的分配系统中由于处于弱势地位，那些在现代社会中已处于非重要位置的人文学

① 吴小英．科学·文化与性别——女性主义的诠释［M］．北京：中国社会科学出版社，2000：71．

科就理所当然地成了她们主要的栖身之所，变成了习以为常的“女性学科”。

所以，在女性主义看来，从学科上划分为“男性学科”和“女性学科”并不是先验的真理和不可变更的天条，而是一种与性别隐喻相对应的意识形态，其中包含着男尊女卑的价值等级观念，有着深刻的文化基础，它实际上是一种男性中心（优越）文化在高等教育和学术领域的体现。研究者如果不考虑到学科划分和不同性别在学科选择中体现出来的权力关系，仅将关注点放在男女生理差异或男女基于生理差异而“自主”选择的认识基础上，就会陷入本质主义的泥坑，重弹“男女天生有别”的老调，使高等教育中学科与专业的性别隔离成为性别平等道路上一道无法逾越的障碍。

第二节　女性主义对学科的反思与重构

一、女性主义对学科建构主体的反思

女性主义通过对知识生产、知识组织活动的清理，发现各学科排斥关于女性的知识和作为知识生产者的女性，最根本的原因是女性受制于“他者”的身份，没有成为学科化知识的建构主体。

对“他者”内涵的探讨，著名的女性主义学者西蒙娜·德·波伏娃曾有过精彩的论述。她认为，“他者”即为女性，主要含义有几层：男人是自主的人，女人是不能自主的人；定义和区分女人的参照物是男人，而定义和区分男人的参照物却不是女人；女人对男人主要是作为性对象存在的，对他来说她就是性；女人是附属的人，是与主要者相对立的次要者。“他者”的地位和特性就是女性的地位和特性，即相对于男性的附属性、非自主性、次要性、被决定（定义）性，等等。波伏娃认为，女性之所以成为“他者”，正是长期以来男性把自己确定为主体，并在社会各方面实行男权统治的结果。而更值得注意的是，波伏娃虽是从女性出发来界定他者，但她并没有把他者仅仅局限于女性，而是把对他者的探讨推广到更广阔的社会领域。

后来的女性主义学者受此启发，在对学科的反思中，看到了在近代

主体性哲学背景下诞生的学科制度所蕴含的霸权特征，这种霸权不仅仅是性别霸权，还包括阶级霸权、种族霸权等。女性主义从特有的女性他者的立场，认为现有的一切主体性哲学实质上是一种男权压迫和控制的形式，并无疑染有强烈的殖民主义和帝国主义色彩。启蒙以来的那些西方哲学家们，所致力建构的主体和主体性哲学，其实只是从少数欧洲男性白人精英的感受与思想出发的，但他们却自认为是代表全人类的，而建立在这一基础之上的各种知识、制度、规约（包括学科）也被宣布是最严密、最可靠的“客观真理”与“客观知识”。这些东西不仅强加给女性，也强加给其他种族、其他文化、其他地域的人们。而女性、非西方、有色人种、低层草根族则几乎成了无用的、落后的、充满偏见、不科学、不客观的代名词，他们和他们所创造的知识对真正的“学科知识”毫无裨益。事实上，包括女性在内的这些“他者”，因缺乏必要的训练和机会，不了解相应的“话语”和言说规则，已从认识论上被剥夺了对学科的创造权、言说权和解释权，所以才有了学科规训制度下女性和关于女性的知识被长久放逐的历史与现实。

为了改变这一状况，女性主义不仅对各学科领域内的知识进行反思，而且对学科本身进行了再认识。既然传统学科制度建构的主体不可能游离于权力、利益和意识形态之外，女性主义学者又以何种身份参与学科的再定义和重构呢？如果沿着传统的二元论思路，即认为女性要改变自己被界定为“他者”的身份，就必须与男性一样成为主体才能实现学科领域的男女平等。那么，又如何保证女性作为学科的建构主体出现时，不带有自己的权力、利益和意识形态偏见呢？再者，沿循着这种单一因果还原的思路，学科领域女性主体地位的确立就意味着她们由他者转变为此者，即主体，如此而论，其中就充满了难以排解的内在矛盾，即一旦女性把自己界定为主体，同时也就必定要将另一方界定为他者，这个他者是谁呢？是男性吗？这一思维模式重复的仍是二元等级的老路。所以沿着这一思维前行的结果，仍是诉诸等级关系和二元对立，最终还是囿于男权统治的秩序与制度，不可能走出主客二分的窠臼。事实上，女性主义在反对学科强者话语霸权时最终又不免会落入“弱者话语霸权”的无意义的改造之中。

如何摆脱这一思维困境，使女性主义在学科问题的思考上有新的突破呢？后现代思想家们的研究成果给女性主义极大的启迪。雅克·德里达提出的“延异”[①] 这个概念受到女性主义者的欢迎，“延异”所张扬的差异、差异的根源、差异与差异的关系，拒绝绝对知识、整体化和百科全书式的统一工程，为女性主义提供了必要的哲学立场和思维策略。法国女性主义学者埃莱娜·西苏就吸收了德里达“延异”的观念，提出了以“阴性写作”[②] 来突破现有的男权统治秩序，即女性不再企图变成像男性那样的主体，作为他者——就作为他者吧！就以他者的方式写作，就以他者的方式言说，就以他者的方式存在，从而宣布了一个非中心、非统一模式化新时代的到来。因此可以看出，女性主义试图从德里达的理论中找到解决“单一主体”和“替代主体”的困惑。另外，拉康·雅克的“象征秩序”（the symbolic order）理论也令女性主义学者感到耳目一新。拉康认为，“象征秩序”是与一定社会相联系的具有制约作用的符号（语言）、角色、仪式，并通过制约个人而达到制约社会。拉康理论把父亲确定为“象征秩序”的代表，“象征秩序”也被称为“父亲的法律”。由于女性生理结构的原因，她们不能被父亲认同，因此不能充分接受“象征秩序”及完成内化，故女性将在“象征秩序”之内受到压制，或被排除在“象征秩序”之外，或被限制在“象征秩序”的边缘。因而她们与“父亲的法律”（象征秩序）之间不可能达到一致，其本身在现有秩序之中不能成为完整的主体。主体的获得是以分裂为前提的，分裂才是主体的本质。由此可以看出，女性主义试图从拉康的理论中解决“统一主体”的疑虑。

---

① “延异”是德里达自己创立的一个概念。德里达给它的解释是，“如果‘延异’有一个定义，它正是对无论在何处活动的黑格尔辩证法的限制、中断、毁灭”。这里实际上就是指应该关注“差异性”（参阅豪威尔斯. 德里达［M］. 哈尔滨：黑龙江人民出版社，2002：111.）。

② “阴性写作”是法国后现代女性主义作家西苏提出的一个重要概念。它指女性应该突破现有的男权统治秩序，即挣脱男性为女性所构建、所规定的世界，到这个世界之外去写那些传统上不被考虑、不可思议的东西。现在，这个词汇在一定意义上也成了勇于尝试、离经叛道的代名词。近年来，国内当代女性主义文学批评中这一词汇出现的频率越来越高。

在此认识基础上，女性主义对学科的思考就不仅仅局限于追求建构学科的主体身份或者要求以一种主体代替另一种主体，而是更关注主体背后的深刻内涵。通过对主体进行新的阐释，他们在学科问题上提出了“既是局内人又是局外人”的身份或“内里的局外人意识”以及“跨学科的策略”，希望以此形成“一种新的认知方式”① 和“批判性的对话和创造知识的新源泉”②，从而使他们得以批判和自省在学科之内、学科之间，以至于对立面上的活动③。这为深化学科的认识提供了另一种思路。

二、女性主义对学科分类、学科价值分层的反思

尽管对知识进行分类是人为操作的，涉及权力、利益和意识形态等价值层面的较量，但学科制度却通过“科学论证”和“对真理的诉求”把分类自然化和公理化，使得“人为精心策划的社会建构隐而不显”④。正如英国学者玛丽·道格拉斯所言，对社会范畴进行分类，并且把分类自然化和公理化是使制度和规则稳定的重要途径。

从表面上看，男性和女性选择不同的学科，并接受这一学科的规范和训练，然后在社会分工体系中谋取不同的位置，这完全是一个自我选择的过程。女性主义却通过把学科分类与社会的劳动分工相联系，对这个问题进行了新的阐释。它认为，学科分类实际上可以看作社会性别分工的预演，而学科上表现出来的性别倾向和价值分层就是社会性别制度在学科领域隐而不显的表演。所以，女性主义从性别分工制度入手，对学科分类、学科价值分层进行了反思。

按性别分工是人类历史上的普遍现象，这种分工形式基本上是以自然秩序的形式表现出来，其中，男性成员负责与生产有关的劳动，如养

---

① 鲍克塞．不守规矩的知识：妇女学与学科问题［M］//余宁平，杜芳琴．不守规矩的知识．天津：天津人民出版社，2003：14．

② ANDERSON M L. Changing the curriculum in higher education［J］. Sign, 1987, 12 (2): 239.

③ 华勒斯坦，等．学科·知识·权力［M］．刘健芝，等译．北京：生活·读书·新知三联书店，1999：31．

④ 许美德．中国大学：1895—1995 一个文化冲突的世纪［M］．许洁英，主译．北京：教育科学出版社，1999：83．

殖、农耕；女性成员负责与人类再生产有关的劳动，如生育、抚育和家务劳动等。进入工业社会后，男性劳动一般与公共领域的工作、职业成功和先进的科学技术相联系，而女性的劳动依然与家务劳动、厨房、儿女们联系在一起，并且“在我们的社会里，按性别分工是等级制的，男人在上面，妇女在底层”①。即使在当代社会中，仍有很多女性还被限于家庭的、私人的领域，充当家庭主妇，养育孩子，服务丈夫，即使进入社会，绝大多数女性从事的劳动也是家庭主妇劳动的社会延伸，她们的职业在男性世界的就业市场上并不受重视。与此相反，男性则被限于社会的、公共的领域，参与政治、商业、科学活动，他们的劳动被认为是高度智力或体力性的，在男性中心文化中居于主流地位。

长期以来，社会文化和社会制度通过种种“合理”论证和先验假设已把这种劳动的性别分工绝对化和神秘化。而且，“这种分工的后果非常深远，已经深入到潜意识一级，这种潜意识影响的行为模式构成社会机构的微观基础结构（或补充物），反过来又被这种社会机构增强”②。劳动的性别分工导致职业的性别化，职业的性别化又直接影响着高等教育中男生和女生对学科与专业的选择。女性从小就被鼓励朝着与所谓“女性气质”相一致的方向发展和培养，并受到相关的教育和培训，为选择“适合”女性的职业做准备。从这个意义上讲，学科与专业的选择并不是一个个人选择的问题，它实际上是社会性别符号系统中劳动的性别分工在学术和高等教育领域内的体现，它反映和延续的依然是一种男性中心（或优越）的社会文化，在学科和专业中，无论是社会选择还是女性的自我选择都必然受到社会文化价值体系的影响。而学科与专业分类中的性别倾向和价值分层正是性别分工在高等教育中的体现，高等教育在这里就成了传承社会性别等级差序的场所，学科与专业则成了复制社会性别等级差序的重要工具。所以学科的性别分类、价值分层与社会的性别分工、等级分层有着高度的同构性。

---

① 哈特曼．资本主义、家长制与性别分工［M］//李银河．妇女：最漫长的革命．北京：生活·读书·新知三联书店，1997：47.

② 哈特曼．资本主义、家长制与性别分工［M］//李银河．妇女：最漫长的革命．北京：生活·读书·新知三联书店，1997：74.

女性主义学者海迪·哈特曼在讨论资本主义、父权制与性别分工的关系时指出，按性别进行劳动分工和职业划分，是造成女性处境艰难、社会地位卑微的重要根源，它是父权制与资本主义长时期相互适应、相互影响的结果。性别分工维护了男性在就业市场上和家庭生活中对女性的优势和支配地位。因此，哈特曼提出，“如果妇女要获得与男人同等的社会地位，如果男女的潜能都能得到充分发挥，不仅男女分工的等级性质应该消除，而且男女分工本身也应当消除”①。由此看来，要想消除高等教育中学科与专业的性别隔离并不是一个单纯的教育问题和学科分类的问题，而是一个复杂的社会问题。这样是不是说，教育就无所作为了，一定要等到社会问题解决后，学科与专业的性别隔离和价值分层才会迎刃而解呢？

女性主义在认识到社会文化因素是造成学科分类和价值分层的重要根源后，并没有执着于对抽象的社会文化的关注，而是从改造知识生产入手，去改造学科内的知识和学科本身，希望在学科领域逐步消除性别歧视，为消除社会中男女分工的等级性质甚至男女分工本身创造条件。首先，各学科内的女性主义学者通过对本学科内的知识进行清理，改正学科结构中的某些遗漏，把女性作为经验主体、思维主体和言说主体渗透到各学科之中去，使其包容女性和关于女性的知识，希望以此改变学科的性别属性，并对其价值进行重新认定。其次，女性主义学者以局外人的身份对学科分类的有效性提出质疑，他们通过构建自己的知识体系和学科，对学科的内涵予以新的阐释，那就是“跨学科性”、“非学科性”。事实上，女性主义对学科分类和价值分层的挑战也并非一家之言，20世纪中后期以来，学科的再制度化问题受到西方学术界的普遍关注。例如，20世纪中叶活跃于欧美学术界的年鉴学派就大力倡导“多学科制度”；英国有学者把“互为学科性”看成研究人员的基本规范；华勒斯坦更是激进地建议取消19世纪那种“在学术上神圣三位一体的概念——把人类行为分割为政治、经济、文化三个独立自主的学术领域”，超越

---

① 哈特曼．资本主义、家长制与性别分工［M］//李银河．妇女：最漫长的革命．北京：生活·读书·新知三联书店，1997：47.

年鉴学派，“重组大学的学系结构和学术会议的协会组织”①。

三、女性主义对学科重构的尝试——在学科化与跨学科、非学科之间

由于意识到女性和关于女性的知识被排拒于传统学科之外，女性主义开始了对学科制度的关注。他们所做的重要尝试主要包括以下两点：一是以局外人的身份对传统的学科知识提出质疑、挑战和批评；二是构建自己的知识体系和学科。因为女性主义的学科并不在传统的学科范围之内，所以它最初并不被传统的学科体系所认可，而女性主义在构建自己的学科体系时又必须保持一种自省和批判意识，也就是说，女性主义在思考和重构学科时，不应再去重复传统的、已经被自己批判过的东西。由此，女性主义在学科制度的创新上进行了自己的思考。

（一）坚持学科建构主体的多元性、多样性、模糊性和流动性

女性主义通过对学科建构男性主体中所蕴含的权力、利益和意识形态的批判，放弃了单纯把“他者”变为“此者”（主体）的努力，而是强调女性作为他者的积极意义和优越性，在这一意义上，女性作为他者就是自由精神。另外，即使女性作为他者也并不是一个统一的整体，而是多元化、多样性的他者。所以，在学科知识的建构中，女性主义抛弃了对普遍性、客观性的追求，而是承认局限性，强调与不确定性共存，并且容忍不明确性。在现代社会，给社会知识建立安稳的基础也许是不可能的了，但是这也使偏颇的和有视角的知识成为可能，这种务实的学科知识观将会促进利益多元主义和知识民主制度的实现。所以，他们坚持学科建构主体的多元性、多样性、模糊性和流动性，希望以此能够为消除学科领域的知识霸权（包括性别霸权）创造条件。

（二）在对“女性学”跨学科、非学科的思考中，重新界定学科的内涵

女性主义最初在建立自己的知识体系和学科时，基本上采取的是

---

① 华勒斯坦，等. 学科·知识·权力［M］. 刘健芝，等译. 北京：生活·读书·新知三联书店，1999：224.

整合的方式，即把女性和有关女性的知识整合进某一学科，或用女性生产的有关女性的知识去改造某一学科，但女性主义者很快发现这种整合并不能动摇传统学科的意识形态基础，女性主义对学科改造的宗旨是“要求人们熟悉一系列质疑学科假设的跨学科性话语和观点，突出被传统学科忽视的内容”①，但整合的方式只能在隔离的状态中创立“关于妇女的亚领域，同时保持原先学科文化中存在的男性中心特点”②。因此，他们就在传统学科和知识体系之外去努力，采用了非传统的知识生产的组织形式来建构自己的知识系统——也就是跨学科的尝试。“女性学”的诞生就成了女性主义以跨学科的形式改造传统学科的重要工具。

在“女性学”的形成过程中，它最初是以一种反传统学科划分的立场出现的，而且正是以这种相当边缘化的状态确立了自己在学术界全新的形象。这种状态可以说是它早期发展的必然，一个新的研究领域，它之所以能够获得社会关注和认可必定有它的独特性。但是当它成熟发展到一定阶段时，“女性学”最初强调的所谓边缘化、非学科化或反传统的特点也就成了它进一步发展的障碍，甚至从某种意义上来说，它最初所看重的“特质”反而成为它获得更大社会影响力的一个本质性弱点③。正如有的研究者指出的，“缺乏体制的合法，阻碍了妇女学具体研究使命的发展，使得妇女学成为争夺稀有资源和体制地位的不利竞争者”④。但问题是，一旦“女性学”体制化，摆脱边缘性地位，即认同传统的学科体制并接受其规训，它还能不能保持其处在体制外时所持有的批判性，以及那种松散的组织结构所赋予它的多元和自由表达自己声音的特

① 施密茨，罗森费尔特．妇女学与课程改革［M］//余宁平，杜芳琴．不守规矩的知识．天津：天津人民出版社，2003：53.

② STACEY J，THORNE B. The missing feminist revolution in sociology［M］//KAUFFMAN L S. American feminist thought at century's end：a reader. New Jersey：Blackwell，1993：167-188.

③ 郑新蓉，杜芳琴，张李玺．妇女与社会性别学导论［Z］．2001：48.

④ 阿伦，基思，等．被学科学科化？在妇女学中跨学科研究使命的需要［M］//余宁平，杜芳琴．不守规矩的知识．天津：天津人民出版社，2003：225.

点。这一矛盾的状态正反映了“女性学”发展的困境，一方面，它们不愿受传统学科制度的局限，也不愿介入学科权力竞争的状态之中；另一方面，它们这种清高的超然态度又使其长期处于自说自话的游戏之中，影响不了主流学科的本质性发展。女性主义学者正是从“女性学”的处境中开始了由批判、质疑学科内的知识向思考、重建学科制度本身的转变。

“女性学”跨学科的特性是女性主义思考和重新阐释学科内涵的参照物。在女性主义看来，跨学科指的是在多学科融合的基础上构建起来的一种新的认识论，它通过重建主要的知识结构，创造新领域的概念和方法，形成自身独特的、规范性的知识系统。这一知识系统并不受制于传统学科制度的规范，如果以经典学科为蓝本，它可能是非学科的。但是客观而言，在未来的时代，学科的存在形式也许正是多种多样的，学科化与跨学科、非学科也绝非非此即彼的关系，女性主义还以“女性学”的发展为例，特别强调跨学科、非学科的知识可以与传统学科化知识建立广泛的体制上的盟友关系。当然，这也许只是“女性学”寻求发展的一种策略。在笔者看来，“学科性”只能作为女性学外在组织结构和形式而存在，而“跨学科性”才是其核心内容和基本特征，也就是说，女性学在本质上是不能被学科化的，现在我们更为关注女性学的“学科化”问题，基本上是出于知识时代学科化的命名需要和制度安排而已。

按照女性主义的思路，给学科下一个固定的定义和赋予其某种特定的内涵是没有必要的，也就是说，我们不必执着地去追问“什么是学科”，而应该根据时代发展的需要去关注“学科是什么”的问题。实际上，女性主义对学科的思考并没有为“什么是学科”提供一个答案，它也不想去提供答案，只是给予了我们一个关于“学科是什么”的阶段性思考成果。也就是，它所认为的学科永远是一个发展中的、开放性的概念，“学科过去没有包含女性主义，现在也不应约束女性主义”①。

① 华勒斯坦，等．学科·知识·权力［M］．刘健芝，等译．北京：生活·读书·新知三联书店，1999：32.

第三节 “女性学”跨学科的组织策略及其启示

当今时代，倡导学科融合、学科交叉已成为大学进行知识创新、增强核心竞争力的一项重要方略。事实上，早在 20 世纪 60 年代至 70 年代，“跨学科”的讨论就被提上了学术界的议程，现在，学科互涉和学科边界渗透现象已经发展成为一系列复杂的实践活动。但是，“跨学科”的障碍与挫折也是普遍存在的，路德维格·哈伯就曾经提醒道：“指出一个问题只能用‘跨学科’的方式来处理不需要太多的勇气与独创性，‘跨学科’是每一个人都能做到的事，但真正在制度化背景下实现它却是一个比较困难的问题。”① 面对“学科”统治的学术世界以及大学中强大的“学科”组织遗产，把“跨学科”的学术立场变成有效的实践仍有许多棘手问题需要面对。本节将以西方女性学发展的组织策略和中国女性学制度化为案例，对大学中“跨学科”的组织策略问题进行简要探析。

一、“多学科”与“跨学科”

在过去的几十年里，学者们已经尝试着为“跨学科”作过多种定义，虽然定义的方式各异，但对于大多数理论家来说，“跨学科”不仅仅是用一个以上的学科来解决或分析一个问题，而是综合各学科来创造一种新的认识论，重建主要的知识结构，创造新的组织性概念、方法和技巧。作为研究“跨学科”的资深专家，朱丽·汤普森·克莱恩在《跨学科：历史、理论与方法》一书中这样界定了跨学科：“在 21 世纪初，跨学科被定义成一种方法论、一个概念、一个过程，一种哲学以及一种反思的意识形态……在通常情况下，我交替使用跨学科的和综合的这两个形容词来表达融合不同观点的努力与愿望。”② 在相关论述中，克莱恩还特别说明了“跨学科”不同于“多学科”的性质，多学科只是来自不同

---

① Ludwig H. Toward a new studium generale: some conclusions [J]. European Journal of Education, 1992, 27 (3): 285-301.

② KLEIN J T. Interdisciplinary: histories, theories, and methods [M]. Detroit: Wayne State University Press, 1990.

学科背景学者的合作，而很少是融合。对于这一问题，W. J. T. 米切尔说得更明白：跨学科不是一个学科借用另一个学科的简单事情，而是领域之间或方法之间的融合，形成一个新的更丰富的知识范畴。评价一个领域是否是真正新的跨学科，主要是考察它是否以共同的词汇创造了一个新的思想连贯实体，并且这个实体需要包括对不同学科认识论和方法论的理解①。

从跨学科的上述特点来看，我们不难发现，现在许多在跨学科概念下讨论的议题可能并不是真正意义上的跨学科，而只是一个多学科领域合作的问题，最多也只能被看成是跨学科研究的初级阶段。克莱恩曾列举了在大学中真正开展跨学科学术的六个比较典型的领域：都市研究、环境研究、边境研究、地区研究、女性研究和文化研究等②。这些跨越学科边界，涉及认识论、方法论领域变革的研究与教学活动，目前在西方一些大学中大都以实体的组织形态取得了制度上的合法性，更确切地说，就是基本上实现了组织上的“系科化”，变成了大学中的“跨学科”学科。尽管如此，这些领域仍旧宣称自己保持着作为“跨学科”认识论和意识形态上的复杂性，以区别传统意义上的学科。

二、西方女性学发展的组织策略与困境

“女性学”作为一门旗帜鲜明的“跨学科”，在其40余年的教学与研究工作中，一直被“组织的问题”困扰着，对于女性学学科来说，组织的问题既是实践性的，也是思想性的。女性研究者们一直在试图寻求（或构建）一种不同于传统学科的新型组织结构，希望在大学中建立起能践行女性学学术理念与社会使命的教学与研究“跨学科单位”。

（一）“自治”还是“整合”？

在女性学跨学科的发展历程中，其组织形态是采取“自治”还是“整合”的模式一直争论不休。“自治”就意味着在大学设立单独建制的

① Mitchell W J T. Inter disciplinarity and visual culture [J]. Art Bulletin, 1995, 77 (4): 540-544.

② 克莱恩. 跨越边界——知识·学科·学科互涉 [M]. 姜智芹，译. 南京：南京大学出版社，2005：33.

"女性学系"，形成实体性组织机构；"整合"则是通过宽松式联合的跨学科课程模式，以"知识整合"的方式来传播女性主义，渗透女性主义和社会性别的观点。

女性学最初建立自己的知识体系和学科时，自觉追求的就是一种边缘性的"整合"组织策略，即学者们仍旧归属于自己的学科和院系，只是通过"兴趣小组"、"某某项目"或"研究中心"等松散的组织结构来参与相关教学与研究活动。即使到了20世纪80年代，美国的一项关于跨学科的研究还显示：有83%的女性学教师都是在其他系获得终身教授职称的①。"整合"的组织策略正是女性主义学者悉心构建起来的一种替换性的或反对传统学科的组织形式，它就是为了提倡被现存学科组织所禁止的新知识产生而设计的。夏洛特·邦奇曾将这一扩展策略称为"加入女人进行搅拌"②，很快，女性学学者发现这是很不够的。

从学术目标来说，女性主义学者认为，这种"加入女人进行搅拌"的"整合"策略根本无法动摇传统学科的意识形态基础，女性主义对学科改造的宗旨是"要求人们熟悉一系列质疑学科假设的跨学科性话语和观点，突出被传统学科忽视的内容"③，但"整合"的方式只能在隔离的状态中创立"关于妇女的亚领域，同时还保持了原先学科文化中存在的男性中心特点"④。更为重要的是，因为缺乏制度上的合法性，使得女性学学科在高等教育激烈的学术资源竞争过程中常常处于不利的位置。

欧洲国家的女性学实践中也存在相似的情况。据1996年欧洲17个国家提供的报告，学者们从理论到实践几乎都倾向于"双轨制"，认为

① 余宁平，杜芳琴．不守规矩的知识［M］．天津：天津人民出版社，2003：51.

② KAMARCH M E. Transforming knowledge［M］. Philadelphia：Temple University Press，1990：12.

③ STACEY J，THORNE B. The missing feminist revolution in sociology［M］// KAUFFMAN L S. American feminist thought at century's end：a reader. New Jersey：Blackwell，1993：167-188.

④ 余宁平，杜芳琴．不守规矩的知识［M］．天津：天津人民出版社，2003：31.

“自治”与“整合”并不冲突①。但从近20余年女性学在欧洲大学的命运来看，“整合”的组织策略发展并不顺畅，特别是在面临财政危机时期，女性学就很容易被视为无关紧要的议题而遭遇被裁减的命运。所以，现在欧洲的学者们已经不再争论“要不要学科化”的问题，而是关注“如何学科化”的议题。

从世界范围来看，女性学这种所谓的边缘化、非学科化或反传统学科的组织策略已经成为其进一步发展的障碍，甚至从某种意义上来说，已成为女性学拓展其社会影响力的一个本质性弱点。因此，为了可持续发展，女性学开始放弃对跨学科的强烈依附，而选择自治的组织策略，希望通过组织的系科化和致力于研究生学位项目的运作来达成自己的学术使命和社会目标。

（二）系科化与研究生学位项目

1．系科化

女性学从对“边缘性”的坚守转向“系科化”的组织策略，反映了它在颠覆大学结构这一激进目标上的转移，同时也体现了女性学在自身组织建设上的突破。

毋庸置疑，组织上的“系科化”最切实的好处就是：在大学中有了稳定的系科建制，可以为女性学在预算紧缩的困难时期提供更为安全的保障。许多女性研究者正是从建“系”的组织实践中切实感受到，能够使女性学度过裁减阶段的不是它的反对立场或道德责任，而是它在本校中心地位的确立。这种中心地位的衡量内容就是它能在合法性组织下成功实施主修课和选修课，实现女性学课程与学校的教育任务和策略相融合，以及获得外部的基金来支持创新的研究和学术②。

虽然近年来，由于多学科、跨学科以及区域研究的兴起，大学的组

---

① BIED E. Women's studies in european higher education [J]. The European Journal of Women's Studies, 1996, 3 (5): 159.

② ROE J. From sydney to boston and back in twenty-five years, with an account of many strange and unexpected happening along the way, or there's no place like home [J]. Australian Historical Studies, 1996, 27 (106): 37-48.

织建制也开始超越学科的局限，为一些研究领域提供了生存与发展空间。即便如此，从西方女性学的发展路径来看，在市场竞争日趋激烈、资源紧张的情况下，女性学还是需要一个学科的名称和“系”的组织身份来为自己的合法性提供辩护，为生存的安全性提供保障。以各国女性学的发展现状来看，进入学院体制，实行系科化和制度化已作为一项适合的组织策略得到了普遍承认。

2. 研究生学位项目

女性研究学者普遍认为，人才的培养是真正促进学科融合的理想方式，也是体现女性学跨学科特点、贯彻女性主义教学法的重要保证。在女性研究跨学科的组织实践中，最卓有成效的就是跨学科课程与研究生学位项目的制度化，特别是研究生学位项目的建立，成为女性学制度化并获得可持续发展的重要成果。

最初，女性学的研究生学位项目并没有组织上的设计，大都只是挂靠在相关院系，授予传统学科的学位，只是开设一些与性别相关的跨学科课程而已，教师与研究生在组织和管理上也都隶属于各自的院系，与女性研究中心只是一种极其松散的合作关系。但问题是，一旦碰到学校财政紧缩或研究资金链中断，女性研究中心往往就会由于自身定位的模糊而慢慢地在教学和行政上被所挂靠的系同化，例如，英国的约克大学和兰开斯特大学的女性研究中心就被扩充进了社会学系，有的被整合进了文化研究系①。基于此，女性研究者开始吸取这方面的教训而改变组织策略，即女性研究的教师们可以在人事上保留其在传统系科的职位，但他们坚持女性研究专业的研究生应该组成独立的教学组织，授予相应的学位，并保持财政和行政上的独立性。实际上，女性学正是在这个过程中开始构建一种新型的跨学科组织模式。

据美国全国女性学会的报告，至 1994 年已经有 38 个州和华盛顿设置了女性学的学位课程，大约有 14 个机构独立授予女性学硕士学位，有 50 多个机构与其他课程联合授予女性学硕士学位。到 2000 年，已有

① 闵冬潮．欧共体各国妇女研究学科化的几个问题［M］//李小江．批判与重建．北京：生活·读书·新知三联书店，2000：259．

8 所大学能独立授予女性学的博士学位，更多的博士学位课程中设有女性学的副修课①。在欧洲，至 1995 年，欧共体国家的 150 所大学里，共有 600 门有关女性学的课程，有 9 个国家授予女性学的学士学位，10 个国家授予硕士学位，9 个国家授予博士学位②。

女性研究学者相信：通过女性学的学位项目，必定会对跨学科领域的界定和回答跨学科方面的问题有显著推动，特别随着女性研究博士教育的发展，跨学科的学术规范也被不断讨论并开始逐步建立。事实上，从不同传统学科培养出来的毕业生可能会为女性研究这一新的领域带来真正的跨学科，知识的不完整以及视角的不完全这些潜在的问题都可能由新的培养模式解决。当不同学科的教师通过合作研究共同培养学生时，学科界限确实变得模糊了，学生从不同学科的教师中获得多视角的研究方法和分析问题的能力，他们看问题的方式也必然发生变化，这才是跨学科真正的价值旨归。

（三）被学科学科化的尴尬——组织策略与学术使命的错位

尽管女性学跨学科的教学项目已经体制化了，但在知识和社会层面，女性主义学术作为一种学术行业的合法性仍然受到质疑③。“系科化”的组织策略与“跨学科”的学术使命之间的错位长期困扰着女性研究者。从目前西方女性研究的发展来看，女性学尽管有追求跨学科学术的愿望，但并未有突破性的发展，而女性研究被学科化的趋势却越来越明显，面对 19 世纪强大的学科组织遗产，女性主义学者也不得不发出这样的慨叹：“在如此结构环境中，一个跨学科使命不会自然地出现。跨学科需要大量反思、创新、改革与有效的战略计划相结合，并且要构建广泛的建设性的体制上的盟友关系。”④

事实上，在对待女性学组织系科化的问题上，女性主义学者一直存

---

① 余宁平，杜芳琴．不守规矩的知识［M］．天津：天津人民出版社，2003：40.

② 闵冬潮．欧共体各国妇女研究学科化的几个问题［M］//李小江．批判与重建．北京：生活·读书·新知三联书店，2000：251.

③ 余宁平，杜芳琴．不守规矩的知识［M］．天津：天津人民出版社，2003：40.

④ 余宁平，杜芳琴．不守规矩的知识［M］．天津：天津人民出版社，2003：105.

在矛盾的心态：如果女性学被传统学科组织所接纳，那么这种学科化和体制化了的女性学在摆脱边缘地位后，它能否保持自己的批判性、自主性和多元性呢？女性学正是在这种矛盾的夹缝中小心地选择自己的组织模式。与西方大学中这些年兴盛的，目前已成为独立部门的宗教研究、环境研究、刑法学以及其他跨学科领域相比，女性学始终在“组织的系科化”或“坚守组织的边缘性位置”二者之间游离，虽然有些大学中的女性研究中心在合法性生存的压力下已经不得不转向组织的“系科化”了，“但仍然还有许多‘女性研究中心’情愿要一个松散的组织结构，即使在面临成为实体性的系的选择时，身处非系科地位妨碍了任命终身教授时，或是必须依赖合聘或借用教师时也依然如此”①，这一困境充分反映了跨学科组织结构的内在复杂性与冲突。

另外，女性学经过“系科化”，有了稳定的“体制家园”，但跨学科的内在属性依然表达了女性研究所处的多重的、边缘性的组织地位，有了跨学科的名分，并不表示受过不同学科训练的学者真的在女性学的旗帜下从事跨越学科界限的合作研究，从现有的情况来看，大多数女性学的成果还是出自各个学科，传统的系科结构仍然决定着女性学教师的地位与生存。笔者以为，在目前大学还无法提供更合适的跨学科组织结构的情况下，女性学制度化过程中面临的这种两难的困境依旧还会持续。

三、中国女性学学科发展的组织策略

从以上西方女性学学科发展来看，进入学院体制，实行学科化和制度化已作为一种适合于女性学长期发展的策略得到普遍承认。美国女性学学者玛丽莲·J. 鲍克塞通过对美国女性学创建之路的分析，深刻感悟到，“过去，女权主义由于未能进入高等院校才以失败告终，甚至被人们彻底遗忘，而现在妇女学在学术界里几乎无处不在”②。而这一切，在很大程度上应归功于女性学在高等教育中制度化的实现。

---

① 余宁平，杜芳琴. 不守规矩的知识［M］. 天津：天津人民出版社，2003：34.

② 鲍克塞. 当妇女提问时——美国妇女学的创建之路［M］. 余宁平，占胜利，等译. 天津：天津人民出版社，2006：321.

韩国学者张必和在研究中把女性学制度化的过程与途径大致分为两类，她认为：第一，以美国为典型代表，女性运动作为社会运动的一个部门使女性学在大学内安家落户，这种模式也称为从下面开始的革命，强调学生和教授们的要求成为进行制度化的第一步；第二，参照已经制度化的学校和国家的经验，并进行补充和发展这一模式，可以说是从上面开始的模式，韩国的梨花女子大学可视为这种模式的代表①。从女性学在中国高等教育中制度化的形式来看，这两种模式兼有，同时它还具有一些本土的特质值得关注和深入探讨。

（一）中国女性学制度化的历史

中国女性学在高等教育中正式建制始于 1987 年，当时，中国女性学的先导者李小江在郑州大学创办了中国高校中第一个妇女学研究中心。到 1993 年，中国高校共成立了四家妇女研究中心（郑州大学、杭州大学、北京大学、天津师范大学）。1993 年中国正式承办第四次世界妇女大会的信息传开，当时的国家教委和全国妇联非常关注妇女研究的状况，高等院校一度掀起了女性学建制的热潮，从 1993 年至 1995 年的两年间，有 18 家高校相继成立了妇女研究中心，截至 1999 年 12 月底，在全国一千多所高校中有 34 家成立了妇女研究中心②。这些兴建起来的“研究中心”基本上都只是虚体建制，“三无”（无编制、无经费、无场地）是其尴尬处境的形象描述。1995 年北京第四次世界妇女大会之后，由于缺乏相应的社会资源、学界支持以及机制保障，许多研究中心迅速萎缩了。

笔者以为，这一时期妇女研究中心作为一种组织机构的存在与真正意义上的学科建制还是有很大区别的。最初，这些机构的建制基本上源于对中国社会妇女问题的现实关注，这些机构虽然在学术研究和促进社

① 张必和．在亚洲国家创建妇女学的苦与乐——妇女学的制度化［M］//杜芳琴，崔鲜香．全球地方化语境下的东亚妇女与社会性别学研究．长沙：湖南大学出版社，2016：5．

② 杜芳琴．妇女学和妇女史的本土探索——社会性别视角和跨学科视野［M］．天津：天津人民出版社，2002：313．

会发展层面有颇多进展，但研究者鲜有把女性学与课程设置、人才培养和知识传播等相联系的，也就是说，许多妇女研究中心并未真正成为女性学的载体，当时国内的妇女研究者基本上都还没有意识到女性学与高等教育体制之间寓意深远的关系。他们在当时追求建制，一方面是在政治号召下受到社会责任导向的影响；另一方面是受一般研究机构模式的影响，从经验和最朴素的感觉出发——就是“做事”（如开会或做项目等）需要一个合法的平台①。再者，这一时期妇女研究中心的建立也与当时学术界“建学潮流”和“组织热潮”的裹挟极为相关，女性学学者少有学科建设的自觉，对女性学的学理认识也并不清晰、成熟。

直至 20 世纪 90 年代末，随着国内女性学界对“gender”这一概念理解的逐渐深入，对女性学的学术理念、思维方法和教学方法才有了更为明确的认识，也只有在这时，中国的女性学才与教学、课程、人才培养有了更多的关联，并与西方的女性学有了相似的含义和对话的共同语境。应该说，这很大程度上得益于中国妇联强有力的推动和中西方文化的交流②，特别是在 2000 年，福特基金会首开了在中国高校资助女性学研究的先例。这个开放性的课题极大地推动了中国女性学的发展，促进了女性学制度化的思考。同时，这一时期，在基本概念的使用上，女性学与女性研究、妇女活动之间的关系也逐渐明朗，对此，杜芳琴教授曾以中国语境为背景，有一个清晰的说明，她认为，女性学（妇女学）与妇女研究既有区别，又有联系。妇女研究主要是针对现实妇女状况和问题进行研究，从而为决策提供理论依据；妇女学主要是由学界发起，从学术领域和知识改造入手，解构、分析男权中心的知识体系如何建构、如何传承性别不平等和其他等级表现，在批判、解构的过程中创立自己

① 杜芳琴. 跨界妇女学的建构：一个校区的经验［Z］//“近二十年华人社会之性别研究：回顾与前瞻”国际学术研讨会会议论文集，2005，中国香港.

② 10 余年来，全国妇联对女性学制度化的推动主要表现在：不断对中宣部、教育部、社科院和党校系统施加影响，成效显著。如：在中宣部主持的 2006 年度社会科学基金立项中有 12 个学科加入妇女与性别议题，批准立项 17 项；全国妇联还牵头召开教育系统的 8 所高校校长参加的女性学科建设座谈会（2005 年 12 月 8 日），还授予 13 家高校为首批妇女与性别研究培训基地（2006 年 6 月）。

新学术的同时，还需要通过知识传承和人才培养薪火相传这门学术并影响社会——这些都需要通过学校的场所和教育的途径完成①。至此，女性学与高等教育体制之间密切的关联性已开始受到关注。

（二）中国女性学制度化的几种模式

经过 30 余年的发展，到目前为止，据不完全统计，中国高校建立女性学机构的有 60 多家，这些女性学机构大都在“妇女研究”、“女性研究”、“性别研究”、“社会性别研究”等称谓下，以“中心”、“所”或“基地”命名，在组织上绝大多数都是虚体建制。目前只有四家妇女研究中心有专门的活动场所和专业编制（中国传媒大学、天津师范大学、东北师范大学、吉林延边大学）。近年来，关于推动妇女性别研究进入中国高等教育学术领域主流的呼吁越来越高，如何寻求中国女性学与高等教育体制接轨的合适方式，拓展女性学的发展空间，是一个漫长而艰难的旅程。从现状来看，有几种制度化形式值得关注。

第一，以传统学科的院、系为组织依托，通过向成熟学科渗透来传播女性学知识，培养人才。

通常的做法是，在本科教育中开设女性学的选修课程，在研究生教育中开辟与女性学相关的研究方向，主要以开课和指导论文的方式向传统学科渗透。这种形式在中国高等教育中最为普遍，许多成立了妇女性别研究中心的高校大都采取这种方式来进行教学与研究，其中以北京大学最具有代表性。1998 年，北京大学社会学目录下已将女性学确认为硕士专业方向，2006 年设立了硕士培养点，目前，已培养了数十名女性学方向的硕士。事实上，在目前中国的高等教育中，文学、经济学（人口学）、历史学、教育学等学科（或领域）也开辟了与性别相关的研究方向，在培养模式上，通常采取的是特定学科角度研究训练与女性学基本知识两部分相结合，它要求学生在所选定研究学科角度的训练方面与该学科学术性硕士（博士）生达到同等水平，这当然也是女性学作为跨学科学术的要求。

① 杜芳琴. 将社会性别纳入高等教育和学术主流——“发展中国的妇女与社会性别学”课题介绍 [J]. 妇女研究论丛，2003 (4)：57.

在这种模式中，女性学虽不谋求在教育领域（高等教育中）的单独建制，但是在向不同学科渗透的过程中，女性学依然没有放弃在学术领域对其专业组织建制化的关注和学术合法身份的追求。值得一提的是：女性社会学目前已在中国社会学专业学术委员会中取得了一席之地，2006 年，中国正式成立了女性社会学专业学术委员会，这是女性学在专业组织建制方面的一次成功运作，也是女性学谋求建制化过程中具有中国本土特色的一种重要方式。笔者认为，这种不僭越传统高等教育组织结构、较为温和的建制方式对女性学研究较深入的学科是具有启发意义的，值得借鉴。因为在中国目前的学科、专业制度下，这种学术上的专业组织建制方式获得也相对容易些。但是，这种在传统学科体制内，进行二级甚至三级专业组织建制方式是否有可能被学术界坚固的学科特性所挫败呢？女性学领域是否会越来越支离破碎，会不会出现像西方学者所忧虑的那样：只是在隔离的状态中创立了“关于妇女的亚领域，同时保持原先学科文化中存在的雄性中心的特点”① 呢？关于这一点确实应该引起我们的警惕和重视。

第二，成立独立建制的女性学系。

在中国，女性学形式上采取自治并以“系”为建制的仅有中华女子学院一家。2006 年，该学院本科招生目录列入“女性学”，2006 年秋季首招本科生 30 人。中华女子学院是一所隶属于全国妇联的高校，长期以来，它一直以培养妇女干部为己任，在中国高等教育系统中处于较为特殊的地位。1998 年，该校虽然已转变为一所全日制普通高等学校，但是由于它独特的定位以及与全国妇联的特殊关系，使它在高等教育体系中的位置依然与众不同，在这样一所较为特殊的高校中建立独立的女性学系与其学校的特点是分不开的，正如曾任该学院院长的张李玺教授所言，女子学院的模式具有不可复制性②。目前，它在女

① STACEY J，THORNE B. The missing feminist revolution in sociology ［M］ // KAUFFMAN L S. American feminist thought at century's end：a reader. New Jersey：Blackwell，1993：167-188.

② 2006 年 8 月，在云南昆明举行了“妇女与社会性别学网络成立大会”，时任中华女子学院院长张李玺教授在会上发言，此观点在发言中首次陈述。

性学的人才培养目标、学位设置、课程设计逻辑、评价标准等方面正进行着尝试性的工作，现在给予评论也许还为时过早。具有意味的是，目前国内一些综合性大学也试图尝试申报女性学专业本科，这不知是女性学之幸还是不幸。

第三，在建制上采取“虚”的形式，在工作中采取“实”的行动，以大学校区为基础，进行科研和教学、教师和学生、校园和社区合作互动的尝试。

大连大学在探索妇女性别研究与高等教育共同发展的过程中，进行的这一探索也颇具特色，值得关注。大连大学于 2000 年 7 月以中国资深的女性学学者李小江领衔正式成立了性别研究中心。这个中心坚持“渗透”与“互动”的理念，宣称“在组织上走出单一的女性主义性别路线，在学科建设上要走出独立设科的‘分离主义’这个老路子、窄路子”①。所以，大连大学性别研究中心在定位上从学理层面就否定了女性学单独建制的必要性，在这几年的发展中，研究中心选择了虚体建制，它明确说明自己的任务：不是让这个“中心”后续有人，长生不死，而是要让中心倡导的学术理念和方法有效进入校园，在制度化的教学轨道上寻到它合法、合理、持久的生长空间②。从目前的状况来看，该中心在师资培训、课程建设、社区合作互动等方面开展了一些活动，确实取得了一定的成绩。但是，这种虚体建制方式虽在学理上可以成为一家之言，但是落实到具体操作层面依旧有许多棘手问题需要面对。特别是这种建制策略早期由于“名人效应”确实起到一定的作用，但是它在女性学的可持续发展方面以及学术研究、社会影响力、课程建设、人才培养等进入主流化进程方面的作为还需继续观察。

第四，回避女性学的建制问题，采取国际合作办学的形式，传授女性学知识，培养人才。

2002 年至 2004 年间，美国路斯基金会支持美国密西根大学与中华

---

① 李小江．教育与性别——本土经验与学科建设［M］．南京：江苏人民出版社，2002：227-300.

② 李小江．教育与性别——本土经验与学科建设［M］．南京：江苏人民出版社，2002：227-300.

女子学院、香港中文大学合办女性学学士后研究班。尔后，自2005年始，美国路斯基金会和美国福特基金会联合支持复旦大学与美国密西根大学合办女性学博士班。探索者希望这种方式能够形成一种可持续发展的机制，但是，目前在很多因素还不稳定的情况下，很难预测这种合作办学方式的前景。这种办学方式对传播女性学理念和中国高校女性学师资的培养确实起到了一定的作用，但由于这种模式在资金上过于倚赖“体制外”（国外基金会）的支持，在理论与方法上（包括话语和语言）过于趋同西方发达国家的主流学界，而在本土、本地资源的利用、投入和机制保障上都还缺乏深入思考与研究，所以这种运作方式的可持续性发展问题仍然需要面对和解决，同时它还不可避免地要接受来自如何本土化的质询。

第五，成立跨学科的实体组织机构，进行女性学制度建设的尝试。

在中国，目前实行妇女性别研究中心实体建制的只有四家，即中国传媒大学、天津师范大学、东北师范大学和延边大学。这里将这四家研究中心同视为实体的机构主要是从是否有正式编制这个并不完全的标准来判断的，事实上，它们之间还存在较大差异，需要具体区分：中国传媒大学是联合国教科文组织直接在该校设立教席，可以认为是直接从顶层（国际组织与中国教育部门联合）开始模式的典型；东北师范大学的建制与该校女性领导担任妇女研究中心主任有着密切的关联性；延边大学女性学研究者专职研究身份的获得与其地域和民族特色（与韩国、朝鲜比邻，语言相通）密切相关。这三所院校除了有专职研究人员和办公地点外，其他有关行政建制的条件（如经费支持、财政独立、人事权利等）尚未具备。

天津师范大学在女性学的建制方面则与前面三所院校有所不同，它应该是中国女性学跨学科建制模式最典型的代表。从天津师范大学女性学建制的实践来看，它的发展前期与国内许多妇女研究中心的状况非常相似，近20年来，该研究中心也一直是虚体建制，并未获得体制内系统的编制保障和经费支持，从2004年开始才有两名正式编制。特别值得关注的是，2006年10月，该校正式批准将原来虚体的妇女研究中心更名为“天津师范大学性别与社会发展研究中心”这一实体的跨学科研究机构①。该中心明确确立为独立建制的校管科研机构，下设四个二级研究机构，成为国内第一家有正式编制，由国家财政拨款，设施配置、办公用房齐全的女性学正式建制机构，目前有7名在编人员，兼职20人左右，真正实现了实体化、专业化和专职化。虽然它和中国高等教育体制中的“院”、“系”等学术组织单位在行政待遇上还有一些差异，但是这一机构的建立确实是实现中国女性学与高等教育体制接轨的重要举措，也是中国高等教育体制改革中体现跨学科、跨领域的一种新尝试。这种跨科际、校际，甚至国际合作建立的女性学实体机构，是参照国外女性学的经验，结合中国社会发展现状和女性学发展需求进行的新探索。这也是在中国制度环境下，由独特的自下而上的草根学术组织通过获得国际基金会支持，开展课题研究，扩大影响，抓住机遇，实行女性学建制的一种新思路，应该受到关注。如何在取得制度上的合法地位后，在传统的知识框架和范式下坚守女性学领域在认识论和意识形态上的复杂性，是这种建制方式需要面对的重要课题。

如今，天津师范大学女性学的制度化已有了突破性的进展，虽然进入主流是女性学落地生根的必然归宿，但主流化和机制化并不是一劳永逸的唯一结果。面对新机构内部建制立章以及与传统“院”、“系”、“学科”的整合嫁接，新的矛盾和困难将横亘于前，依然需要重视，不断创新、合作，逐一解决。天津师范大学女性学制度化的重要促进者杜芳琴也清醒地认识到，“机制化和主流化只是妇女学万里长征的第一步，漫长的革命还在后面”②。

（三）分析与思考

中国女性学目前几种制度化方式的存在都有它的合理性，我们可以

---

① 参阅天津师范大学办公室印发的有关文件，特别是对女性学组织机构建设起重要作用的几份批件。如：1993年《关于成立天津师范大学妇女研究中心的决定》，2004年《关于成立跨界妇女与社会性别学研究培训基地》，2006年《关于天津师范大学妇女研究中心更名的决定》等，以及天津师范大学性别与社会发展研究中心章程（2006年10月16日）。

② 杜芳琴．跨界妇女学的建构：一个校区的经验［Z］//“近二十年华人社会之性别研究：回顾与前瞻”国际学术研讨会会议论文集，2005，中国香港．

持续地关注它们的发展状况以及未来的走向，现在评价它们的优劣或许还为时过早。但可以肯定的是，将来中国女性学的建制绝不会按照同一种模式进行，各个学校、各个地区、各门学科都会依据自己的实际发展情况来谋取合适的生长空间，多种建制形式并存的态势可能是中国女性学长期的现实。

尽管如此，笔者仍然以为，在中国女性学诸多建制模式中，天津师范大学性别与社会发展研究中心这种模式的建制，确实标志着中国女性学在组织机制上的新突破。从女性学的长远发展来看，这种跨学科的建制可能是最接近女性学跨学科的学术和社会使命的建制方式。因为在“以学科为中心”的结构环境中，如果没有一个在体制上有保障的跨学科教学和科研单位，女性学的发展依然会步履维艰。中国高等教育大众化，高校不断扩张，教师负重如牛，无暇系统学习和培训，这些已成为制约女性学发展的“瓶颈”，天津师范大学在学科建制工作方面为突破这一“瓶颈”进行了有效探索，解决了女性学虚体、兼职、业余等许多长期困扰女性学发展的体制问题，也为女性学的学理建设提供了一个良好的平台和可持续发展的机制。

但是，这种没有学科归属和学科依托的跨学科建制机构在未来的发展中，又可能面临着许多新问题需要我们密切关注和深入探讨。因为以学科建制为基础的组织结构是高等教育最根本的存在方式，从一定的意义上说，大学存在的逻辑起点就是“知识”、“学科”，只要高等教育存在的哲学基础没有动摇，它的制度设计在本质上也不会改变。虽然从 20 世纪中后期开始，国际范围内许多学者开始不断“否思”社会科学，重新思考学科的“迷思”，创造性地提出了“跨科际学科制度”的设想，希望通过不同学科之间的交叉融合创造出一种新的学科范式来直接面对学科边界出现的现实问题，但是目前这种新的组织结构在高等教育体制中肯定会遭遇许多尴尬。也正因为如此，在以学科建制为基础的现代高等教育体制中实施女性学的跨学科建制才需要审慎地对待。中国有各类高等院校两千多所，如何拓展女性学在中国高等教育中的影响，推动女性学建制的实现，仍是漫漫长途，特别是在现代教育制度占主导的情况下。而这一点，正是我们新一阶段女性学发展所必然要面临的问题。

四、女性学对大学跨学科组织实践的启示

朱丽·汤普森·克莱恩曾分析了大学中“跨学科”组织的几种策略：在跨学科领域设立特殊的职位；将人员集中在一个代表特定学科互涉专门技能的院系；设立有组织的，对地点、资金、职位等做出制度性承诺的研究单位。事实上，在实际的组织形态中，大学里的各种跨学科运作比这个划分要复杂得多，其组织模式也是各有千秋。

从女性学的案例来看，跨学科组织运作的复杂性超出人们的想象，但女性学的跨学科组织实践确实也带给我们一些启示。

（一）“跨学科”与“学科”在大学中并存

大学组织长期以来倾向于专业化、系科化、碎片化，学术组织的“显结构”基本上是被学科主宰，“跨学科”用查尔斯·赖莫特的话说，只是处于一种“隐结构”状态。20 世纪后半叶，随着异质性、杂糅性、复合性、跨学科等成为知识的显著特征，显结构与隐结构之间的平衡也会发生变化。例如，英国大学最初建立的几个女性研究中心都是 20 世纪 60 年代后建立的新大学，如约克大学、兰开斯特大学、肯特大学等。这些新大学的特点就是：不设立单一的系科，而设立一些跨学科的学院。另外，由于外部资助机构非常重视学术研究的应用性与跨学科性，大学为了吸引各方的资助，在实践层面也在积极地推进跨学科尝试。例如，美国杜克大学 1998 年就设置了专门负责跨学科学术的副教务长岗位和相应的办公室，负责管理种子基金分配，监管跨学科中心和研究所的组建与评价，宣传有关跨学科学术活动的安排。国内许多重点大学也在尝试建立跨学科的研究平台等。事实上，拉斯藤·罗伊早在 1979 年就曾预言：到 21 世纪所有的主要大学将有既适应学科又适应“以使命为中心的实体”的组织结构。他设想建立永久性的教学与研究跨学科单位专门来解决社会关注的问题，如食品、能源、健康、住房、环境等，并且，大学章程承认跨学科的工作，纳入教师奖励、分配制度。罗伊相信，这个结构会更便于许多跨学科领域的研究①。如果罗伊的设想能真正变成

① 余宁平，杜芳琴．不守规矩的知识［M］．天津：天津人民出版社，2003：13．

可以操作的实践，跨学科面临的组织障碍也将会迎刃而解。

（二）“跨学科”研究走向“系科化”

从目前来看，对于大学中一些相对成熟的跨学科研究领域来说，为了适应“学科化”时代的命名需要和制度安排，跨学科研究走向系科化的组织形态仍不失为一项有效策略。对于系科化持乐观态度的跨学科研究者就认为，“系科化的组织形态并不一定等于孤立或狭隘的学科性；系的组织只是大学用来传播知识、组织教师、分配资源的组织结构”①。事实上，成为一个系是“跨学科”研究获得充分体制地位的最直接的方式。

根据企业管理领域中的组织蜕变理论，学科组织成熟到一定的时期，也会为实现其可持续发展而寻求突破，从而采取一种根本性的组织变革策略。结合中西方女性学学科化的个案，我们可以这样认为，虽然它遭遇了组织策略与研究使命错位的困境，面临着被学科组织学科化的尴尬，但同时我们也应该看到，这种新型的跨学科组织也在影响和改造传统的学科组织，美国学者在分析大学中的许多跨学科领域时，就乐观地认为，如非洲裔美国人研究、宗教研究和刑法等跨学科研究领域尽管已经“系科组织化”了，但并没有因此失掉自己跨学科的身份或传统以及各种伦理政治原则②。

（三）跨学科以矩阵结构组织或虚拟组织进行策略性运作

为了适应跨学科的研究环境，突破单学科组织模式的壁垒，有研究者提出了矩阵结构组织的设想③，这是一种既有纵向职能部门联系，又有横向跨各个职能部门联系的组织结构，它可以把组织管理中的垂直联系和水平联系、集权化和分权化较好地结合起来。从女性学的组织实践来看，许多研究中心就采取了这种策略：女性学的教职人员基本保留所在系科的职位，只在研究与出版方面保持与中心的联系；但在课程设置

① 余宁平，杜芳琴．不守规矩的知识［M］．天津：天津人民出版社，2003：37.

② 余宁平，杜芳琴．不守规矩的知识［M］．天津：天津人民出版社，2003：37-39.

③ 吴志功．现代大学组织结构设计［M］．北京：北京师范大学出版社，1998：10.

和研究生学位项目上，中心又是一个独立的教学组织，一个看得见的实体，这是一种风险较小且易操作的组织模式。对于许多并不具备“系科化”的跨学科组织来说，只要政策和资金允许，它就可以进行有效运作。但同时我们也发现，目前发展势头较好的一些女性学的跨学科中心，基本上都是靠大量的、实实在在的捐赠来维持日常运作，如福特基金会、卡耐基基金会、洛克菲勒基金会、拉塞尔·塞奇基金会，以及美国国家文科捐助基金等都曾给予女性学不菲的资助。因此，对于这样的跨学科中心来说，可持续发展的问题不可回避，特别是资金链断裂后组织如何运作的问题是值得思考的。

大学中跨学科研究的组织策略、组织形态与治理模式都是一个非常复杂的议题，在理论和实际层面尚有许多问题需要进一步探索。但可以肯定的是，未来大学中跨学科研究的组织也绝不会按照同一种模式进行，不同国家和地区、不同学校、不同的研究议题都会依据自己的实际发展情况来谋取合适的生长空间，多种组织形式并存的态势可能是大学中跨学科研究长期的现实。

第五章　课程与性别

关注课程与性别的相关性并把课程理解为性别文本是女性主义渗透到课程领域的新建树。这一研究始于20世纪70年代的西方国家（特别是美国、加拿大、英国、法国、荷兰等国）。目前，“这部分学术已经成为当今课程领域中一个重要话语”①。在高等教育中，基于把课程理解为性别文本这一新的学术理念，女性主义学者致力于女性学课程的研究、建构与开发，并以此来推动以多元文化课程为基础的大学课程改革，他们希望这一改革“能够突破现有意识和知识系统的教育策略，从而达到‘改变’个人、制度、人与人之间的关系，并最终‘改变’整个社会的目标”②。本章主要考察女性主义把课程理解为性别文本的认识论依据，并在此基础上批判传统课程文化的男性中心视角，用社会性别这个新的分析范畴来重新诠释现有知识框架和社会现象。通过建立以女性学课程为媒介和重要工具的教学机构，向各个学科领域进行有效渗透，使被边缘化甚至隐形化的众多与女性有关的问题或者所谓非主流、正统的议题“浮出历史地表”，并将其纳入受关注的视域，进入课程体系，改变大学课程中以男性及相关论题为唯一正统和标准的局面，为女性融入高等教育体系，成为真正的知识主体，提供一个重要的认识视角、知识基地和平台。

---

① 派纳，雷诺兹，斯莱特里，等．理解课程［M］．张华，等译．北京：教育科学出版社，2003：378.

② BOXER M J. For and about women: the theory and practice of women's studies in the United States [J]. Signs, 1982, 7 (3): 661.

第一节　作为性别文本的课程

一、背景知识

（一）课程领域的范式转变

课程活动古已有之，但正式课程及其研究的形成历史并不长，大约始于19世纪之后，迄今不过百余年的历史，其发展大体经历了4个阶段①：

第一阶段：逐步兴起（1890年—1918年）。这一时期课程研究的主要问题是“教什么”这一古老而永恒的课题。

第二阶段：独立进行（1918年—1949年）。这一时期主要关注课程开发的原则和技术，倾向于探索课程的技术问题。

第三阶段：加强建构（1949年—1969年）。随着课程研究逐步丰富，研究成果增多，学者们开始呈现出不同的研究旨趣，课程研究开始以系统化的形式出现在教育文献中。20世纪60年代以后，课程研究已开始探讨影响课程基本原理和结果的诸多问题。

第四阶段：范式转变（1970年至今）。在此发展阶段，课程研究的范式逐步演变，呈现出截然不同的态势。

本研究主要关注由第三阶段向第四阶段范式转变过程中所出现的新的学术成果。女性主义正是以此为契机介入课程领域之中。

“范式”一词源于希腊动词“并排展现”，在词典中被理解为“规范”或“范型”，作为“研究范式”的探讨则始于20世纪60年代。美国科学哲学家库恩发表《科学革命的结构》一书之后，几乎与此同时，西方一批教育学研究者也发现了“范式”这一科学规范的魅力，并借用它来解释教育学理论的发展，进而在认识论、方法论层次上进行深刻反思。在课程领域的研究中，“范式”概念较早使用于对泰勒原理的理解，但也有人对此提出异议，他们认为该时期的研究不能被称为“范式”而应属

---

① 汪霞．课程研究：现代与后现代［M］．上海：上海科技教育出版社，2003：前言．

于“前范式”时期①。笔者在此无意对泰勒原理能否称为某一范式作更多的考证与说明，只是沿用目前课程研究中较为普遍的说法，即把以泰勒原理为主要代表的课程研究视为课程开发范式。按照威廉·F．派纳的说法，“这一范式生于1918年，卒于1969年”②。这也是课程研究的第二阶段和第三阶段，即“程序主义”时期。1970年以来，课程理解范式成了课程领域的主旋律，这属于课程研究的第四阶段，即多元主义时期。

课程开发范式主要是基于管理和控制的理念，以课程开发为核心，其目标指向行为和结果的改善。在此范式中，课程仅是一个指令性的传输计划，它突出程序和指令的执行，这些指令被认为具有普适性。这种范式是以自然科学为依据，遵循经验证实的原则，在研究过程中，研究者持价值中立的立场，认为排除先入为主的判断或已有的价值倾向，只对客观事物加以描述，才能公正地展现事实（或变量）间的关系。毫无疑问，课程开发范式是“技术理性”主宰人类社会进而主宰教育生活之后在课程领域的体现。

课程理解范式是在对课程开发范式进行反思之后超越的结果，它不是企图发明某个程序或模式去控制课程，而是奉行多元主义的原则，从不同视域去理解课程、建构课程的意义；课程理论也不是被动依附于实践，而是把实践作为反思和解读的文本；课程不只是分门别类的“学校材料”，而是需要被理解和建构意义的“符号表征”③。正是在这一课程研究范式转变过程中，在以尊重多元文化为基础的背景下，许多新思想、新观念、新的学术成果才得以进入课程领域，并找到自己合适的生存空间，使课程研究呈现出百花齐放、百家争鸣的态势。把课程理解为性别文本正是课程理解范式的重要学术成果之一，它一方面主要来自女

---

① ROGAN J, LUCKOWSKI J. Curriculum texts: the portrayal of the field part Ⅰ [J]. Journal of Curriculum Studies, 1990, 22 (1): 17-39.

② 派纳，雷诺兹，斯莱特里，等．理解课程［M］．张华，等译．北京：教育科学出版社，2003：前言．

③ 派纳，雷诺兹，斯莱特里，等．理解课程［M］．张华，等译．北京：教育科学出版社，2003：前言．

性主义的理论创见，另一方面也受到现象学、新马克思主义、后结构主义等思潮的启示和影响。可以预测，在未来的岁月里，它仍将在课程理论的研究中占据重要的位置。

（二）女性主义介入课程领域

女性主义介入课程领域始于西方第二次女性主义浪潮的推动，这次运动的参加者许多都是高校女教师和女学生，她们用自己的成就和业绩向传统社会性别制度挑战，同时她们也通过在运动中所铸就的敏锐视角和分析能力向高等教育本身提出质疑：对高等教育在社会性别制度的生产过程中所扮演的角色进行反思，对教学内容所传达的性别意识进行检视，她们意识到源于女性和关于女性的经验与知识，在极大程度上被歪曲或被排斥在大学和现有的学科、知识体系之外，所以，她们提出女性不仅要获得接受高等教育的权利，而且要把她们的历史、声音变成教育的内容，那就是大学课程中应该有她们的声音、她们的经验和体验。她们认为，“如果课程中忽略了妇女，即也是一种误导”①。于是高等教育中出现了第一个解决方案——主流化，也就是所谓的“加点女人然后炒一炒”②。但很快女性主义者们就意识到虽然主流化好过一片空白，但这种折中主义的改良并非他们的目标，他们要“改变课程的形式以包含整个人类而不只是一小撮人”③。这时的女性主义者已经超越了他们的前辈——自由主义女性主义学者对高等教育的批判，那就是解决性别不平等的方法只是要求平等地对待男性与女性，平等地分配资源包括权力。当代女性主义者发现这样的改革并不能从根本上消除高等教育中的性别歧视，因为这种批判并没有触及仍然在高等教育课程中占据统治地位的知识形式和认知方式。

基于这样一种认识，自20世纪70年代以来，女性主义学者就开始

---

① 麦金托什．妇女研究的学科建设和发展［M］//李小江．批判与重建．北京：生活·读书·新知三联书店，2000：32.

② KAMARCH M E. Transforming knowledge［M］. Philadelphia：Temple University Press，1990：12.

③ HOWE F. Feminist scholarship：the extent of the revolution［J］. Change，1982，14（3）：12-20.

对她们所处的各学科的课程进行审查，得出如下结论：（1）这些学科的研究方法遮盖了某类信息；（2）忽略或轻视与女性相关的整个研究领域；（3）对两性的归纳概括只是以对男性的研究为基础；（4）研究本身虽然宣称客观性，但仍表现出价值负载；（5）知识被作为外在于人类意识的东西来对待；（6）由现存知识和探究模式所产生的知识与我们已经接受的知识和方法论本身相一致，这加剧了引介新观念的困难；（7）知识被当作男性的知识而不是人类的知识来揭示；（8）在所有学科中，女性的价值都被降低；（9）许多研究以二元论为视角，以高度理性和技术化为取向①。为了对上述发现做出回应，女性主义研究者开始了对课程的再定义和再建构，希望以此推动课程变革。美国威尔斯利大学妇女研究中心主任佩吉·麦金托什把课程历史的变革分为五个阶段。她认为，第一阶段是“没有女性的历史”；第二阶段是“历史中的女性”，其中女性是作为一个例外而存在；第三阶段是把历史中“女性作为问题”，这时开始考察女性排除历史的障碍和结构；第四阶段是把“女性生活作为历史”，其中教育方法等级性减弱，审视了通过性别视角进行的知识建构；第五阶段是急剧的转型，以整体主义以及认知和联系的关联模式为基础②。女性主义学者相信，大学课程通过这五个阶段的逐步转换，可以为消除知识领域的性别歧视与性别偏见提供有效的途径。基于这样的认识理念，课程由此成为女性主义教育学者极为关注的领域，涌现出了一大批卓著的研究者，取得了颇有影响力的研究成果。女性、性别、身份、知识、权力、自我认识等是他们的兴趣焦点，他们提出了精深的性别课程理论，从不同角度拓展了课程研究的视域，为制定多元文化课程提供了重要的分析框架，同时也为课程领域的学术研究打开了一扇新的窗户。

二、课程及其话语的性别分析

首先，我们有必要对女性主义所理解的“话语”（discourse）这一关

---

① 派纳，雷诺兹，斯莱特里，等．理解课程［M］．张华，等译．北京：教育科学出版社，2003：385．

② 派纳，雷诺兹，斯莱特里，等．理解课程［M］．张华，等译．北京：教育科学出版社，2003：386．

键性概念进行厘清与阐释。“话语”这个概念是法国哲学家福柯提出来的，它是后结构主义者经常使用的词语，它传递着人类世界的社会关系，更重要的是，它传递着铭刻于语言中并通过语言来表述的社会关系。女性主义学者琼·W. 斯科特对此有一个注释，表达了女性主义学者对“话语”一词的理解。她认为，话语是一个分析范畴，是作为一种认识论呈现的，“任何知识（无论是科学的、法律的还是宗教的知识）的真实性都是在话语中构成的。话语是一种物质的实践，这一实践既表述着构成社会生活和人类关系的原则、假定和惯例，又将这些原则、假定和惯例投入实际运作”①。斯科特用生物的“真实性”这个例子来解释这段话，她说，生物的“真实性”是18、19世纪科学话语的产物，比如我们都说男女是有差别的，这就是生物的真实性，如果我们认为男性和女性的这种差异是真实的，并对这种差异进行关注，这就是话语的产物，也表达了话语对建构所谓真实性的重要性，即话语使这种真实性合理、合法。

这里所说的课程及其话语，就是指形成有关我们对课程的理解与认识的真实性的效果，是由各种各样的知识与经验以及社会体制和惯例共同建构的，它实际是某种话语的一种效果呈现。在女性主义者看来，课程及其话语主要都是由男性创造和规定的，从知识的确认与选择、知识的价值认可与地位分等、研究方法等方面来看，它都是符合男性中心的价值体系，因此它与父权制文化之间有着内在的同盟关系，它注重的是男性所关注的领域和议题，忽视和排斥女性的经验与认识，使女性的世界成为课程领域中无形的或被扭曲的东西。所以，今天呈现给我们或我们接触、感受到的课程及其所谓的真实性实际上是由某种话语构建的，正因为如此，就有必要对这种真实性本身的真实性提出质疑。

（一）课程及其话语的选择

“课程”按照英国著名课程论专家丹尼斯·劳顿所言，就是“从一定社会的文化里选择出来的材料”②，那么，这些“材料”是如何被选择出

---

① 斯科特. 女性主义与历史［M］//王政，杜芳琴. 社会性别研究选译. 北京：生活·读书·新知三联书店，1998：377.

② 劳顿. 课程设置的两大类理论［J］. 外国教育资料，1982（4）：22.

来的呢？其决定因素是什么？用麦克·F. D. 扬的话来说，此一问题亦即知识是如何被“阶层化”且依据何种标准①。

课程选择和组织的前提是价值判断，是对知识经验中价值要素的把握。任何国家都会对现存知识总体按照某种价值依据进行筛选加工，以构成其学校课程。我国教育社会学学者吴康宁认为，“在这一过程中，起决定作用的是社会占主导（支配）地位的价值观。一项知识无论对社会发展有何价值，无论在现存知识总体中处于何种地位，无论是否符合受教育者身心发展的需要，都要经过社会主导价值观的‘过滤’才能进入学校课程”②。那么，社会中占主导（支配）地位的价值观与性别有何相关性呢？

从前面的分析来看，社会性别制度的建构本身就是社会中占主导（支配）地位价值观的一种反映。在传统社会中，无论中外，社会主流价值观在性别问题的认识上，基本上都体现了男尊女卑、男主女从、男外女内的价值观念与价值定位。这一认识当然也反映在人类的知识系统中，在课程选择过程中这一价值观当然也是无法背离和僭越的。所有选择的意识与潜意识都是建立在女性相对于男性来说是非重要的、劣等的认识上的，甚至包括那些以“科学”面目出现的有关女性生理构造和心理特质的种种知识理论。

颇有意味的是，历史发展到了现代社会，公开的性别歧视法律先后在一些国家开始调整和修正，禁止女性参政、就业、接受教育、继承财产的规定纷纷被取消。性别歧视的立法与政策应该说到20世纪末，已经基本上退出了国家一级的公共政策范畴，任何国家奉行歧视性的性别政策，都会受到国际社会和媒体舆论的谴责，并被视为愚昧和倒退。但是在知识生产和选择的领域，这一宏观政策层面上的性别平等并未得到体现。如在教育领域，表面上奉行性别中立政策，但是涉及具体操作和微观政策以及话语层面的许多问题时，性别毫无例外地会成为这些领域必

① 扬. 知识与控制——教育社会学新探［M］. 谢维和，朱旭东，译. 上海：华东师范大学出版社，2002：224.

② 吴康宁. 教育社会学［M］. 北京：人民教育出版社，1998：313.

须考虑的一部分内容，而且常常是在强化性别差异的基础上被关注。而这种对性别差异的认识基本上又是基于生物本质主义的。这一切，尽管与男女平等的主流价值观相悖，但它又没有在显性宏观层面违反国家的基本法律与政策。在合法的情况下，知识的建构者与选择者们往往自觉不自觉地遵循着传统社会的性别制度，运用他们手中的资源与权力复制着性别不平等的话语。所以，选择进入课程领域的知识也是排斥女性的，即对女性的角色和活动忽略或避而不谈（因为她们是非重要的），即使给予一定的描述也是按照传统社会性别观念和男性的臆想来谈论女性（因为她们是非主体的存在）。课程领域中这种男尊女卑意识形态的内涵包括对女性的忽略、忽视、刻板化、歪曲等形式①。另外，在女性主义者看来，那种由逻辑性、理性、技术性学科组成的课程体系本身就是强化男女品质的差异以及由此导致的男女优劣之分，从而使对女性的歧视与偏见合法化。

美国社会学家朱迪思·斯泰西和柏瑞·托恩在一篇文章中就尖锐地指出，虽然经过女性主义的冲击，大学社会学课本的性别偏见和误导并未从根本上改观②。一方面它给予男性化的社会学一些修补，点出社会学研究的男性中心偏见（例如阶层化研究只关心男性的阶段流动），重新定位过去男性化社会学视为小事的研究课题（包括母职、家务劳动、避孕、堕胎等），开创过去男性化社会学根本缺乏关注的论题（如性骚扰、家庭暴力、女性贫困化等）；另一方面，她们发现主流社会学的有关性别偏见的架构和论调并未改变。有关性别的观点基本上是处于偏安一隅的境地——要不就开一门性别社会学，要不就是在社会学教科书中加入“性别”一章。用教育社会学家琼·埃克的话来说，这样的改革并没有使社会学发生根本的“典范性转移”，这与女性主义社会学家所要求的“不仅是把女人纳入研究样本搅和，也不是将女性主义列于主流社

① 欧用生. 课程与教学［M］. 北京：文景出版社，1987：176.

② STACEY J, THORNE B. The missing feminist revolution in sociology［M］// KAUFFMAN S L. American feminist thought at century's end: a reader. New Jersey: Blackwell, 1993: 167-188.

会学的边缘角落，而是彻底地改变社会学的目标相距甚远”①。

从以上的分析可以看出，选择进入课程领域的知识虽然是主流价值观的反映，但涉及深层的观念问题，主流价值观要么本身就需要反思、质疑，要么就仅仅泛化为一种形式上的政治话语，认识论的偏见与传统文化依然深刻地制约着知识的建构、选择、组织与传播。另外，作为课程的选择者、编制者，其性别身份也是不容忽视的分析背景，这些权力的掌握者、资源的控制者绝大多数都是男性，如台湾有一项对大学新闻教科书的调查发现，近 50 年出版的新闻教科书的主编（作者）只有一个是女性（和另一位男性作者合著）。如果站在女性主义认识立场分析这一现象，我们会发现，在对待课程中的性别差异、性别偏见的过程中，男性往往有意识考虑到的仅是自己单个性别的利益与存在或者仅有想象中的女性存在，面对真实的女性及女性的生存权益，他们则采取了一种毫不负责任的集体无意识的遗忘②。

（二）课程及其话语的价值赋予

社会统治阶层不仅按照知识的逻辑与社会主流价值观对各学科的知识进行选择，将合乎其价值取向的学科知识纳入学校课程体系之中，从而确定各种教学科目，而且将特定的价值信息渗入课程内容中，从而使课程内容具有相应的观念倾向，有研究将其称为“课程的价值赋予”③。正是因为这种价值赋予不同，使课程成为显现权力与意识形态的主要载体。

这里分析课程的价值赋予主要是指将课程内容视为某种观念载体，如果就此对高等教育中的课程知识进行性别分析，就会发现课程实际上也变成了社会性别观念的载体，其表现方式主要有两种。

第一种方式是通过数量差异来昭示特定观念。数量差异主要包括篇幅差异和频度差异。

---

① ABBOTT P, WALLACE C. An introduction to sociology: feminist perspectives [M]. New York: Routledge, 1990.

② 张锦华，等．基础新闻采写教科书中的性别意识 [J]．女学学志：妇女与性别研究，2003 (16)：77-96.

③ 吴康宁．教育社会学 [M]．北京：人民教育出版社，1998：317.

前面已经分析了在课程知识的选择中隐含的男尊女卑的社会性别观念导致进入课程体系的知识对女性的省略、忽视、刻板化和歪曲等。这一点在课程内容作为观念载体中体现无遗。例如，在高等教育的各类文本中即使提及女性，她们所占的篇幅以及出现的次数和频率与男性相比也是悬殊的。她们只是人类文明社会的配角或历史上的注脚，而非各领域的积极参加者，盖尔·塔吉曼曾将这种呈现匮乏称为“对女性的符号消灭”①。如女性主义学者丹玛克在对历史上的心理学著作检视后，说过如下一段令人深思的话，从冯特的著作问世以来，心理学作为一门崭新的科学领域而得到确定，但是，“直到最近，心理学几乎只局限于由男子对男性或雄性动物进行研究，95%以上的早期研究未涉及性别差异。一般认为，从妇女被试得到的数据是不可靠的，因而总是不加重视。甚至为数甚少的早期妇女问题工作者自己也对这种现象感到内疚”②。

有学者曾对我国台湾地区 1978 年出版的《生活与伦理》六册书进行检视后，发现其间出现的历史人物以男性为主，共计 92 人次，女性只有 8 次；男主角占有 37 个单元的篇幅，女主角只有 1 个单元的篇幅；在 269 幅插图中，男性为 170 幅，女性为 10 幅，其余 89 幅呈现的是男主女从的形象。我国台湾地区有学者曾对 1955 年到 2000 年台湾出版的 9 本大学新闻采访教科书进行检视，发现这 9 本教科书中，男女角色的数量与类型有显著的不同。先从数量来看，在所有的新闻报道范例中，一共统计了 866 次的新闻人物，其中男性次数为 667 次，占 77%，女性仅有 199 次，所占比例为 23%。而且就新闻主题类别来看，尽管女性出现的次数本来就不多，但就在这些不多的新闻报道范例中，女性角色出现最多的是社会新闻，高达 35%；其次是人情趣味新闻（占 26%）；其他如政治新闻、财经新闻、文教新闻等，合起来不到 20%③。

---

① GALL M D. Handbook for evaluating and selecting curriculum materials [M]. Boston: Allyn and Bacon, 1981.

② 丹玛克. 妇女心理学：一个新兴领域的概况 [J]. 心理科学通讯，1981 (3)：75-82.

③ 张锦华，等. 基础新闻采写教科书中的性别意识 [J]. 女学学志：妇女与性别研究，2003 (16)：77-96.

第二种方式是通过形象塑造来渗透特定的观念。课程中所呈现的有关性别知识基本上都是按照严格的“男女有别”的观念来定位，如从性别、人格特质、职业角色、前途、权利、义务以及公共生活方面都表现出明显的性别差异，而且在这个过程中，将女性基本上采取刻板化印象来塑造。如从前面所说的对中国台湾地区新闻采访教科书的检视中就发现：男性多以政治人物、高层主管、专家学者等角色出现于论述或政治新闻之中；而女性则常为男性的附属者，是男性生活的客体对象。如皇室公主、总统夫人、市长的女儿、外交官太太等，或多以传统母职、妻职、底层工作者、柔弱受害者的角色出现在人情趣味新闻及社会新闻中，并且女性的外貌身材、打扮穿着、情感故事总是比她们的工作态度、专业表现更受注目，而男性公众人物的家庭生活、情绪态度则较少被提及。事实上，刻板印象也并非只发生在女性身上，社会对于男性也存在一定的刻板印象，如男性坚强、勇敢、成功等，因此，有研究者就此尖锐地指出，“男人和女人一样，都是刻板印象的受害者”①。此外，整体而言，男性以正面形象（87%）出现多于女性（65%）②。由此我们可以看出新闻教科书的内容存有相当比例的性别刻板形象及文化偏见。

课程作为影响社会性别意识再生产的重要机制和媒介，具有提供知识规范、训育的效果，影响着学生的社会性别观念及行为，倘若课程知识的选择者、教育者及受教育者未能对弥散在课程文化中的父权意识形态保持批判性的警觉，未能对课程文本中所体现的性别刻板形象进行反思，那么社会中既存的性别不平等现象无疑将通过课程这种“观念载体”持续地再进行生产。

（三）课程及其话语的等级分层

那些获得“法定知识”身份而进入主流教育课程体系的知识，其相互之间仍存在“阶层化”现象。B. 伯恩斯坦和麦克·F. D. 扬关于课程知识组织的论述中都涉及这个问题。但他们主要关注的是“何者被称

---

① RICH C. Writing and reporting [J]. Journalism Educator, 1994, 49 (1): 369.

② 张锦华，等. 基础新闻采写教科书中的性别意识 [J]. 女学学志：妇女与性别研究，2003 (16): 77-96.

为知识与何者不被认为知识的问题”。女性主义学者却从社会性别这个视角审视了课程的“阶层化”问题，即哪些课程被认为高价值、高地位的课程，哪些是低价值、低地位的课程。1975年，美国学者弗洛瑞丝·豪曾对高等教育中的科层结构作了纪实描述，她认为以坚韧、分析、认知和非感性为基础的“男性理性伦理”在科层化的结构中占据着统治地位①。研究表明，这种正式科层制对女性发展的阻碍非常大，为了在学术科层中提高地位，需要致力于与“软性”研究相对应的“硬性”研究，这种“软”、“硬”之间的二元划分在课程领域的反映就是不同学科课程呈现出的“软”与“硬”的区分。

第二节　女性主义对课程文化的认识论批判

女性主义通过对课程的检视，发现在课程领域呈现出“男性经验中心”、“客观主义”、“实证主义”等倾向并对其进行了揭露和批判。

一、对课程来源“男性经验中心”的批判

女性主义认为，传统课程知识都是以男性经验为主要来源而建构的，这其中的认识论基础就是主、客这两个范畴的截然分开和对立。女性的经验一向被视为不可靠的，女性建构的知识往往被认为具有“非客观性”。斯彭德对此曾有过分析，“男性关于女性所建立的知识，包括走了样的心理学和生理学以及视女性为非劳动者的定义等，往往被认为具有客观性，而女性关于自身所建立的知识往往被认作‘具有主观性’，当男性考虑男性自己的时候，人们往往觉得他们的言论是可信的，而当女性考虑女性的时候，人们往往觉得她们的言论不合逻辑、无理性、感情用事，因此很容易遭到人们的忽视，甚至有人认为与合法性相联系的不是解释的充分性而是性别”②。这种把男女经验截然对立起来的认识导致

① HOWE F. Women and the power to change [M]. New York: McGraw-Hill, 1975.

② SPENDER D. Men's studies modified: the impact of feminism on the disciplines [M]. Oxford: Pergamon Press, 1981: 5.

构成知识的两种经验之间不平等的地位，即男性构造的世界对于女性生活世界来说具有某种权威作用，它构成了社会统治关系的基础，从这个意义上来讲，课程不仅充当了一种性别意识形态的角色，而且被用来作为证明这种意识形态的正当性、合法性的重要手段。所以，女性主义者指出，应该整合情感和智力，主张调查那些扭曲和否认女性教育经验的课程形式，并把女性经验作为课程知识的重要来源。梅德雷恩·R. 格鲁梅特就鲜明地提出，“把女性生养经验的知识纳入认识论系统和课程形式中，它们应构成公共教育的话语和实践”①。但这并不意味着将“家务事物”纳入大学课程体系会使高等教育的神圣性受到侵犯，而是把各学科的大门向许多有意义的问题开放，不仅在学科内留有余地，而且在不同学科之间也创造了空间，让个人、社会和文化有关的问题得以暴露。布瑞特泽曼则提出应把课程定义为一种关系，这样，就必须把课程视为融入了各种各样文化表达的产物，使学生和教师自己能够建构他们的教育世界和生活世界②。

对此，各派女性主义认识论都提出了自己的认识主张。经验认识论者强调倾听女性的经验并赋予这些经验以价值，让更多的女性进入课程知识的建构、编制、选择之中，“打破男性知识的神话”是女性经验认识论关键的一步。立场认识论者则强调，任何知识都是情境之中的，它是建立在具体的历史、特殊的人类生活经验基础之上的，他们坚信作为边缘人群和被压迫者的女性比作为统治者的男性更具有认识上的先天优势，她们的生活和经验为获得更少偏见、更客观的知识提供了丰富的源泉和广阔的背景。在后现代女性主义课程理论家看来，女性经验在课程知识来源中被排斥，是由于在男权社会中，女性被排斥在规范权力的语言系统之外，从而没有发展出合适的语言符号来表达女性经验。所以他们认为应将“女性置于知识之中”，强调“女性的自我认识”以及对“关怀”思维方式和行为方式的关注来凸显女性的认知，发展女性的语

---

① GRUMET M R. Conception, contradiction, and curriculum [C] // The Airlie Conference, Virginia, 1979: 3.

② 派纳，雷诺兹，斯莱特里，等. 理解课程 [M]. 张华，等译. 北京：教育科学出版社，2003：412.

言，以此消解课程中的男性霸权，达到对自然、世界、知识和女性自身的更少歪曲、更少虚假的理解①。

二、对课程性质“客观主义”的批判

女性主义认识论对课程性质“客观主义”的批判，主要是从批判其客观性内涵或条件的可能性入手，通过阐述这些内涵或条件的文化意蕴来解构知识的客观性信念，传统课程正是以其无可辩驳的客观性获得了进入教育体制的合法性地位，通过女性主义认识论的课程批判，传统课程是否会失去其合法存在的依据呢？

如第一章所论述，现代知识的客观性信息依赖独立于认识主体的客观事物或实体的存在，正是这种不依赖于人的主观意志为转移的客观事物或实体假设最终支持着客观性的知识信念。女性主义者如同后现代主义者一样，对“认识对象”是否独立于人们主观意志之外，是否是“独立的”、“自在的”和“自主的”进行了质问，显然，认识对象无论作为一种事物、一种关系或一个问题都不是“独立的”、“自在的”和“自主的”，它们与认识者的性别、兴趣、利益、知识程度、价值观念、生活环境等都有密不可分的关系。不是认识的对象“激发”了认识主体的认识兴趣，产生了认识主体的认识行为，而是认识主体的认识兴趣以及其他许多与认识行为有关的条件“选择”了认识的对象，“制造”了认识的对象，使认识的对象从无知的、寂静的、遥远的世界“凸显”出来，成为完整的、现实的认识过程的一个要素。这也就是说，认识对象是由社会因素所建构的，而不是脱离认识主体的“独立的”、“自主的”和“自在的”。随着这种独立于认识者的“实在”假设被证伪，客观知识的其他属性都失去了存在的基础。因为在认识活动之前，先有认识主体的存在，在认识主体存在之前，先有赋予认识活动的视角和最终合法性的社会存在，性别、权力、价值、利益、意识形态、理论传统、个人对概念和范畴价值的偏好等社会文化因素都深刻地影响着它们。

因此，女性主义课程学者反对对课程和人性的非历史的、本质主义的解释，而应把其所谓的“客观性”放在具体场景中去分析。如此而

① 可参阅米勒、诺丁斯、拉舍等后现代女性主义教育学学者的著作。

论，课程知识所宣扬的客观性只不过是一个虚构的神话故事而已。女性主义在其间更为关注的是课程以“客观主义”作为不加怀疑的先验性原则，却行使着“性别主义”的控制与统治功能，致使女性在课程知识中被遗忘、伤害。为了使人们更好地认识那些被客观性剥夺了资格的知识，更好地使女性理解自己当下的知识生活，就必须对课程进行新的审视、修正或抛弃，把处于不利地位的群体（包括女性）的认识与经验考虑进去，以形成新的客观性标准。对此，不同的女性主义认识论看法也不一样。经验认识论和立场认识论都没有否认客观性本身。经验认识论认为女性加入知识群体，重新认识到女性经验在认识过程中的独特价值，可以克服课程中的性别偏见；立场认识论认为来源于女性经验的知识具有更少的偏见，通过它可以实现最大化的客观性。后现代女性主义则强调从女性自身的经历研究女性，由此才能更好地理解我们在世界中的处境，这是一种为女性设计的研究，它要求一种与众不同的解决主观和客观的方法，一种超越了只是以主观主义代替客观主义的方法，这种方法在后现代女性主义课程理论家帕蒂·拉舍看来，就是重视女性的“自我认识”。这里的“自我”就是由多样的推理性和非推理性实践建构的。通过“自我”认识的加强，可以打破男性中心主义，从而使知识和社会实践具有新的可能性。人们只有在永恒的不确定性、模糊性、变动破碎的身份中才能去接近事实本身的真实性①。这样做，与后现代主义对客观性的放弃不一样，女性主义只是声称知识环境是以价值和利益为基础的，排除了客观普遍性的知识，但是也使偏颇的和有视角的课程知识成为可能。

三、对课程研究中“实证主义”的批判

女性主义对课程研究中“实证主义”的批判主旨是对蕴含在研究过程中的权力关系进行反思，希望把女性的体验纳入知识体系并在研究中将女性置于主体地位。

实证主义强调独立于主体经验的可观察的客观现实，看重理性、抽

① LATHER P. Deconstructing deconstructive inquiry: the politics of knowing and being known [J]. Education Theory, 1991, 41 (2): 153-173.

象和定量。在课程研究中女性主义者发现，课程论的整个框架都是依据以实证主义为代表的传统主流学术体制所建立的，这样带来的结果就是在课程领域建立一种阶级、经济、教育、种族与性别特权，预设并强化着男性中心的课程体制，从而使进入这一领域的女性主义学者首先就面临着一种“分裂的意识”或“自我冲突的困境”，即无法将女性的经验感受与现有的课程学规范融合在一起。基于此，女性主义课程论学者在批判冷漠的、逻辑的、无激情的实证主义课程研究客观程序的过程中，建立起了基于丰富的、感性的、真实的女性经验之上的课程分析框架。这种批判性分析框架包括以下几个方面的内容。

第一，对实证主义的前提进行批判。实证主义的前提是以“客观性”和“普遍性”建立其“科学性”，女性主义认识论既然已将“客观性”解构或重新阐释，那么客观性在此已成为一个可质疑的前提和标准。在女性主义学者那里，知识最核心的要素是“情境化”，没有不含偏见的知识，只有由多样化的主体所感受和讲述的多种多样的经验。在课程的研究中，既然客观性是不可想望的，那么就应对情感性、参与性、经验性有更多的关注。诚如格鲁梅特所言，女性主义学者努力把被历史和文化拆分的经验和理解整合起来，因为教学和学习的意义与男女的意义以及我们的繁殖和养育经验、家庭生活、性、自然知识和政治都有关系①。所以，女性主义学者创设出了一种课程特定的新形式，即把女性主义主题、经验、生态隐喻、人文社会和极富解放意味的自传方法联系起来，以对实证主义的前提条件“客观性”进行批判，从而倡导情境化理解和价值介入。

第二，对实证主义采用的演绎法研究论证的步骤进行批判。这样的演绎法研究论证步骤把既存的理论当成研究的开端，也就是说研究者从选题、提问开始就已经受既存知识范畴限制，而且使那些原来没有被纳入既存知识范畴之内的非主流的论题（如女性的经验与知识）更难有机会进入知识范畴之内。

① GRUMET M. Bitter milk: women and teaching [M]. Amherst: University of Massachusetts Press, 1988: 178.

第三，对研究关系中的等级性进行批判。女性主义认为，在以父权制为基础的实证主义课程研究传统中，遵循的是一种二元对立的思维方式，研究者与被研究者的关系是相互分离和不平等的。研究者往往具有一定的知识优势和认识特权，是处于主要的、中心的、本原的主体地位；被研究者被看作处于无知的、次要的、边缘的、派生的被动地位。作为二元对立思维的意义延伸，女性由于其无法变更的“女性气质”总是被置于依附和隶属的弱势地位，从来没有成长为认知主体，即使有女性以研究者的身份出现，她也是学着而且必须操作男性“理性”的思维方式和话语言说。为了改善女性在课程研究与知识生产中的不利地位，女性主义学者从社会性别关系入手，在新的主体（主体性）的认识框架中，极力倡导研究者与被研究者之间的交互主体性，发展某种相互平等的认识和互利互惠的关系，使课程研究能够倾听来自不同性别的声音。实际上，在女性主义的课程实践中，这种追求平等关系的思想已经远远超越了狭隘的性别关系范畴，而延伸到了教师和教师、教师和学生、教师和家长、家长和子女之间的互动关系。在这种理念下，女性主义课程研究追求的是一种令人欣慰的、民主的、合作的认知方式和知识模式。

第三节　女性学与大学课程改革

课程领域反映出的性别偏见与性别歧视深深地触动了女性主义学者。他们不满意课程领域中这种抹杀女性和女性经验的男性中心话语场，而是去寻求作为多元对话共同体重要成员——女性的话语权，坚持要发出女性的声音，讲出女性的体验。于是他们从一门门学科开始对整个知识体系进行清理，因为他们发现以往的以男性经验为中心，用男性视角去观察、选择建构的课程知识都带有男性的趣味和偏见。因为任何一个学者都有自己的观察角度、社会位置、社会立场，没有人可能从绝对全面的角度看问题，这当然也包括女性主义学者。所以女性主义学者从来没有人声称：我看到的是绝对真理，我穷尽了人类的真理，他们都承认自己只看到了问题的某个角度，深知自己的局限。正因为如此，我们可以看到，几乎所有的女性主义学术研究都会在前言中介绍自己的背景，如一个来自第三世界的有色人种女性或一个黑人妇女、一个中产阶级白人中年女性社会学家等。因为他们相信研究者的立场决定了研究者对于资料的筛选与应用以及结果的解释。正是在此认识基础上，女性主义对男性中心课程知识中女性的缺失、歪曲、忽略、刻板化进行了揭露与批判，指出了其认识与知识的局限性。他们认为，之所以会出现这种状况，正是因为女性在历史上没有成为主体，在知识创建与课程知识的选择中没有成为主体，以前课程中涉及的所谓妇女问题仅“反映了那些创建和声称解决这一问题的男性利益和经历”①。现在，女性应该成长为“提问题的妇女”，作为主体参与到知识的建构和课程知识的选择、解释、研究之中，只有这样，才能从根本上消除课程中的性别偏见与性别歧视。女性学课程的诞生正是女性主义学者富有开创性的研究成果，他们希望通过这一课程的研究与教学来改变课程文化的男性中心和男性权威形象。

一、女性学——女性主义课程重构的尝试

（一）作为新知识领域的女性学

前面研究中已谈到，在传统社会性别制度之下，尽管世界各国国情不同，但没有一种文化允许女性被尊为知识和政策的制造者。社会性别制度在教育进程中制造了将女性排除在知识主体之外的历史与现实，女性学正是一种重要的矫正策略，它批判现有的课程知识体系，同时挑战这样一些学者——他们声称自己的性别、种族、阶级、宗教和地区或性意向等因素同他们制造的知识没有任何关系，并认为谁能从所制造的知识受益也与上述因素无关。所以，女性学一开始就宣称自己的目标是“创造”一个既没有性别歧视，也没有种族歧视、阶级主义、年龄主义和异性恋主义的世界，远离所有为了一部分人的利益而自觉不自觉地压迫和剥削另一部分人的意识形态和社会机制②。正是基于这一共同的目

① HOWE F, LAUTER P. The impact of women's studies on the campus and disciplines [M]. New York: State University of New York Press, 1980.

② BOXER M J. For and about women: the theory and practice of women's studies [J]. Journal of Women in Culture and Society, 1982, 7 (3): 662.

标，各传统学科内的一大批对女性主义论题和社会性别分析感兴趣的学者，以各种形式开始了女性学的研究与教学工作。女性学课程的主要内容是对传统课程知识自我标榜的“客观”和“真实”的真实性提出质疑并对传统学科的主题与结构进行解构。

与传统课程相比，女性学课程最大的特点表现在两个方面。第一，女性学课程蕴含着鲜明的政治伦理意味。这是因为女性学从其诞生之日起就表明了自己的目标，即探索和传授有关女性的知识，结束教育领域中的性别歧视乃至推动整个社会变革，这已使它与传统课程纯粹的知识传授区别开来；另外，女性学知识本身产生于丰富的女性主义实践，它与政治运动有着一种特殊的关系，充满活力的妇女运动正是女性学发展和变革的基础。第二，女性学课程是一个典型的跨学科的领域。最初，女性学常常以某项目而不是系的形式出现。后来，一些大学形成专门的女性学系，但不管是项目还是系，女性学在女性主义学者看来总是与跨学科密不可分地联系在一起，这种跨学科学术对于女性学超越传统学科的限制、开创新领域，具有非常重要的意义。由于传统学科已经划出了清晰的学术界限，女性学所关注的许多议题便落在已有学科关注点的边界或边缘上。所以，女性主义学者认为，为了完成自己的知识使命，妇女学必须对已形成的对女性、社会性别和性的传统解释的全部知识系列从国际和跨文化的背景中做超越学科的驾驭。有学者由此指出，跨学科是将女性学中个人的、政治的、知识的利益结合起来的最好方式①。从这种意义上讲，女性学不仅仅批判了传统知识系统，创设了一种重新阐释知识的方式，而且综合各学科创造出一种新的认识论，重建主要的知识结构，创造新的组织性概念、方法或技巧，形成一个新的更丰富的知识范畴。

（二）女性学挑战并改变主流课程体系

根据美国学者佩吉·麦金托什的研究，20 世纪 70 年代美国就有

① GUMPORT P. Feminist scholarship as a vocation [M] //GAIL P K, SHEILA S D. Women and higher education in comparative perspective. Netherlands: KLUWER Academic Publishers, 1991: 293. 转引自余宁平，杜芳琴. 不守规矩的知识 [M]. 天津：天津人民出版社，2003：27.

100多个项目通过女性学对学术学科的重新设计进行了调查研究，20世纪80年代很多学者都表达了通过女性学进行课程变革的兴趣。女性学作为高校内的独立课程，首次于1969年在美国的圣地亚哥州立大学开设。作为课程出现的女性学不可避免地涉及两个问题：第一是是否有必要建立具有独立教职、学生、学位的妇女学；第二是如果体制内不存在女性学系，如何在所有学科中引进女性主义和社会性别的观念。这就是“整合”与“自治”的问题。

应该说，到目前为止，关于“自治”和“整合”的路径，不同国家根据不同的国情在女性学发展的不同阶段会有不同的选择策略。但无论是采取“自治”还是“整合”的策略，目前，女性学在许多国家的高等教育课程领域已成为不容忽视的一支力量，用弗洛瑞丝·豪的话来说，女性学就是希望用新课程知识和发展来改变所有学生的教育。具体到课程领域，主要表现在以下几个方面。

首先是课程体系的变化。传统的课程体系中是没有女性学的位置的，也就是说体制内不存在“学”一说，但自从女性学以其强劲的学术声势介入课程领域之后，在许多国家，它经历了由副修科目到主修科目再到女性学专业的学士、硕士乃至博士学位课程的设置，女性学在这些国家的高等教育课程领域中已占有一席之地。这种基于女性学的新学术、新观念框架和新教学法的出现也在很大程度上改变了原有课程的结构和主题。女性主义学者拜翠·曼萝就曾说道，“当课程运动被当作流动的液体，深植在体验中时，这些女性不仅会打破传统形式，而且不再拘泥于传统上起控制作用的课程标准”①。女性学改变课程体系的另一个指标就是公共必修课的变化程度。虽然女性学的学位颁发和课程的开发有了稳步的发展，但是更大的进步还在于它使更多的文化多元性课程成为必修课，或者同时把社会性别和文化多元性变成学位必修公共课，这一点，在美国的高等教育系统中表现得尤为明显。

---

① MUNRO P. Teaching as “Women's Word”：a century of resistant voices [Z]. Paper Presented to the Annual Meeting of American Educational Research Association, San Francisco, CA, 1992 (4)：15-19.

其次是课程内容的变化。由于女性学的介入，很多教育项目都开始对教学大纲、教材进行了检视与审查，使得传统课程的内容、主题得以扩大乃至重建。英国女性主义社会学家丽兹·斯坦利在谈到过去20年女性学对社会学课程的影响时，曾举例说明，“在英国，是A. 奥克利最先将家务作为工作进行详细研究……这类工作使英国的主流社会学课程对‘工作’一词进行了重新概念化的理解”①。在心理学课程中，女性学驳斥了传统心理学存在的一些荒谬的假设和观点。比如，过去心理学认为女性外出工作会引起角色紧张，并由此对女性的身心健康构成威胁，女性学从新的研究角度改变了这一传统认识，它得出的结论是：多重角色的好处远远超过它所引发的紧张，这一结论已被主流心理学界认同并进入了课程内容。在经济学、政治学、历史学、文学、人类学等课程中，女性学的影响也相当明显②。特别是在一些相对新的学科课程中，诸如电影、电视等，因为对明星、体裁和观众的研究几乎都将性别作为一个分析的中心点。总体而言，女性学对课程内容最大的挑战在于，质疑了传统课程内容中对女性和有关女性知识的扭曲与忽视，并在标榜为“客观性”的课程内容中强调对个人陈述的尊重、理解，在多元化思想的指导下，将个体层面的经验纳入课程内容之中。

根据美国蒙大拿州立大学项目报告，在女性学项目实施之前，45%的课程中没有有关女性的内容，50%的课程中有关女性的内容不足25%，仅有5%的课程中有关女性的内容超过了25%；在项目实施后，教学大纲反映出的结果是，45%的课程中有关女性的内容达到或超过25%，所有的课程都加入了女性的内容，但仍有27%的课程内容少于10%。坦特里尔特用她的女权主义阶段理论模式对教育大纲进行分析发

① LIZ S. The impact of feminism on sociology in the last 20 years [M] //CHERIS K, SPENDER D. The knowledge explosion. Hertfordshire: Harvester Wheatsheaf Press, 1993: 256.

② 参阅以下著作：“刘霓. 西方女性学——起源、内涵与发展 [M]. 北京：社会科学文献出版社，2001：89-101.”；“李小江. 批判与重建 [M]. 北京：生活·读书·新知三联书店，2000：24-35，263-290.”；“余宁平，杜芳琴. 不守规矩的知识 [M]. 天津：天津人民出版社，2003：49-101，121-155，173-187.”。

现，在女性学项目实施之前，“60％的教师在思考有关妇女的教学时没有从根本上挑战传统学科（第二阶段），40％的教师处于第三阶段（双焦点学术阶段）；在项目实施之后，15％的教师进入了第二阶段，54％的教师可被划为第三阶段，8％的教师进入了第四阶段（女权主义学术阶段），23％的教师进入了第五阶段（多元焦点，相关的学术阶段）”①。这些课程内容的变化从某种意义上已改变了传统课程的结构和主题，使课程内容特别是人文社会学科朝着更为关注社会性别和文化多样性方向变化。

最后，女性学也深刻地影响到课程的研究。由于女性学自身独特的认识论和方法论特点，从其出现就表现出了对以男性为中心的课程知识体系的批判态度和立场。它认为，课程理论主流的方法论，以及对知识进行概念化和审视的方式都反映了父权制的社会态度，用女性主义学者科林斯的话说，这种态度的特征就是客观、理智、浅性、逻辑、剖析、冷静、趋利、好斗、科层、排他和目标导向②。基于对女性经验和女性主义的理解，芭芭蕊·米特拉诺在《女性主义与课程理论：对教师教育的启示》一书中，提出课程理论应关注圆形的、神秘的、统一的、感情的、反思的、公共的、包容的教育导向的重要性③。在这样的认识基础上，女性学实际上也表现出了对课程概念重建的努力与尝试。课程理论家梅德雷恩·R. 格鲁梅特、珍妮特·L. 米勒、桑德拉·沃伦斯坦、伊丽莎白·埃尔斯沃思、芭芭蕊·米特拉诺等对此做出了重要的理论贡献。例如，米勒主张认真调查那些扭曲和否认妇女教育经验的课程形式，要求把女性置于知识之中，她认为通过自传式反思和洞察，对促进女性在学校中的反抗与解放具有重要的作用。这样也能从根本上改变具有性别歧视的教育制度、学术学科及代表性课程的性质。格鲁梅特批判

① 施密茨，罗森费尔特. 妇女学与课程改革［M］//余宁平，杜芳琴. 不守规矩的知识. 天津：天津人民出版社，2003：95.

② COLLINS P. It's in our hands: breaking the silence on gender in African-American studies [M]. New York: State University of New York Press, 1993: 127-142.

③ MITRANO B S. Feminism and curriculum theory: implications for teacher education [J]. Journal of Curriculum Theorizing, 1981, 3 (2): 5-85.

了传统课程仅强调控制、反映男性主义的认识论，在这种“二元论”中，主客体不是相互建构的，而是按照原因和结果、主动和被动关系进行排列的①，女性学为超越和反驳这些课程计划和认识论提供了可能。内尔·诺丁斯更是运用女性主义理论和她的关爱观对课程设计进行了新的阐述，改变了思考和解决问题的方式，她认为关怀既是女性的本性，也是教育最原始的职责，课程应用“关怀”的主题来组织，让学生通过“关怀”主题的学习，接受关心自己、他人，以及全世界的人、植物、动物、环境等思想观念的教育②。

下面有一份由美国女性学课程改革全国资料中心提供的表格（见表5-1），供参考③。

表 5-1 女性学进入高等教育体制后引起课程与教学变化的阶段

阶段	问题	动力	方式	结果	课堂实践
1.隐藏阶段	谁是历史上真正伟大的思想家（行动者）?	保持“优秀”的标准	回归基础	20世纪60年代以前，只有中心课程；固定的产品和普遍的价值观	学生是被动的接受者
2.寻找失踪的妇女和缺失的“少数民族”	谁是伟大的妇女？女莎士比亚在哪儿?	赞助妇女和少数民族行动（补偿行为）	在现存的范式中加入数据	把“特殊的”妇女加入课程中，为女学生和少数民族学生寻求角色榜样	注意到女学生和少数民族学生的存在

---

① GRUMET M R. Conception, contradiction, and curriculum [C] // The Airlie Conference, Virginia, 1979: 22.

② NODDINGS N. Caring: a feminine approach to ethics & moral education [M]. California: University of California Press, 1984.

③ BOXER M J. Challenging the traditional curriculum Judith Glazer-Raymo [M] // TOWMSEND B K, ROPERS-HUILMAN B. Women in higher education-A feminist perspective. London: Pearson Custom Publishing, 2000: 494-495.

续表

阶段	问题	动力	方式	结果	课堂实践
3.理解少数民族是被压迫者，看到妇女在男性统治社会中处于从属地位	为什么少数民族的历史被忽视或歪曲？为什么歪曲？为什么妇女的工作被认为边缘的？	愤怒（社会公正）	反对现存范式，但并没有超出占统治地位群体的视角	“妇女形象”课程，非洲裔美国研究（曾被称为美国黑人研究）	学生更多地参与辩论，学生可能拒绝社会性别认同和少数民族团体认同
4.妇女学有了自己的主张，从内部视角研究被压迫文化	妇女过去和现在的经历是什么？妇女间的差异是什么（注意民族、阶层、性别、文化差异和社会性别的不同含义）？	知识的，理智的	在现存范式之外，建立竞争的范式	族裔学、跨文化研究和妇女学相结合，跨学科课程	学生重视自己的经验，从更熟悉的资源中收集数据
5.新型学术挑战各学科	质疑当前确定、历史分明、行为标准的充分性。必须怎样改变问题才能将性别、民族、阶层和性别置于各种背景中去探讨？如何从稳定的主体向不断变化的主体位置转变？	认识论	检验范式，社会性别、种族、阶层和性别成为分析类别	改革的开始，理论课程	教师是教练，学生是合作者
6.公开亮相，改革后的课程	社会性别、种族、性别是如何相互交叉重叠？我们如何能够更全面地论述人类经验的多样性？	建立在关注差异和多样性，而不是同一性和普遍性基础上的全面视野	改变范式	新型包容性核心课程。动态过程，改革后的导论课程	学生赋权，知识定义不仅取决于内容，而且取决于技能和能力

通过这些理论研究者和实践者的探索，女性主义学术已成为西方学术界一支活跃的力量，女性学更是以它独特的教育关怀，从某种程度上影响甚至改变了课程领域的研究主题、方法，揭露了课程中诸多曾被忽视的层面，使关于课程的理论与实践呈现出多姿多彩的面貌。

（三）女性学与大学课程改革的未来

在过去的30余年里，西方女性学的迅速发展对大学课程的改革起到了积极的推动作用，但是它的影响力依然有限，如研究生教育和职业教育中女性学课程的欠缺，以及在自然科学和技术学科领域，其课程影响力基本上是空白的，来自社区学院对它的批评也从未停止过。帕特丽夏·甘姆波特就认为尽管女性学作为跨系的教学项目已经体制化了，但在项目和个人层面上，学术界都还没有完全承认女性主义学术作为一种学术行业的合法性，她认为即使在女性学项目地位得到承认的大学里，反对女性主义学术的情绪，以及在评价教师个人，特别在聘用、提出决定时，都公开表露出来①。最尖锐的批评则宣称女性学是主观的、非科学的、政治化的，认为它干扰了客观的、科学的、非政治化的课程②。同时，来自女性学内部的争议也从未停止过，它主要表现为不同种族、族裔和性倾向的妇女现实生活和经历的差异。

如何从这些争议中不断丰富、完善女性学的理论与实践，使之与多元文化之间的关系朝着一个有利于共同发展的方向前行，仍是需要深入研究的问题。再者，如何摆脱对女性学的核心概念“社会性别”作狭隘性思考的局限，而与阶级等级、种族等级、族裔等级、年龄等级（在中国的语境中还涉及城乡等级、地域等级等）结合起来，考察种种等级的交叉，这也是一项非常复杂的研究工作。女性学要想在课程领域永远占据一席之地，拓展视域及主题是关键的策略。也只有这样，它才能在支持发展文化多元主义的课程改革中发挥重要作用，扩大大学课程改革的

① GUMPORT P. Feminist scholarship as a vocation [M]. Netherlands: KLUWER Academic Publishers, 1991: 290.

② 麦金托什. 妇女研究的学科建设和发展 [M] //李小江. 批判与重建. 北京：生活·读书·新知三联书店，2000：34.

影响力，真正实现自己的目标，而避免流于向某些批评家指出的，女性主义的课程改革过于情绪化，听起来热闹，而实际上往往见效不大，女性学学者现在更应该关注的是如何从“话语”走向“存在的现实”，从这个意义上讲，女性学仍然在路上，尤其在现代主义教育制度占统治地位的情况下。

二、中国的女性学课程：知识的建构与传承

（一）厘清概念：妇女研究、女性研究、妇女（社会性别学）、妇女学、女性学

“女性学”这个词汇在中国看起来很本土化，实际上国内的研究者在对其内涵的界定与理解上还存在诸多分歧。大致被翻译为“妇女研究”、“女性研究”、“妇女、社会性别学”、“妇女学”、“女性学”等几种。其中“女性学”是目前较常见的命名。

“women’s studies”较早被中译为“妇女学”，从目前查阅到的资料来看，“妇女学”这个概念在中国最早出现在1982年第4期《国外社会科学》的一篇译作《争取女权运动的历史和妇女学》中。此后，国内零星出现了呼吁建立中国妇女学的研究文章①。1986年“妇女学”被作为一个专题，在第二届全国妇女理论研讨会上讨论。此后妇女干部学校、社科院所、高等院校的专家学者纷纷撰文从理论上探讨妇女学学科的创建。但是，这一时期，没有提到社会性别是妇女学的核心概念，也没指出国外妇女学是在高校中具有专门的教学机构和课程设置的学科②。就“妇女学”这个说法而言，当时也并没有统一起来，有的说“妇女学”，有的称为“妇女研究”，但是大家说这个词的时候，实际上还是主要侧重于对妇女问题的研究，“关注妇女学的学者也往往是根据我们本土的经验来想象妇女学是怎么一回事情”③。

---

① 孙小梅．中国妇女学学科与课程建设的理论探讨［M］．北京：中国妇女出版社，2001：136-139.

② 王政．浅议社会性别学在中国的发展［M］//杜芳琴，王向贤．妇女与社会性别研究在中国（1987—2003）．天津：天津人民出版社，2003：20.

③ 王政．越界——跨文化女权实践［M］．天津：天津人民出版社，2004：122.

直至1995年第四届世界妇女大会后，情况才稍有改变，我国众多高校借此机会，纷纷成立了妇女研究中心等相关机构，“妇女学”这才与教学、学科、课程有了更多的关联，也只有在这时，在这种意义上，中国的“妇女学”与西方的“女性学”才有了相似的含义和对话的共同语境。因为在西方国家，“女性学”是非常明确的教育体系中的一个学术领域和教学机构，它在教育体制中是一个实体：有机构、教授、人员、办公室、课程设置、一整套教材、一大批学生、学分、学位授予等一整套体系。在中国，人们过去并不明确这一点，所以“妇女学”与“妇女研究”这两个概念常常混淆使用。杜芳琴教授以中国语境为背景，对此有一个清晰的说明。她认为，妇女学与妇女研究既有区别，又有联系。妇女研究主要是针对现实妇女状况和问题进行研究，从而为决策提供理论依据；妇女学主要是由学界发起，从学术领域和知识改造入手，解构、分析男权中心的知识体系如何建构、如何传承性别不平等和其他等级表现，在批判、解构的过程中创立自己新学术的同时，还需要通过知识传承和人才培养这门学术薪火相传并影响社会——这些都需要通过学校的场所和教育的途径完成①。虽然有了以上的共识，但有学者对“妇女学”这个概念本身提出质疑，认为“妇女”这个词政治色彩太浓，建议使用“女性”，但同时有学者提出反驳意见，认为“女性”这个词汇易将妇女“生物学化”，掉进本质主义陷阱，像当今在一些妇女学校以“女性学”名义开设的课程，多以“公关”、“文秘”、“家政”、“礼仪”、“美容”为主，实际上是切合了传统的社会性别制度与知识体系，违背了“妇女学”的本意和初衷。

1999年后，鉴于对“社会性别”这个妇女学核心概念理解的深入，有学者提出根据当前的发展趋势，应称为“妇女与社会性别学”（women & gender's studies)，其理由是：现有“社会性别”逐渐成为一个分析范畴，适用于所有学科范畴；而我们所理解的妇女学既是多学科和跨学科的以社会性别为核心概念的新知识体系，又需要张扬妇女主体（研究主体和

① 杜芳琴. 将社会性别纳入高等教育和学术主流——“发展中国的妇女与社会性别学”课题介绍［J］. 妇女研究论丛，2003（4）：57.

研究对象主体)，“妇女与社会性别学”这一称谓可以避免淹没妇女主体，在国外，一些大学也纷纷以“妇女与社会性别中心（系、所)”命名就反映了这种趋势①。在本研究中，笔者一方面鉴于目前国外研究资料和国内译作（著）有许多研究者使用了“女性学”这一译名②；另一方面，笔者在论著中所关注的“women's studies”主要也是因为其与教育、高等教育中的人才培养、课程文化、学科建设等有着密切的关联性，如果把它译为“女性研究”或“妇女研究”就很难与一般意义上的研究工作区分开来，更难以理解“women's studies”是如何作为高等教育的组成部分而存在的，故笔者选用“女性学”这一概念。

（二）女性学课程进入中国高等教育体系的背景与现状

女性学课程进入中国高等教育体制，一方面反映了改革开放后人们对中国社会现实中妇女状况的密切关注和中国妇女学研究深入需要学科化的呼声；另一方面也受到西方女性主义学术的影响。

随着中国社会变革，特别是在市场经济浪潮的冲击下，中国的社会性别关系发生了微妙而又深刻的变化。从“五四”以来，性别平等在中国主要被理解为女性参与社会政治经济生活的平等权利，这个理解在中国的政治话语中能占主导地位，是因为它同政党在革命和建设时期开发女性人力资源需求相一致。在公有制经济中，性别平等的国策使得大批女性获得了教育权和就业权，并对就业领域中的社会性别界限有所突破，可以说，计划经济重新界定了“男性”和“女性”的内涵，使女性处在一个有政治意义的主体位置，她完全摒弃了儒家的“三从四德”的性别规范，她不再依附于家长和丈夫，她也不是由家庭角色和性功能来界定的，而是和男性一样由社会角色来界定。由此可以看出，当时“女性”这个主体位置所包含的对传统社会性别规范的挑战是意味深长的。就在公有制经济、男女平等话语有意无意地颠覆几千年的社会性别秩序时，改革开放、市场经济给中国人展现了一幅前所未有的社会图景。在

① 王政. 越界——跨文化女权实践 [M]. 天津：天津人民出版社，2004：122.

② 杜芳琴. 将社会性别纳入高等教育和学术主流——“发展中国的妇女与社会性别学”课题介绍 [J]. 妇女研究论丛，2003 (4)：57-63.

纷繁复杂的现实面前，改革开放以前的社会性别话语受到了质疑和批判，与此同时，大量传统的性别符号被调动起来，当代女性经历了在背弃传统或回归传统之间迷茫和无所适从的心路历程。

在这种大的社会背景下，高等教育应该做些什么？是复制传统的社会性别制度还是挑战它、质疑它，这是高等教育研究者和女性学学者应该共同关注的课题。中国妇女研究的先驱李小江在分析妇女研究学科化的趋势时就明确指出，应该“通过在高等教育现有的学科体制中设立有关妇女研究的课程逐步走上制度化轨道。换句话说，就是使妇女研究与现有主流学科和现行国家教育体制接轨的问题”①。只有这样，才能做到既改革高等教育的教学内容，又深化女性学研究，培养人才以达到改革社会性别等级制的目标。

应该看到，在高校中设置女性学课程并不是一种抽象的学术建构，其本身对改变教育内容是有重大意义的。留美学者王政在谈到在中国高等教育中开设“社会性别学”课程的意义时曾指出，“我们的人文社会科学课程至今还很少包括国际上从社会性别角度创造的新知识，中国改革开放以来的妇女研究成果也极少能进入课堂。21 世纪的中国高校学生应该具有国际学界开创的新知识结构，也应该对占人口一半的中国妇女的生存状况有所了解。具有社会性别视角的新知识能够给予学生的不仅是对人类社会和自身状况更深刻的理解，更重要的是能够培养起学生批判的精神和独立分析的能力……”②

鉴于这样的学术理念与社会变革追求，1995 年第四次世界妇女大会后，中国高校一度掀起了开设妇女学课程的高潮。这也是中国妇女从理论探讨、问题研究走向教学实践，走入课程领域的重要步骤。20 世纪 90 年代末，随着国内妇女学界对“社会性别”这一概念理解的深入，对女性学的思维方法和教学方法也有了质的飞跃，应该说，这很大程度上得益于中西方妇女的交流，特别是在 2000 年，由福特基金会首开在中

---

① 李小江，朱虹，董秀玉．批判与重建［M］．北京：生活·读书·新知三联书店，2000：7．

② 王政．浅议社会性别学在中国的发展［M］//杜芳琴，王向贤．妇女与社会性别研究在中国（1987—2003）．天津：天津人民出版社，2003：40．

国资助妇女学研究的先例。该课题联合了国内十几所大学和科研机构，分别在妇女与社会性别基础、妇女史学、妇女教育学、妇女社会学等方面做编写教材、推广课程等工作，这个开放性的课题源源不断地吸纳和培养年轻的妇女学学者，举办读书研讨班，翻译、编写、出版专著和教材，极大地推动了中国女性学的发展，在某种意义上具有里程碑的意义。

2001 年 3 月，首届高校女性学学科建设研讨会在北京大学召开，这说明女性学学科的建立在学界已拥有了相当的共识，同时也表明女性学学科建设的问题已提到了高等教育教研的关注层面。2001 年 7 月，大连大学举行“妇女（性别）研究与高等教育实践”国际论坛，其主要目的在于“推动妇女（性别）研究的可持续发展和在中国高等教育及学术领域中的主流化进程”。除此之外，还有由女性研究较为发达学科发起的各类研讨，都涉及妇女学学科建设、课程设置问题。就笔者对中国妇女研究会 2007 年 7 月对 13 所高校妇女研究培训基地开设课程情况进行汇总分析，13 个高校基地面向本专科学生、硕士及博士研究生的各类教学课程总数达 282 门，其中，面向硕士和博士研究生的专业课程 80 门，涉及女性学、社会学、经济学、哲学、美学、法学、史学、人口学、人类学、管理学、心理学等多个学科，通识性和跨学科的课程有 93 门，占 33%①。最近又有了新发展，如研究生课程已经向系列化和系统性发展②。

在课程目标上，学者们大都强调妇女学课程的设置应该充分体现妇女（性别）研究自身所蕴含的价值诉求和现实关怀。有学者认为开设

① 杜芳琴，王珺．三十年妇女性别研究的学科化［M］//莫文秀，等．妇女研究蓝皮书：中国妇女教育报告．北京：社会科学文献出版社，2008：348.

② 北京大学女性学研究生已开设课程如下：“女性学导论”、“性别与发展”、“女性学经典理论选读（英文）”、“女性主义方法论”和“妇女发展史”等。天津师范大学“性别社会学”与“性别与发展”方向研究生已开设课程有：“妇女性别研究理论与原著选读”、“社会性别研究方法”、“性别与发展”、“社会性别与公共政策”、“性别与发展项目实务”等，该校为妇女（性别）史研究生和师资培训设计的课程有“学术女性主义”、“妇女与社会性别史导论”、“中国古代典籍的社会性别解读”、“断代与专题的妇女（性别）史研究”、“沟通历史与现实：性别的审视”等。

“社会性别学”课程就是要培养学生具有社会性别视角的新知识，能更深刻地理解人类社会和自身状况，培养学生批判的精神和独立分析的能力，提高学生的社会性别觉悟①。有研究者甚至认为首先考虑的不是学生未来的职业技能和职业素质，而是他们的社会性别意识②。

在课程内容上，基本上是各高校根据自己的实际情况和各学科的特点进行自行设计、规划。课程的设置和教材建设也充分体现了多样性和丰富性的特点。尽管仍有学理上和涉猎该领域早晚的差异，因而课程中存在着参差不齐甚至学理混乱的现象，如宣扬性别本质主义、女人味、传统性别角色分工的内容也出现在课堂上，但更多的学者靠自己扎实严谨的学术研究，对课程和教材内容进行知识审视和社会性别批判，开始了各门学科知识重建的尝试。通过对社会人文学科领域诸多问题深入、细致的实证研究，在性别与发展学、社会学、人口学、经济学等课程与教学中也充分地践行了女性学的知识观和课程观。

另外，中国女性学课程的设置和教材建设也充分体现了多样性和丰富性的特点。不同性质、不同民族、不同地域的院校等根据自己的实际情况，都进行了深入而持久的探索，初步形成了各具特色的课程体系和教材体系。云南、新疆、吉林延边等地的民族高校则致力于民族女性学的研究与教学，并根据中国少数民族本土经验，编写教材，探讨在民族社区实现性别平等的途径与方法。

女性学课程大都较注重女性主义教学法的研讨与应用。其中参与式教学、师生互动、经验总结与分享等受到教师与学生的普遍欢迎。

女性学课程在中国高等教育中的推行应该说只是刚刚起步，对中国学者和高等教育界来说这都是一个全新的领域，西方国家虽然有了较为成熟的理论和有效的实践操作，但仅仅能作为我们的借鉴，“社会性别等级制的表现和社会性别生产和再生产的过程因文化和历史的不同而有差异，任何地区的学者都必须在对本土的历史文化社会的具体研究中创

① 王政．越界——跨文化女权实践［M］．天津：天津人民出版社，2004：122．

② 揭艾花．规范性与现实性——浅论课程设置与妇女学学科发展［J］．妇女研究论丛，2004（5）：32-35．

造出具有现实主义的分析批判”①。从引进到创建是一个充满艰辛的创造过程。在这个过程中，会遭遇到许多意想不到的困难，如社会的传统观念、学术界本身的规则以及教育体制的故步自封等。如何拓展女性学课程在中国高等教育中的影响，推动中国大学课程的改革仍是漫漫长途。

（三）中国高校女性学课程的未来与学科化前景

笔者以为，在中国高等教育体制下，中国女性学课程未来的走向与其学科化前景极为相关，我们谈论女性学的课程建设之前，首先需要回应的是主流学术界和高等教育界对女性学学科合法性的质疑，只有对这个问题做出了有效回应，才谈得上加强女性学自身的学理建构和规范女性学的课程体系。在此，本论著重点关注一下中国女性学的学科合法性问题。

“女性学”在中西方语境中的含义虽不尽相同，但研究者对其学科化的诉求却是相似的。在西方，对待女性学学科化的问题上，女性主义学者一直存在着一种矛盾的心态（关于这一点，第四章已有较详细的论述）。在中国，由于缺乏女权运动的社会基础和知识批判的学术背景，中国的女性学一开始并未呈现出反传统学科的姿态，反而在 20 世纪 80 年代中后期被一股“建学热”所裹挟，表现出了对学科极大的认同感和较为明确的学科指向性，涌现出女性学学科建构的热潮②。我们姑且不论当时这种学科情结中有多少学术理性，在此我们更为关注的是，经过 20 余年的发展，中国女性学在学科化的征途中到底走了多远。

应该说，时至今日，中国女性学并未受到主流学界的认可与尊重，即使那些执着于女性学学科化的研究者也不得不承认这样的事实：尽管我们总是在自说自话中寻求精神安慰，但心中却始终缠绕着挥之不去的学科自卑情结，主流学术界和教育界长期对女性学保持的那份冷漠令人有些无可奈何。其中就有研究者对女性学学者们在没有弄清楚前提条件下热闹地谈论女性学学科建设和课程体系建构表示强烈质疑。这些研究

① 王政．浅议社会性别学在中国的发展［M］//杜芳琴，王向贤．妇女与社会性别研究在中国（1987—2003)．天津：天津人民出版社，2003：32．

② 从当时国内以“妇女学”、“女性学”命名的各类文本可窥其一斑。

者认为，女性学研究者应该首先弄清楚什么是学科，一门独立的学科是怎么创立的以及女性学学科创立的必备条件、规范和要求等最基本的问题，然后再去谈女性学能否被尊为学科及所谓的学科和课程建设问题①。作为女性学的研究者，只有对这种质疑做出有效回应，女性学才有可能走出自说自话的怪圈，和诸多经典学科建立起对话的平台，逐渐完善其课程体系，消解“次等学科”的自卑情结。

根据学科制度化的历史经验，一门学科能否被冠以“学科”的尊称，主要是看其学科制度和学科建制两个层面，缺少任何一个层面，都不能称为真正的学科②。在这里，所谓学科制度（也称学科内在制度），主要指学科规范的理论体系的建立，如特有的研究对象，完整的理论体系(特别是特有的概念体系)，公认的专门术语和方法论，代表性的人物和经典著作，合理规范的课程体系等。学科内在制度的建立是确立学科学理（学术）合法性的关键。与之对应，学科建制（也称学科外在制度）主要指大学内部机构层面的东西，如组织机构、行政编制、资金资助等。我国著名的社会学学者费孝通先生曾概括了一门学科的社会建制应包含的五个方面，“一是学会，这是群众性组织，不仅包括专业人员，还要包括支持这门学科的人员；二是专业的研究机构，它应在这门学科中起带头、协调、交流的作用；三是各大学的学系，这是培养这门学科人才的场所，为了实现教学与研究的结合，不仅要在大学里建立专业和学系，而且要设立与之相联系的研究机构；四是图书资料中心，为教学研究工作服务，收集、储藏、流通学科的研究成果、有关的书籍、报刊及其他资料；五是学科的专门出版机构，包括专业刊物、丛书、教材和通俗读物”③。与之类似，吴国盛教授也认为，“一个学科……社会建制和社会运作层面上的范式建构，目的在于形成一个学术共同体，它包括学者的职业化、固定教席和培养计划的设置、学术组织和学术会议制度

---

① 叶文振，等. 女性学学科的建设、发展与创新［J］. 中华女子学院学报，2005 (1)：33-40.

② 王建华. 多学科研究与高等教育学学科建设［J］. 高等教育研究，2003 (2)：87-89.

③ 费孝通. 略谈中国的社会学［J］. 高等教育研究，1993 (4)：1-7.

的建立、专业期刊的创办等"①。学科建制（学科外在制度）对学科的发展十分重要，它是确立该学科社会合法性、行政合法性的基础。因为任何一门学科的发展都必须以特定的社会建制为基础，许多知识门类与研究领域往往就是因为"留心论述、逻辑和理念，多于物质性和建制上的东西"②，而未能实现学科的独立和发展。

由此可以看出，一门学科要确立起自己的学科合法性，就不得不从学科制度与学科建制两方面来规范该学科的建设和发展。也就是说，学科合法性的获得主要通过以下两个途径来实现：一是通过学科制度建立起该学科的学理合法性，使"总学科圈"中其他学术共同体和学科同行们对其学科地位予以认可；二是通过学科建制建立起该学科的社会合法性、行政合法性以及法律合法性，使得该学科被当今的教育体制所容纳并得到官方和公众的承认与资助。

女性学是一门新兴的学科，或者说还只是一门不成熟的"准学科"，课程体系还处于探索阶段，从其概念出现的历史来看，在西方国家也只有短短的30余年的历史，在中国则始于20世纪80年代中期，至今不过20年。如果按照19世纪形成的学科制度来规范或者取向于经典学科范式，女性学无疑难以被尊称为"学科"。事实上，从西方女性学的发展来看，女性主义学者也并未谋求这种经典学科范式，而是从知识批判的角度对传统的学科制度提出了质疑。

20年来，中国女性学经过积极的本土探索以及与国际女性学界的交流、对话和合作已取得了令人瞩目的成绩，但是我们应该清醒地认识到，它离成熟的女性学还相距甚远，女性学在中国的普及、主流化、机制化还有相当艰苦的路要走③。

中国女性学学科化的征途到底如何走下去？笔者认为，在中国虽然坚持女性学最基本的学术理念是必要的，但是从策略上讲，女性学要想

---

① 吴国盛．学科制度的内在建设［J］．中国社会科学，2002（3）：80.

② 华勒斯坦，等．学科·知识·权力［M］．刘健芝，等译．北京：生活·读书·新知三联书店，1999：34.

③ 杜芳琴．十年妇女学回顾：进程、成果与存在问题［Z］．妇女与社会性别学通讯，2005（14）：19-42.

得到长足发展，对其学科化的追求特别是学科行政合法化和社会合法化的努力则更为重要也更为迫切。从西方国家的具体情况来看（以美国为代表），其学术研究以问题为导向的居多，虽然学科与大学直接相关，但大学建制的基础不仅仅是学科。就女性学而言，在许多西方国家的大学里，成为一个学科（或单独的院系）并不是女性学教学和科研的必备条件，只要问题存在，有学者愿意做，就可以开展相关的研究，并培养学生。尽管如此，西方女性主义学者还是切身地感受到了女性学在学科体制内的尴尬处境。从目前西方女性学的发展来看，女性学尽管有追求跨学科学术的愿望，但并未有突破性的发展，而女性学被学科学科化的趋势却越来越明显，面对 19 世纪强大的学科遗产，女性主义学者也不得不发出这样的慨叹，“在如此结构环境中，一个跨学科使命不会自然地出现。跨学科需要大量反思、创新、改革与有效的战略计划相结合，并且要构建广泛的建设性的体制上的盟友关系”①。

在中国，情况则更为明显，由于受特殊的学科、专业制度的影响，女性学要想在我国存在并获得发展，取得学科和专业的地位，进而在高等教育体系内获得建制是必然的取向。因为在中国，不是所有的问题都可以进入高校的研究视野，也不是所有的研究都被允许进入高校的课程体系，更不是所有的研究领域都可能得到国家财政经费的资助与人事编制的许可。事实上，在中国，学科的设置基本上可以被视为一种行政行为，它与学科自身的合法性（特别是学理合法性）关系并不太大，正是这种体制使学科设置或设置学科成为在高等教育中增加相应建制的合法性基础。也就是说，一个学科要在大学里获得建制，要生存发展，就必须诉诸行政性的学科设置，只有经过学科设置，一个学科才有可能在大学里获得人员编制、资金资助等学科发展的必要条件。所以，女性学取得行政合法性应被视为当今中国女性学发展的第一要务。

事实上，中国目前女性学的发展已有良好的基础，尤其值得注意的是，1998 年，北京大学颁布的硕士学位的学科专业目录已将女性学确认

---

① 阿伦，基思，等. 被学科学科化？在妇女学中跨学科研究使命的需要[M] //余宁平，杜芳琴. 不守规矩的知识. 天津：天津人民出版社，2003：40.

为社会学下的三级学科，此举说明中国女性学已在行政合法性上迈出了关键性的一步（可以说已得到了某种程度的官方认可）。十余年间，以高校妇女（性别）研究中心为依托，妇女与性别研究的博士和硕士方向已经星罗棋布地分布在27所高校，其中综合大学12所，师范大学12所，民族大学2所，传媒大学1所。27所高校中建立了硕士研究生培养点3个：北京大学的女性学专业（以社会学为依托），厦门大学的女性研究专业（以管理学为依托），南京师范大学的女性教育学（以教育学为依托）；博士研究生培养方向15个（历史4个，文学3个，社会学2个，管理学2个，教育、管理、人口和法学各1个），硕士研究生培养方向39个（社会学10个，文学9个，历史6个，教育5个，管理3个，哲学2个，传播、人口、经济、心理学各1个）[①]。研究生培养机制的建立和迅速发展将对推动高等教育系统和学位授予系统早日接纳妇女学有不可估量的作用。

但不可否认，这些研究方向，特别是博士招生方向的设置更多的还是学校的自主行为或者可以说仅仅是出于某些学者个人的行为，还远远谈不上女性学行政合法性的确立。而且，如果研究者仅仅是追求女性学“三级学科”或“研究方向”的身份，一方面，在很长一段时间内，它将很难以合法的身份进入国务院学位委员会颁布的学科专业目录（实际上它只是一个相当灵活的研究方向而已），而且这种身份要想在高等教育体制内获得建制是很难的；另一方面，随着女性学研究的深入，事实上作为女性学二级学科甚至一级学科的任何一个学科都无法包容女性学的内容，在很多领域，女性学早已超出了它所属的二级学科的理论视野，实际上，也许正是由于早期学科制度所蕴含的性别意识形态，才埋下了女性学可以单独作为学科的“因子”。西方女性主义学者以自己的学习和研究的成就已为女性学作为独立学科的发展奠定了良好的基础，这正是我们可以学习和借鉴的地方。

事实上，即使参照最严格的标准，女性学也已处在学科制度化的进

① 该数据是笔者对2009年高等院校研究生招生信息初步统计的结果，并且发现2007年以来增长速度很快。

程中，而且相当大的部分已经完成了制度化（特别是西方女性学发达的国家）。如果参照一些相对简单的学科制度化标准，如荣尼克尔和麦考马克分别在19世纪和20世纪早期有关物理学的发展的著作中所指出的，“一门大学学科目前需要三样东西：公认的科学家在进行科研、通过卷入科研对学生进行科研训练和一套综合的学习课程”①，女性学作为学科是毫无问题的。在中国特殊的学科专业制度下，目前我们可以不断地加强女性学在其他熟学科领域内的渗透，但这种渗透很有可能被学术界坚固的学科特性所挫败，女性学领域也将会越来越支离破碎，关于这一点，西方女性学学者面临的困境和忧虑似乎应该引起我们的重视。基于此，笔者以为，女性学要想在中国高等教育体制内得到长足的和可持续性的发展，它就不应该仅仅满足于作为一个三级学科的行政合法性，而应该努力以二级学科的身份存在并进行专业人才培养，成为事实上的一门“学科”，进而使女性学的各级学会、研究机构、专业刊物以及人才培养等获得行政合法化地位。

如果女性学能通过行政性的学科设置使其获得社会层面的种种建制，将对女性学的发展前景，包括课程建设起到不可估量的作用，但是学科行政合法化并不等于社会合法化，前者是后者的必要条件。按照社会学、组织学相关知识的概念，所谓社会合法化，就是一个客体运用自己的成果为公众服务，因为符合社会的正当性和“适切性”而赢得一些公众、一定群体的认可、支持和参与，其存在的客观认同就成为一般遵循的社会规范的持续过程。反观中国女性学30年的发展，社会层面对其的认可虽有所提高，但远未达到一门学科所需要的基本的社会合法化。

至于中国女性学的学理建设或者说取得学术合法化的前景，才是最不可估量也是最需要时间考验的。学理合法化才是学科合法化的核心，始于20世纪80年代中期的中国女性学曾一度非常热衷于理论体系的建构，也就是说，中国女性学者一向对女性学的学理合法性甚为关注，事

① 克拉克．探究的场所——现代大学的科研和研究生教育［M］．王承绪，译．杭州：浙江教育出版社，2001：60.

实上也正是"学术合法性才是一门学科进行学科合法化的真正基础"①。那么，中国女性学的学理建设又如何呢？从目前出版的以女性学（妇女学）冠名的著作（教材）来看，其学理可谓纷繁复杂，所以有学者面对中国女性学学理的混乱情况，无不忧虑地指出，"学理混乱制约妇女（社会性别）学的发展"，"打着妇女（性别）学的旗帜，在高校课堂照搬各种旧的等级架构或继续制作女性气质，延续性别不平等的课程还很有市场；即使那些想用新理论、方法来变革的学者，也处于革故鼎新中的'挣扎'和无所适从的痛苦中"②。

中国女性学有不同的声音是正常的，西方女性主义也是流派各异、观点纷呈，但这并不妨碍其学理发展。但是，作为一门独立学科本身应该有最基本的学理认同却是毋庸置疑的，如研究对象，公认的专门术语、方法论、概念体系、分析范畴等。事实上，中国的女性学还远未达到这种最基本的认同感，也许正是源于这种对学科理解的随意性，女性学在学科同行中，甚至在本学科许多研究者心目中离真正意义的学科和学术还相去甚远。从这种意义上讲，中国女性学的学理建设还有很长的路要走。从研究领域到独立学科必须经由学科制度化的过程，即使学科制度化结束了也并不意味着学科的完全成熟。事实上，任何一门学科也不可能完全成熟，即使在学科制度化之后，学科建设也将是学科发展中永恒的主题。为此，笔者以为，由于学科理论体系的建构（学科内在制度的建设）和女性学知识的积累并非一朝一夕之事，所以，在目前的状况下，任何人提出一个一劳永逸的方案和所谓的标准答案都是不太可能的，相应的课程建设也将会有一段较长的摸索期。既然如此，在女性学理论体系的建构上，我们就应该保持一颗平常心，并把其作为我们经常性的、永久性的学术追求。

基于此，笔者认为中国女性学的学科和课程建设应从以下三个层面展开：行政设置、社会认可、理论体系的独立和完善。在中国的学科现

① 孙龙，邓敏．从韦伯到哈贝马斯：合法性问题在社会学视野上的变迁［J］．社会，2002（2）：28-31．

② 杜芳琴．十年妇女学回顾：进程、成果与存在问题［Z］．妇女与社会性别学通讯，2005（14）：57-60．

实中，我们不能重复经典学科制度化的老路，如果过分强调女性学学理合法性的获得，无疑是画地为牢，将不可避免地陷入迷茫和误区。现实中，我们只有基本完成了女性学的学科设置、学科建制等外围方面的工作，并得到政府、社会和高等教育体制内的认可，基本获得学科的行政合法地位，女性学才会有较大的发展空间，女性学学者才会有成长的舞台，同时这也必将促进女性学学科内在制度（包括课程建设）的建设。事实上，女性学学科建设的这三个层面也不可能是截然分开的，也不存在一个特别明确的先后顺序，杜芳琴教授在实践的探索中总结出的“研究、课程和机制”已颇有远见地预测到了中国女性学的学科前景①。

进入21世纪以来，中国女性学发展又走入了一个新阶段，有学者称之为“后学科化时代”，在这个“后学科化时代”，有几个特点值得关注和思考。

一是“后学科化”在学院内的推进。“后学科化”在这里特指21世纪前10年开展的以国内高校为主体，旨在进入高等教育主流的学科化的努力。随着2011年福特基金会支持的系列课题相继结项，伴随着妇女学队伍代际交替，高校学科化建制的基地也相继或回归虚体或人去楼空②。但妇女学经过十几年的耕耘，在研究成果、课程教学、人才培养上也到了开花结果的季节。在代际交替过程中，一批受过系统训练的中青年学者成为教授、学科带头人和学科教学的骨干，并培养性别研究领域的博士、硕士研究生，还持续开设了各类各级课程。据不完全统计，课程开设截至2013年有115所高校约440门，其中本科270门，硕士研究生123门，博士研究生47门；从综合性大学和社会人文学科领域向理、工、农、林、医、艺术、体育等类院校扩展，从大城市向边陲和中小城市推进；在培养博士生的模式上，有直接授予学位招收性别方向的

① 杜芳琴. 十年妇女学回顾：进程、成果与存在问题［Z］. 妇女与社会性别学通讯，2005（14）：57-60.

② 天津师范大学性别与社会发展研究中心2006年实体建制，至2009年底已有编制6名。大连大学性别研究中心已经作为学校重点学科发展。中山大学性别与教育论坛如火如荼。

模式，也有借用平台（如厦门大学设立公共管理博士点培养性别与公共管理博士研究生）招生授予学位的模式①。从研究立项来看，最近5年来，除了教育系统特别省级增加研究立项外，中宣部主管的国家社科基金从2005年至2011年七年间共计有139项得到立项②，从2005年的5项提高到2006年至2010年每年平均20项，而2011年则达到33项。最近几年或有增减，因性别已经渗透到人口、管理、社会学、马克思主义等学科，难以准确辨别那些隐藏在主流学科中的性别立项。从立项学科分布看，多集中在马克思主义、科学社会主义、党史党建、应用经济、社会学、法学、人口学、政治学等学科，基础性的研究和学科建设探讨研究很少立项，只有中华女子学院张李玺教授的“中国女性社会学学科化的知识建构”课题于2006年通过国家社会科学基金立项，2013年出版了研究成果③。研究短板是至今没有对本土父权制进行历史与现状全面的清理解构，对妇女的性别歧视至今没有本土界定，至于最基础性和批判性的女性主义工具如本体论、认识论、方法论的梳理与本土研究至今尚未开始，仍是以引进、复述、套用西方理论方法为主而生产不适用的精致论文。在机制建设方面，中国妇女研究会2013年评审14所高校研究中心为全国妇女（性别）研究培训基地后，新增了10个基地。近年来中国妇女研究会还建立了优秀硕士、博士学位论文和学者优秀著作的评审机制。仅有三所属于妇联主管的女子院校2014年底成立了中国女子院校联盟，普通高校的学科学术共同体建设并未有进展。

二是主流化呈现新趋势，即学院与行动主义开始“结盟”。一个新趋势就是高校妇女与性别研究的成果开始转化为影响社会和社会性别平等行动主义的立法政策推进、社区教育、社区服务和基层治理，本土女性

① 有关课程的数据是笔者2013年7月撰写《95＋20中国影子报告》教育部分时，查阅中国妇女研究会妇女（性别）研究培训基地工作总结材料及笔者掌握的非基地学校动态和重点电话访问统计，写入影子报告“妇女与教育”一章。

② 引自中国妇女研究会中国妇女研究网的材料整理。研究会从2005年开始对中国社科基金进行积极干预，每年征询意见增加立项领域并呈送中国社科基金办公室，在这方面起了重要作用。

③ 张李玺．中国女性社会学［M］．北京：中国社会科学出版社，2013.

学与妇女运动结合并成为妇女运动的重要组成部分，这是这一阶段的新亮点。事实上，在高等教育中推进女性学研究与课程建设等本身就是女性主义行动主义的一部分。女性主义行动主义或行动女性主义，是有目标、计划、策略、组织的连续性的研究与实践活动，是为推动社会积极变革、实现性别平等与社会公正的行动。女性主义学术的真谛是为了改变社会，向更加公平正义前进，无论是培养推进这一事业的人才，还是直接介入社会积极变革的行动，都是女性主义行动主义的范畴。如国内反对针对妇女暴力的网络行动，治理出生性别比失衡，推动性别平等政策倡导项目等，都充分体现了“建立在女性主义学术分析框架和组织活动分子的项目之间的联系”的女性主义行动主义的精髓①。在法学界学者、性别专家、妇联和“妇女 NGO”从 21 世纪初至今的努力联手下，第一部《中华人民共和国反家庭暴力法（草案）》终由国务院常务委员会于 2015 年 7 月 30 日通过，并提交全国人大常委会审议通过。跨学科女性主义学者和女性主义活动家组成的“性别平等政策倡导研究团队”，经过十几年不间断的努力，在农村调研，开展社区教育，干部培训，政策倡导，推广经验，从改变家庭与社区同构的父权制开始，修订村规民约推进农村社区性别平等到依法村庄自治，建立平等、公正、和谐的社区治理，已经被政府认可并推而广之。以上两例说明女性学可以突破学院式知识生产模式，将学术研究应用于服务社会，从鲜活的大众实践中创新知识，形成知识生产与服务社会、大众的良性生态循环：学科（学术）知识转化为公众（大众）知识，用行动实现新知识进入课堂与学科知识，如此反复循环，这才是知识生产（再生产）与运用的知行合一的理想模式。

① 莫汉提．没有边界的女性主义：去殖民主义理论与实践结合［M］//闵冬潮．全球化与理论旅行．天津：天津人民出版社，2009：39.

第六章　教学与性别

西方女性主义对知识领域批判所产生的最直接、最显著的学术成果就是女性学的诞生及其作为课程在高等教育中的推广，学院派女性主义者把社会变革的理想转向了女性学课堂上教学论的革命。对于这种新知识的传授，女性主义显示出了不同于传统教学论的基本特征：它不但提醒着人们高等教育领域内存在“女性主义文化”和范围更大的“制度文化”之间的分歧与争论①，而且它深入探讨了大学课堂中的权力问题，首次将教学与性别的关系纳入研究的视域加以关注，并由此产生了作为一个新的教学理念与方法的“女性主义教学论”(feminist pedagogy)。事实上，“‘女性学’的不同之处正在于许多女性学实践者们对教学内容和方法所表现出来的认真负责程度。他们对教学技巧的兴趣，对课程结构、作业、课本、课堂状态以及学生的反映等的关心程度，都与常人大不一样。除了教育学专业，没有哪个专业的学术年会像女性学那样，在会议日程中花那么多时间讨论教学问题和课堂中的事情”②。尽管女性主义教学论的实践者们并没有形成统一的教学方法，但是他们确实具有一些共同的指导思想和目标，那就是揭露阻碍社会性别自由理想的各种观念，创立一个个人改造和教育改造的理性纲领，消除性别歧视主义，重建性别角色，他们通过对知识界定、知识传授过程、师生关系等方面革

---

① MAHER F A, Thompson M K. Feminist classroom: an inside look at how professors and students are transforming higher education for a diverse society [M]. New York: Basic Books, 1994: 28.

② BOXER M J. When women ask the questions: creating women's studies in America [M]. Baltimore: The Johns Hopkins University Press, 1998: 81.

命性的理解和创见，打破了传统的教学观念，并对长期以来教育领域中少数精英人物拥有的知识霸权、知识垄断以及以教师为中心的等级化结构的传统课堂提出了挑战。他们所倡导的平等、多元、包容、互相激励、合作、赋权的学习关系和积极主动的知识创新精神引起了教育学界的关注。本章主要通过对传统教学论及其性别立场的批判，阐明女性主义教学论的基本理念：尽管人们出身、经历和对未来的期望各不相同，但都有可能运用各自特有的方式来获取知识、共享知识，在保持个性的同时达到整合与提升①。通过这个过程，可以逐步消除教学领域内的各种偏见（包括性别偏见），实现女性主义课堂所追求的理想。在这里，知识是社会建构的，学习是合作的，解释是复杂的，身份是相互联系的，理性和感性是相结合的。

第一节 传统教学论与性别

一、传统教学论的基本特征及其性别立场

（一）传统教学论的界定

自夸美纽斯的《大教学论》以来，教学理论一直沿着与启蒙和工业化相适应的方向发展，即以理性主义为基础，追求某种“宏大叙事”，致力于形式化的探求，按照“规律—本质”、“目的—手段”、“逻辑—实证”的路径来建构教学理论，指导教学实践。历史发展到当代，这种教学论已遭受到越来越多的质疑，对于它所导致的一系列弊端，如教与学关系的线性化、教学内容与教学方法的套路化、远离真实的教学情境，使“人”在教育场景中退隐，而沦为先验理性或工具理性的附属等，更是成为重构教学论的现实基础。

这里所说的“传统教学论”特指自欧洲启蒙运动以来，在工业化进程中所表现出的具有若干共同、固定特征的教学理论，而不是一般意义上与所谓“现代教学论”（指以学生为中心的教学理论）相对的那个

① 王宏维．论西方女性主义教学论对传统知识论的挑战［J］．哲学研究，2004（1）：53-59．

“传统教学论”（指以教师为中心的教学理论）。依笔者的理解，“以学生为中心”的教学理论在本体论、认识论以及谁是知识的拥有者、思想方法等方面依然与“以教师为中心”的教学理论如出一辙，实难反映出新的文化价值理念，代表教学理论新的发展方向。故此，笔者认为，我们在习惯性的学术话语中所使用的“以教师为中心”和“以学生为中心”的教学理论都应该被界定在“传统教学论”的范畴之内。

（二）传统教学论的基本特征

传统教学论是在启蒙运动和工业化的社会大背景下发展起来的，所以它的基本旨趣也是在以理性为基础，追求效率和标准化过程中逐渐形成的，其具体表现如下。

第一，认识论上遵循主客二分的原则，造成了教与学、教师与学生等对立的范畴。传统的二元认识论在教学论上的具体表现就是处理教师、学生、知识三者关系的绝对化、等级化。教师与学生、教与学之间被看成是对立的、有位差的，相关信息只能由教流向学，由教师流向学生。其中，就教而论，教师秉承社会的意志，是真理的化身，他用既定的内容、方法进行教学，他是受“驱动的”，但他又是与学生相对立的“权威”，社会赋予教师的文化权威强化了教的地位和作用；就学而论，学生犹如一张白纸，他只是一个被动的接收器，即使学生有对未来生活的期望，具有一定的能动性，这种期望也是建立在社会的意愿——能被社会所接受的基础之上的，这种能动性在传统教学论中也只能用“反馈”来解释——只有在教的前提下，才会有学的“反馈”①。这种“反馈”实际上也可以理解成“给定”的，它是严格按某种规范建立起来的。在这种认识框架下，无论是“以教师为中心”，还是强调“以学生为中心”，有意拔高学的地位，都没有突破和超越二元对立的传统思维模式，为教与学、教师与学生关系提供新的理论阐释。

第二，理论体系的建构以概念、逻辑为理路，致力于形式化的理性追求。作为启蒙和工业化时代的产物，传统教学论在几百年的发展历程之中，关注的主要是“科学世界”而不是“生活世界”，追求的是“科

---

① 刘旭东．论教学理论的重建［J］．高等教育研究，2002（3）：31-35．

学的”教学理论体系的架构，走的是形式化的发展方向。其中对教学论本体论的沉思与理解就是一个典型的例子。这种对教学论本体论的追寻与哲学史上本质主义知识观和认识论路线是一脉相承的。近代以来，本质主义作为一种知识观、认识论路线或认识领域的意识形态，已深深地在人类社会生活特别是认识生活中扎下根来，具有一种不言而喻的、先验的真理性。我国当今也有学者认为，“教学本质问题是教学论的本体论问题”①。对于这种本体论的理解具体表现如下：第一，教育学学者们普遍相信有一个深藏不露的事物本质包括教学本质和规律存在；第二，教育学学者的任务就是透过纷繁复杂的教学现象，去发现本质与规律，人们一般坚持这种观点：抽象程度越高的教学理念，越能辐射、涵盖、指导教学实践；第三，教育本质与教育现象、教育规律等一起成为各类教育学文本的经典性概念，并由这些经典性概念构成一整套逻辑体系来建构教学理论文本。所以，传统教学论遵循的都是这样一个基本程序：从教学活动和教学现象中游离出能够被形式化的要素，使其在被消除了一切与具体的教学情境相关的属性后，按照某种逻辑和程序组合起来。如在标准的教学论文本中可以发现，其基本线索都是从探讨教学的逻辑起点出发，即教学的本质是什么，而后是教学的目的、过程、规律、原则、方法、手段、组织形式、环境，最后是教学评价。在这个过程中，尽管有各种争论，如儿童中心论与教师中心论之争，但这些争论大多是围绕着教学理论形式化的程度如何展开的，并未从根本上抛弃对教学论形式化的追求，而是关注如何使这种形式化更加完备、规范，更具有理论的抽象性。

第三，教学研究上奉行客观主义的思路。作为对启蒙运动之前思辨的、带有强烈经验色彩的教学研究方法的反思，近300余年来的教学论在研究上表现出了显著的客观主义色彩。特别是自梅耶、拉伊曼等人建立实验教育学之后，人们越发试图以“自然科学”为蓝本，把教学理论发展成为像物理学一样的理论，引入了诸多自然科学的研究方法。统计、测量、控制变量、因素分析等方法在教学理论研究中被广泛和普遍使用，对客观

① 李定仁，张广君．教学本质问题的比较研究［J］．华东师范大学学报（教育科学版），1997（3）：12-21.

主义的追求就成为教学理论科学化进程中一个重要的策略和手段。

（三）传统教学论的性别立场

建立在各种“合理假设”基础之上的传统教学论，其性别立场又如何呢？女性在教学论中被公正对待了吗？玛莉·珊德克等人在《教室中的性别公平，一项尚未完成的议程》一文中开篇就明确指出，“今天，大多数的男女学生都进入了同一学校，坐在同一教室里，读着同样的课本，但是不公平的现象却在平等外表的掩饰下继续延续着。虽然学校的大门最终为女性敞开，她们终于坐在教室里，但她们仍然只是二流的公民”①。女性主义教育学家J. 安·佩甘萝也曾尖锐地对“野蛮父权制中的教学”进行了批评，“我们代表了这样的传统，在其中，我们就像流放者一样生活。这些传统就是房子。我们的弟兄们在从母体中逃逸出来之后，便为自己建造房子。他们在这里尽享安逸，而我们是政治和认识论上的避难者”②。传统教学论表面上采取“去性别化”的策略，实际上它已内化了传统的社会性别制度与社会性别规范，并将其视为先验合理的，在教学过程中自觉不自觉地践履着。以女性主义的认识视角来看，这其间隐藏着不容忽视的性别立场，女性主义教学论就是要把那些看似“先验合理”的背景和基础由幕后导向台前，并对其内涵和意义进行检视。大学教学中的性别立场主要表现在以下几个方面：

第一，对教学知识中隐含的性别歧视、性别偏见视而不见，并把其作为真理性的东西传授给学生。

女性在各类课程文本中、大学教材中被遗漏、被歪曲、被刻板化已在第五章中有较为详细的论述。大学课堂上所传授的知识又主要来源于课程文本和各类教材，在知识的传授过程中，一个不具备社会性别意识的教师是不可能对其所传授的知识进行性别检视与反思的。况且，在传统二元对立的思维模式和社会性别制度的规约下，这些知识所体现的价值

---

① SADKER M，SADKER D，FOX L，等. 教室中的性别公平，一项尚未完成的议程［Z］//郑新蓉，史静寰，强海燕. 赋教育以社会性别. 2000：160.

② PAGANO J A. Exiles and communities：teaching in the patriarchal wilderness［M］. New York：State University of New York Press，1990：9.

观念又与大部分社会民俗风情、价值观念基本吻合，在这种状况下，大学教学在显性层面上虽然难以看到性别歧视，但是隐含在教学文本中的性别偏见以及它所传达的社会性别意识，仍然通过教学过程潜移默化地影响学生的思想与行为。所以，在这里，教学并未中断性别社会化的进程，而是在继续复制传统社会性别观念。例如，在教授政治学时，一个女性主义教师会更加关注给学生讲述“全体公民”这个概念，指出其社会性别特征，这种课堂上的“曝光”就对从前不是问题的问题提出了质疑。但传统教学论和不具备社会性别意识的教师常常会对此毫无意识或视而不见。

第二，在教学策略上，课堂中女性总是被寄予较低的期望、获得较少的关注并受到言语上的性别歧视。

在绝大多数教师的观念中，有关男女性别差异的解释都是建立在“生物决定论”这种本质主义的认识基础上。比如，他们会对“女生不适合数学、物理等学科的学习”、“女生是敏感的、羞怯的”、“女生更缺少自信心”、“女生的成就动机较差”等这些未经检视的假设深信不疑，并将其自觉不自觉地带入自己的教学实践之中。美国的一份女大学生联合会的报告——《学校如何欺骗女生》中就较为详细地记录了当时的调研情况：教师对女生的期望大多数都低于对男生的期望，特别是在有关科学和哲学的课程上，教师总是对男生提出更高的要求，这主要表现在对学生的关注上。研究表明，教师们不仅让男生起来回答问题的次数比女生多，而且他们也更频繁地允许男生主动发问。在研究中发现，在大学教室里大约一半的学生是沉默的，与教师之间毫无交流，而这些学生中 2/3 均为女生。这种口头交流中的支配性，由于课堂上的性别隔离现象得以加强，如教师把男、女生安排在教室的不同区域就座，但更为经常的是学生们自己常常以性别为依据进行自我隔离。有研究者曾在其参观的教室中发现有 1/3 的男女同校的大学教室里存在性别隔离现象。由于男生在课堂上讨论和主动发问的次数较为频繁，教师常常更关注他们所在的更为吵闹的区域，而这又进一步促使女生保持沉默①。

---

① SADKER M，SADKER D，FOX L，等．教室中的性别公平，一项尚未完成的议程［Z］//郑新蓉，史静寰，强海燕．赋教育以社会性别．2000：162.

另外，有研究者指出，教室内教师的言语歧视也是一个不容忽视的因素。例如，有一位男性受访者说，“有时教师用的语言（尤其是课堂上所举的有趣的小故事或小幽默里）是有性别歧视的”。更多的女性大学生（占55%）报告说比男性大学生（占44%）曾经经历过来自教师的性别歧视的语言、内容和笑话①。北京师范大学的郑新蓉教授关于大学生学习数学、哲学两门课程的调查研究也反映了与此相似的现象与问题②。

第三，在教学评价上，男、女生也呈现出较为明显的差异。

这主要表现为以下三个方面：(1) 教学测验中的性别偏见。国外研究者曾对麻省理工学院、罗格斯大学、普林斯顿大学等的大型学生群体和个人机构进行调查表明，虽然在教学和其他大学课程方面年轻的女大学生能赢得与男生相同甚至比他们更好的成绩，但课堂上她们能力测验的分数却比男生低30分到50分，原因主要在于测验中的题型问题，如对速度和多项选择题能力的强调，这两方面女生都处于明显的劣势，相似的研究在其他一些国家也进行过，研究者发现如果全面考虑男女两性的认知特点，这方面的差距会缩小。所以，目前许多国家的大学课程和教学测试也在关注这个复杂问题的解决。(2) 教师在教学中对学生评价的性别差异。有学者曾以教师对学生课堂参与的反应进行研究发现：表扬、接受、纠正、批评这四种反应出现频率最高，而那些更清晰、更准确的教师评语往往更经常指向男生，对女生则采取较为含糊或有保留性的评价。北京大学有一项关于女教师性别角色意识的研究发现，有的教师在回答女生提问时会说：“说了那么多，你怎么还不理解？”对男生则会说：“你怎么那么没出息？人家女生都做出来了。”还有一些教师想当然地认为女生没有创造性是正常的，而男生没有创造性就有问题了③，

---

① CLAIRE A, JUDITH E, BRIDGE S. 女性心理学［M］. 苏彦捷，等译. 北京：北京大学出版社，2005：178.

② 郑新蓉. 男女大学生学术能力的性别差异研究［M］//谭琳，刘伯红. 中国妇女研究十年（1995—2005）：回应北京行动纲领. 北京：社会科学文献出版社，2005：51-58.

③ 韦禾. 社会性别：教育研究的新视角［J］. 人大复印资料：教育学，2002(3)：44-47.

等等。(3) 女生自我评价的不确定性。许多研究表明，当女生在课堂上发言时，她们常常在自己的评论前加上一些不太自信的阐述，如“我不太肯定这对不对”，或者“这也许不是你们期待的回答”，即使当她们所做的回答很精彩，她们也可能先引用上述的自我批评的话语。这种说话的试探性方式反映出女性在学术上的不确定和自我怀疑的意识，这也几乎默许了她们在教室中所处的次要位置。

二、女性主义对传统教学论的批判

传统的大学教学是在知识中心、教师权威、精英主义三个层面加以确立的，教师总是有意无意地使学生相信：他们所讲的知识都是真理，教科书中可以找到问题的答案。以女性主义的认识立场来看，这种教学过程的真理性、客观性都是值得怀疑的。教师不是真理的化身，教科书里的答案也不是问题的唯一正确答案，知识不单纯是社会历史的产物，而且是与个人经验相结合的个体主观心理建构的产物。在此认识基础上，女性主义从以下几个方面对传统教学论展开了批判。

（一）对传统教学理念的批判

教学理念的阐述可以简单理解为教学目的的问题。传统教学论认为，教学就是传递知识，使学生受教化的过程，泰勒的目标模式理论就是一个典型的例子。在这里，教学的理念被理解为行为的、可以分解的，而且是价值中立的。它的特点是：预定的目标、经验的选择和指导评价。因此，“伴随这一序列的线性排序及目的与途径的二元分离之中存在着关于教育本质的工具主义或功能主义观点”，即教学的目的并不来源于教学活动本身，而是来自并指向外在目标并受其控制，教学目的在此是以因果关系的模式呈现出来的，实质上是试图“对世界进行思想与技术的控制”①。也就是说，教学的目的是外部力量“给定”的，即有一种客观存在的知识可以去传递，教师的任务就是传递知识，学生的任务就是学习和背诵知识，如果这个程序操作完成，那么就达到了预期的目标。在这里，知识的获得是一种纯粹科学的、客观的、外在的东西。

---

① 多尔. 后现代课程观 [M]. 王红宇，译. 北京：教育科学出版社，2000：74-75.

女性主义认为，这种教学论犯了本质主义、基础主义和性别主义的错误：一方面把知识看成是先验的与价值无涉的终极真理，另一方面把鲜活生动的教学过程以及教学关系视为机械式、原子式的组合。教学应该是以促进学生发展为旨趣，合规律性和合目的性为一体的活动，这个过程不仅仅是传授知识而且是发挥潜能的过程。发挥潜能的过程就是假设每个人都有内在的能力，但有时却因为在受教化过程中他们的能力受到埋没，甚至被否定。所以，女性主义者提出，教学过程就是给予学生发出“声音”的权利，指导学生重新发挥他们内在潜能的过程，教学不仅仅是一个受教育、传递知识的过程，它还是一个解放的过程、“充能”的过程、创造和建构知识的过程，学生在这个过程中可以把知识与自身真实的经验、感受、认识有机结合起来，这是与传统教学论完全不同的教学理念。

（二）对教学的知识论批判

这个问题涉及以下几个方面的内容，如教学知识从何而来，它是如何被承认的，为什么选择它进行传授，如何传授这些知识等。在西方，笛卡尔提出“我思故我在”，这就意味着把人分成两部分：一部分是思想，一部分是身体，这导致知识被分成两类，一类是比较“高”的知识，是通过抽象思维获得的，是可以获得承认的知识，即所谓“法定知识”和“套装知识”。而那些通过具体生活经验、身体存在感受到的知识则被视为次等的、不被承认的，更不可能进入课程作为可以传授的知识。按照西方传统文化的认识理路，如果引申到性别、种族等关系上，那就是男性等同于思想，女性等同于身体，白人等同于思想，非白人等同于身体，把人分为男和女、白人和非白人、思想和身体等对立的有等级的范畴，这正是女性主义认识论批判的基础和重点。他们认为传统知识，包括其建构和传授实际上都是社会优势群体的一种权力，任何知识体系和科学理论都不是纯粹的知识，而必定与不同社会群体的地位、利益、权力相联系。知识的形成和传授都需要以一定权力为依托，权力的获得与维护同样也需要知识的支撑，所以知识领域中存在的不平等，其根源就在于权力的不平等，传统知识领域与父权制之间就是这样相互论证、互相维护、相互支撑的，要想消除教学中的性别歧视，绝不能绕过知识领域的性别不平等问题，这一批判的意图旨在贯彻现代意义上的社会正义与公平，同时在更高程度上实现知识、学术和教育领域中的平等权利，这无疑是政治批判，但也是深刻的哲学批判。

（三）对传统师生关系的批判

在传统教学论中，无论是“教师中心论”还是“学生中心论”实际上都是囿于理性主义知识论的藩篱，即把理性主义者视为学术和教育的优势群体，并在此基础上不断复制和维护着不平等的权力关系。在这里，教师被赋予理性主义知识权威的身份，学生却被假定为无知的，仅是作为具有客观真理性知识的消极接受者而存在，所以，由此呈现的师生关系就是一种等级架构的关系。在教学过程中，教师单向地解释知识、传播知识，以知识的认知为目的，即使在“儿童中心论”中也并未改变这种思维模式，只是要求“权威”改变某种态度和方法去适应学生的身心特点、学习规律而已。女性主义者认为，这一师生关系模式是社会权力关系在教学中的反映。创建、掌握、传播知识实际上就是一种权力的体现，这也将同时成为对他人进行统治的一种手段。佩甘萝就明确指出，“因为知识就是权力，拥有知识的人是强大的，而界定知识的人则是最强大的，所以教学在本质上就涉及权力问题”①。在她看来，教学过程实际上就是一种蕴含着道德情感和政治灌输的努力，对女性来说由于性别原因而变得更为复杂。在此情况下，要获得解放就必须给受压迫者“赋权”，恢复他们丧失的权利，这就要求教师不仅向学生提供“法定知识”，还应引导他们深入讨论包括在这些知识中的观念，并对这些观念的正确性进行反思。传统教学论由于缺乏这种自我反思、质疑和批判，只是一味要求学生接受来自优势群体的经验与观念，这无疑形成了对他们潜在的强制与压迫。

女性主义教学论认为，通过“赋权”可以改变这一状况，使师生共同重新认识教师的权威，即女性主义的教师是和学生在一起的权威，而不是高高在上的权威。通过重新调整师生关系，把课堂营造成创造知识、分享知识的场所。在这里，学生也被认为有知识，提倡把知识和个

---

① PAGANO J A. Exiles and communities: teaching in the patriarchal wilderness [M]. New York: State University of New York Press, 1990: 9-10.

人经验结合起来，让学生作为主体去学习，最大限度地发挥自己的潜能；教师在这里的身份也有了很大的变化，他们变成了课堂的设计者、引导者、知识的追问者、学习的合作者，他们的权力也从控制变成了创造，他们的知识和经验被学生认识、运用，以提升所有人的合法权利。实际上，通过这样的变化，师生之间已形成了一种新的关系模式：平等的、互动的、合作的、互相赋权的，在这种关系中，教学可达到既解放学生也解放教师的目的。

第二节　女性主义教学论与大学教学改革

一、女性主义教学论的内涵及其核心概念

女性主义教学论在英文中是“feminist pedagogy”，对于这个词的译法不一样，在汉语的语境中含义是略有差异的。“pedagogy”在教育学这个专业学科领域内，通常把它翻译成“教育学”、“教学论”或“教学法”。对于这三种译法，研究者基本上是根据自己的研究需要和学术旨趣来选择。依笔者的理解，如果把“feminist pedagogy”译为“女性主义教育学”，其含义应该是最为广泛的，它指教育体制中，对女性主义所指称的男权文化统治下所形成的知识的学习、反思、批判、重构与传播，追求和实现知识领域和教育领域内的性别平等是其根本意旨所在。如果将其译为“女性主义教学论”，主要是指对课堂上师生互动、教与学的关系的研究和阐释的一种理论和实践。如果将其译为“女性主义教学法”则更强调它作为方法论的具体操作、运用。在此，笔者把它翻译成“女性主义教学论”主要是基于这样的考虑：从现有的有关“feminist pedagogy”的文献来看，研究者和教育者对“pedagogy”基本上是从知识传播的角度来论的，有的甚至涉及具体的教学方法和途径①。也就是

① 查阅国外以“feminist pedagogy”命名的文献，其讨论的主题基本上都是以课堂教学和知识传授作为主旨的，而中文语境中的“女性主义教育学”所涉及的主要范畴则与“women's studies”有更多的关联，在英文中有下列常见的表述方式：“feminist education”，“gender theories in education”，“women education”，“new scholarship on women in education”，等等。

说“feminist pedagogy”本身就蕴含强烈的实践性特征，但是从探讨“feminist pedagogy”的各类文献及课堂实践来说，这种强调实践性教学的特点并不是说“feminist pedagogy”是从方法到方法，而是与女性主义哲学、女性主义认识论、女性主义方法论之间有着紧密的内在关联性。它是在对女性主义哲学和认识论初步了解的基础上，对这些理论在教学活动中的实际运用。也就是说，如果要在各个学科的教学中贯彻女性主义的理论原则，就必须要有与这些理论一脉相承的不同于传统教学法的新的教学法；反之，也只有运用女性主义教学法，女性主义的理论宗旨才能真正得到贯彻。所以，教学法虽然看起来有很强的实践性，包含着大量教学技巧和具体操作方法，但忽视了其理论基础也无法真正地把握其要旨。从这种意义上讲，女性主义认识论、女性主义方法论于女性主义教学论来说是非常重要的、基础的。基于此，笔者没有将“feminist pedagogy”理解成含义甚广的“女性主义教育学”和仅仅作为方法存在的“女性主义教学法”，而是选取了“女性主义教学论”这个译法。

根据上面的分析，笔者认为，女性主义教学论实际上是基于女性主义认识论、女性主义方法论基础上的一整套体系较为完整的女性主义教学理念和价值观。它包括三个层面的内容：一是基于女性主义理念基础上的有关知识传授的认识论、方法论原则；二是有关知识传授的基本方式；三是有关知识传授的具体的可操作的方法。

女性主义教学论最终要尝试的是进行学术的转型，并且要关注那些尽管微小却能为每个课堂所采纳的，用以促进这种转型的步骤。卡洛琳·施鲁斯伯里等西方学者提出在其间有三个概念对女性主义教学论来说至关重要，那就是：群体、赋权、领导①。

群体。女性主义者把对群体的思考与权力系统密切联系起来，认为在谈论群体时，需要重新审视传统课堂的社会性别定位的性质。其间卡尔·吉利根在道德发展方面做出的努力对重新界定群体的概念提出了独到的见解。她提出男女两性道德发展的差异，而公众层面并未客观地对

① SHREWSBURY C M. What's feminist pedagogue? [J]. Women's Studies Quarterly, 1993 (1): 160-173.

待这种差异，只是反映了张力中权力层面的道德，这恰恰是以男性为标准建构的。同样，在课堂上，它拥有一套关于公平、公正的规则，权力的道德占统治地位，但对不同的需要几乎没有考虑。课堂中他人的权力受到尊重，但是同情和关怀却很少被建构。把课堂重新设想为学习者的群体是女性主义教学论的核心，在这样的课堂群体中既考虑到男性的需要，又考虑到女性的需要；既存在自我的独立性，又存在他人的共性，有利于学习水平的提高。

赋权。在这三个核心概念中，“赋权”是讨论频率最高的。女性主义教学论对传统学校教育中的权力内涵，以及体现着控制关系的权力概念的传统意义上的局限性进行重新认识。着眼于赋权，女性主义教学论用能量、能力和潜能而不是控制来体现权力的概念。在把权力当成控制的传统观念里，公正要求权力应受到限制，并且为了缓和控制带来的结果，权力应受到制衡；在把权力当成能力的概念里，其目的是提升所有行为者的权力而不是限制某些人的权力。

领导。领导作为实践的一个活跃因素，是贯彻女性主义教学论的重要策略。女性主义教学论以培养领导能力为主，比如让参与课堂目标设定的学生掌握了设计和协商的技巧，发现了自我需要与他人需要之间的联系；当课堂出现问题时，学生懂得了如何去分析问题以及寻找出路；等等。最重要的是，女性主义教师就是领导者的一种角色模式，并且领导者和跟随者之间是一种互动关系。这有助于班级成员形成群体，怀有共同的目标，发展一套用以完成此目标的技巧以及领导技巧，以便使教师和学生共同推进那些任务。

二、女性主义教学论的理念、基本原则与教学策略

女性主义教学论是一个从很多不同的渊源发展起来的新领域。20 世纪 70 年代，在西方国家兴起了女性主义课堂动态模式的发展理论，这一理论深受当时的以学生为中心和以社会变革为中心教学法的影响，至 20 世纪 80 年代，北美的女性主义学者首次提出了“女性主义教学论”这一概念，旨在整合广泛的、有所不同的课堂教学方法和途径。它最初被应用于妇女学课程的教学，而后慢慢在其他学科领域中推广开来。它的基本做法就是参与互动，假设“课堂能够并且应该是一个提供帮助的

集体。在这里，允许学生针对不同观点与知识进行充分的开放式讨论”，它所强调的是“一种有机的知识创造的过程”。这个过程的参与者不仅是学者、教师，还包括学生；不只是男性中产精英阶级、白人，还包括女性、平民百姓、少数族裔等。

（一）女性主义教学论的理念和基本原则①。

第一，参与式学习。参与式学习指学生直接参与学习过程，并在此过程中起到自己的作用。一些女性主义作者，如凯密尔、沃瑞尔、珂雷、维拉等相信人是有潜能的，个人的经验是独特的、有价值的，但又看到了教学参与者经验和角度的局限性，所以强调所有教学参与者的互动性，要求他们互相倾听、互相接纳，从多角度看问题和进行换位思考。在具体的教学过程中，他们将班级结构看成是女性主义教学的一个核心要素，该结构鼓励学生通过共同拥有的询问模式彼此分享各自的经验和观点。

第二，个人经验的确认和信心的培养。女性主义教学尊重个人经验、主观经验和女性经验，认为边缘和弱势群体的经验也是有价值的。尽管参与者的个人经验不同，在社会建构的社会性别制度中，有很多不同的观念和意识、经历和感受，但不同的经验背后却有着共同的社会性别机制的作用。在学生受教育的过程中，对他们积极参与来讲，最重要的一点就是确认他们个人经验的价值，并将其作为证据和观点的来源。通过鼓励学生将他们课堂上所学知识和他们自己的生活结合起来。这种主张的基础在于女性主义教学论相信：个人经历和学术探究均为知识的合法来源，二者相辅相成，而作业（如日记）和班级讨论等教学形式等可以促进这两种知识的整合。将学生的经历看作一种证据和权威的合法形式，可以提升学生的自尊和自信，而且可以使学生摆脱预设的性别模式的界定。另外，对个人经验的确认还包括在教学中重新认识女性话语和关注女性特殊的认识方式，也就是说教学要在承认个人经验合理性的基础上，通过认可女性认知的价值来发展差异性。长久以来，由于女性或

① STAKE J E, HOFFMANNN F L. Putting feminist pedagogy to the test [J]. Psychology of Women Quarterly, 2000 (24): 30-38.

被排斥在规范权力的话语之外或者成为模仿者（学着如同男性一样说话），所以女性主义教学论更加关注“带有情感的劳动的女性生活经验的本质”，它希望发展出合适的语言符号来进行表达，由此女性主义教学论在课堂上做了许多尝试，创造了多种叙述方式，鼓励学生以自己特有的方式表达体验与意见，如肢体语言、图绘、非逻辑、非结构性和半结构方式等①。显然，“符号”的改变具有超越意义，展现了处于边缘人群对新“秩序”的渴望和构建，它可能是一种有效的思想跳板，也是转变社会和文化标准的先驱运动，也就是说，它是在追求一种没有权威和权威控制的真正民主的认知方式和语言符号系统。

肯定任何个人包括所有女性的体验都是知识建构的必要方面，这其实触及深刻的观念变革，因为在西方传统文化中有一个根深蒂固、非此即彼的观念——要么是公共的、客观的、科学的，要么是主观的、随意的：前者被看作真理和知识的基础，与男性气质相适应，由男性占主导；后者被看作有碍学习知识和真理的，与女性气质相联系。女性主义认识论和其所提出的社会性别分析法解构了这一划分，其更深的意味是重建知识领域的权力关系。在教学过程中，女性主义教学论特别强调警惕对这种权力关系的滥用。

第三，培养政治（社会）理解力和行动主义。女性学的支持者强调要引导学生理解课程内容及其包括的政治、社会背景之间的联系。只有拥有了这一广阔的观察力，学生才有可能培养自己的社会责任感，思考如何去关注社会、参与社会并成为推动社会变革的积极力量。

第四，培养批判性思维和开放性思想。女性主义教学论的中心议程是赋权予学生，使其成为具有批判性、反思性思维和创造性、开放性思维的学习者。它认为在培养批判性和创造性思维的过程中，鼓励学生充分自由参与学科论述以及对学科知识背后观念的审视，较少依赖教师的权威是非常重要的，即学生应该被训练为独立的思考者，能用批判的眼光看待专家们的思想和观点。与此相关的，女性主义教学论还致力于使

---

① 童．女性主义思潮［M］．艾晓明，等译．武汉：华中师范大学出版社，2002：295.

学生获得女性主义者所指称的“关联性”知识，即一种把“专家”的观点和声音同自己的以及和其他人的经验和声音进行对话的能力①。为了获得这种能力，就需要批判性的思维技巧，也就是一种对来自多种资源和观点的根据进行评估的能力，面对新根据能适时变化的开放态度。从批判性思维来看，这意味着训练学生学会运用认识论的思想，而这又要求学生尽量避免思维含糊，有移情的能力，在珂雷的术语中指“辩证的”和“问答式的”——和其他不同思想进行交锋。从反思性思维来看，主要指教师要经常反思自己在课堂上的所作所为，检视自己的所思所言，从而避免形成新的知识霸权。女性主义学者玛格达·莱唯丝曾通过一个教学故事反思过自己的教学，“我们的意图是想阐明我在教学的某些特别举动中，是如何意识到那些把男女进行不平等划分的课堂运行，而这种划分其实又重新肯定了女性的顺从；我想阐明我是如何意识到具有丰富政治意义的那些时刻，它使我能够发展出一种解释性的框架，来反对我教学实践中的霸权……通过这种课堂中师生共同的努力，女性会主动为自己争取自主和自我决定的政治，而不是把它们作为一种负担进行无意识的抛弃”②。有了这样的理念，教师才可能在课堂上真正与学生进行平等对话和有效的互动，这样的学习才不会是一个被动吸收的过程，而是一个主动创造知识的过程。

（二）女性主义教学论的教学策略

在大学课堂贯彻女性主义教学理念，实现性别平等的教学策略有很多，需要教师根据自身所处的实际情况进行分析和选择。这里有一份由美国学者提供的《全纳性教学须知》供参考③。

---

① BELENKY M, CLINCHY B, GOLDBERG N, et al. Women's way of knowing: the development of self, voice, and mind [M]. New York: Basic Books, 1986: 101-103.

② LEWIS M. Interrupting patriarchy: politics, resistance, and transformation in the feminist classroom [J]. Harvard Education Review, 1990, 60 (4): 487.

③ SADKER M, SADKER D, FOX L, 等. 教室中的性别公平，一项尚未完成的议程 [Z] //郑新蓉，史静寰，强海燕. 赋教育以社会性别. 2000: 164.

全纳性教学须知

课本，讲课和课程内容。

你上课和使用的课本中运用的语言是性别中性的吗？即不管作者的意图如何，你都能使用体现两性的语言文字。

课程内容对男性、女性和有色人群都能平等地对待和体现吗？

在你的讲课和所使用的课本中，能公正地描绘女性和有色人群的活动、成就以及他们的关注和经验吗？如果你的课本不能符合这些要求，你有相应的补充教材吗？你是否对你学生的关注有所忽视？

你的讲课和你所使用的课本能摆脱传统固定模式来呈现女性和有色人群的职业生涯、角色、兴趣和能力吗？

你在讲课和使用的课本中所举的例子和插图（口头和图解的）在性别和种族方面是否达到了公正和平衡？如果课本没有做到，你指出过吗？

在你的讲课和所使用的课本中是否反映出了一种摆脱性别和种族偏见的价值观？如果没有，你曾和你的学生讨论过这些偏见（你的或者是作者的）和价值观吗？

你的讲课和你所使用的课本是否注入了来源于女性主义及伦理学识的新的研究和理论？如果没有，你是否指出那些带女性主义及伦理学研究观点的读物？你能为那些想继续追踪这些议题的学生提供附加的参考书目吗？

你的测验和所布置的论文作业、项目任务等是否允许和鼓励学生去探寻女性和有色人群的本质、角色、地位、贡献和经历？

你所使用的课本和资料中是否解释清楚了并不是每一个人都是异性恋者？

教室互动。

你对自己在学生成就方面存在的与性别或种族相关的期望有意识吗？

你对使用与标准英语相脱离的语言（语音、语调等）或者与你自己的语言截然不同的语言如何反应？你是否不理会课上发言者的智慧和信息？

男、女生在回答问题的人数比上是怎样的？不同的文化和种族群体被点名回答问题的情况如何？哪一类的学生你必须通过叫他们的名字让其回答问题？为什么？

在这些类学生中，哪一类学生通过回答问题或者发表评论从而参与课堂的次数更为频繁？你是否因为在上述方面学生参与人数的极不协调而鼓励一些学生更积极地参与？

当学生个体在说话时是否出现过打断他的现象？如果是，是谁打断的？如果某一学生群体控制着教室内的互动，你会怎么做？

你对学生口头上的响应是积极的，令人反感的，还是具有鼓励性的？对所有的学生都一视同仁吗？如果不是，原因是什么？正当的理由经常来自以一种极其特殊的方式对一名特殊的学生做出反应。

你是否更经常地面对和提问教室中的某一区域学生而忽略其他区域学生？你是否经常地将你的眼睛固定在特定的学生身上？你所使用的手势、面部表情和展现的体态等是什么样的？在面对男生、女生和有色人群时是否有所不同？

台湾学者潘慧玲总结了部分学者所提出的审视教学中不平等现象的指标及实现性别平等的教学策略，笔者这里引用两个颇有代表性的教学策略以供学习参考①。

玛莉·珊德克等人建议采用以下10项关键步骤以帮助教师进行没有性别歧视的教学：

（1）如果使用教科书中含有性别歧视的情形，你最好去对抗它，而不是忽略它，并与学生讨论争议所在以介绍重要的社会议题及发展学生批判能力。

（2）补充其他教材以弥补教科书没有呈现的信息。

（3）要求学生帮你收集一些相关的新闻报道及其他教材，让他们了解歧视的形式有哪些，并确定他们收集的内容无歧视的状况。

（4）分析你的座次表，检查班上是否有性别、种族隔离的现象，

① 潘慧玲．教育议题的性别视野［M］．台北：台湾师范大学出版社，2000：178.

当学生分组工作时，检查他们是否以不同族群、性别分组。

（5）当学生团体形成隔离现象时，你必须从中介入，并对学生解释在民主社会中，任何种族、宗教、性别、国家的隔离都是有害的。

（6）增加男女生一起工作、游戏的机会。

（7）同辈间的合作式学习可以鼓励性别的融合。

（8）多数教师觉得很难回溯自己教学的方式，最好能找一位专业人员帮你审核你的教学过程。

（9）因为要找一位专业人员进入教室观察有点困难，所以你也可以设计审核表，请学生帮你记录，并跟学生讨论你这么做的目的。

（10）你必须持续地进修、阅读、关心性别方面的信息。

Horgan作为建构性别平等教室的13种教学策略：

（1）观察课堂中的性别偏见现象。

（2）自我评价。

（3）鼓励冒险和帮助学生制定目标。

（4）公平提供学生成功、失败的经验，让他们学会因成功而荣耀，从失败中学习。

（5）提供正确的反馈。

（6）避免使用负面语言。

（7）教导学生正确进行成功归因。

（8）减少性别刻板化的思考。

（9）导向选择性的关注。

（10）注意个别差异。

（11）运用团体力量的有效性。

（12）教“空白课程”。

（13）将重点放在数学与科学。

在此，笔者将对上述第（13）条进行简单分析和解释。前面的章节已花较大篇幅对长期以来女性被排除在科学与科学话语之外进行了认识论上的探讨。但即使在现代，也不可避免地会出现像前哈佛校长那样性别本质主义的言论。女性到底离科学有多远？教师、教学与课堂到底能为女学生做些什么？女科学家颜宁的故事或许可以为中国的大学课堂和大学教学实现性别平等教育提供一些有益的启示和思考。

颜宁是清华大学的教授，她曾带领平均年龄不到 30 岁的团队攻克了膜蛋白研究领域最受瞩目、国际竞争也最激烈的课题，为人类治愈疾病开发药物做出了至关重要的贡献。2017 年她要去美国普林斯顿大学任终身讲习教授的消息被媒体和公众炒得沸沸扬扬。作为清华大学最年轻的女教授和博士生导师，她一直处于被关注的焦点，从性别视角来分析，她作为个案是彻底颠覆了“女性与科学存在悖论”的话语。2015 年，《人物》杂志对其进行专访，特别谈到颜宁女科学家的身份，曾有如下的描写：直到最近，颜宁才意识到“性别”对于科学家来说可能意味着什么。她曾在一篇文章中描述了这种隐秘的阻力，“今年以前，对于各种‘女科学家’活动，我其实是拒绝的，因为我不喜欢自己被贴上任何标签，我只相信实力，无关性别、年龄的实力……但是，当我慢慢意识到许多女孩子，特别是我自己的学生，并不是没有实力，只是因为社会家庭的共识，因为在某一阶段或主动或被动地必须做选择题，而脱离了她们本来很有天赋的科研世界，我真的挺痛心，于是，我开始参与到支持青年女科学家的各种活动中”。她还谈到有一回学院面试博士生，在场的一位男教师问面前的一位硕士女孩：你现在到了一定的年龄，将来怎样平衡家庭和科研？条件反射般，颜宁立即打断了谈话。她对那位女孩说：“你可以不回答这个问题，这是一个有性别歧视的问题。”然后当场质问那位男教师：你们为何从来不问男性如何平衡家庭和工作？当时她在微博转发艾玛·沃森在联合国女性主义议题所做的演讲时，特别提到了这件事情，“我是自己被问了那么多次后才意识到这里面的隐形的性别歧视”①。

颜宁的故事并没有终结，它依然会以不同的形式在众多学术场域重演。实施性别平等教学是一个复杂的过程。要完成这个任务，教师自身必须具备良好的性别意识，能够用社会性别分析方法剖析社会现象，从

① 葛佳男．颜宁：在迷雾旷野中寻找真理之路［J］．人物，2015（12）：116-117.

而对现存的教学环境进行审视，反思其中不合理的现象与因素，进而从教材和教学内容、教室空间、师生互动和教学环节等方面入手，构建性别平等，促进男女生全面发展的教学生态。

三、女性的学习与认知方式

女性主义教学论不仅在教学理念与教学方法上对传统教学论提出质疑，而且它特别关注和倚赖高等教育心理学领域对女性知识类型和认知方式的研究，并把其作为女性主义教学论发展的一个重要内容。1986年，美国威尔斯利学院的心理学教授布莱思·克林奇与其合作者发表了一部极具影响力的著作——《妇女的求知方式》，该书的四位作者采访了135名妇女，其中90名妇女是6所学校的学生，45名是家庭服务机构的客户，他们从“女人看待现实和得出的有关真理、知识和权力的结论中分出五种不同的组合”，发现“女人的自我概念与求知方式”是紧密相连的，二者共同决定了她们作为学习者所能达到的程度。1996年，在弗兰丝·马尔和玛丽·凯·汤普森·德特里奥特共同撰写的《女性主义课堂》这篇重要文章中，她们运用由布莱思·克林奇等人在《妇女的求知方式》中所阐述的理论来解释其研究成果，并作为其观察分析女性主义课堂的依据。对这两位作者来说，女性主义教学论不同于其他“解放式”教学论的地方，就在于女性主义教学论强调“女学生的需要并且立足于女权主义理论，以此作为建构课堂知识的多方位和灵活机动的观点”①。

女学生的需要与男学生的需要有什么不一样呢？它与现代大学教学理念和教学模式有何关联呢？在许多女性主义学者看来，现代大学教学理念和教学模式强调竞争和独立思考等都是以男性的认知发展为基础建构起来的，并不符合女性的认知方式、知识成长与自我意识的培养。

对大学生知识类型和心理成长过程的研究始于20世纪60年代后期，以威廉·佩里1970年发表的《智力与伦理的发展形式》为代表。佩里

① MAHER F A, THOMPSON M K. Feminist classroom: an inside look at how professors and students are transforming higher education for a diverse society [M]. New York: Basic Books, 1994: 89.

的研究以哈佛大学学生为对象，对 84 名男学生进行追踪调查，归纳出学生在大学阶段的知识构成与心理发展特征。佩里借鉴皮亚杰的四个阶段模式，提出了大学生 9 种互相连贯的认知状态，勾画出了大学四年他们从服从师德权威到自主选择的认知转变过程。后来研究者也循着佩里的思路进行了许多新的探索。但佩里的研究有个明显的弱点，那就是局限于男学生，随着女性研究的兴起，女性的特殊性受到关注，佩里结论的普遍性也受到质疑。心理学家吉利根从道德发展层面探索了男女心理的差异；玛丽・毕林基、布莱思・克林奇、南希・哥德伯格和吉尔・塔鲁勒等人对女大学生的知识类型进行的观察研究，证明了女性具有与男性不同的认识世界和观察自我的方式，女性知识发展模式也不同于佩里所发现的规律，由此提出了女性的五种认知类型：沉默、被动接受式、主观式、过程式、建构式①。

根据布莱思・克林奇及其合作者的研究，现在以理性为基础的大学教学模式，都是以男性的认知方式为正统和标准建构的，不利于女性的知识成长。因此提出，女性在大学教育过程中更适合“联结教学”模式，即强调交流与协商，而不是像男性那样强调竞争与独立思考。尽管这些研究观点的正确与否值得商榷，但是它却具有不可否认的启发性，并且对于女性主义教学法来说，“重要的是《妇女的求知方式》以认真严肃的态度把妇女当作思想者和寻求并拥有知识的人”②。

四、女性主义教学论面临的挑战

女性主义教学论在挑战传统教学论的同时自身也遭遇到了众多挑战，这主要表现在对其合理性、独特性、政治色彩和统一性的质疑。

（一）对女性主义教学论合理性的质疑

学术界和教育界对女性主义教学论合理性（特别强调个人、女性经

① BELENKY M, CLINCHY B, GOLDBERG N, et al. Women's way of knowing: the development of self, voice, and mind [M]. New York: Basic Books, 1986: 124-152.

② BOXER M J. When women ask the questions: creating women's studies in America [M]. Baltimore: Johns Hopkins University Press, 1998: 117.

验）的质疑主要来自两个方面：

第一是个人经验被赋予特权成为知识的来源和作为知识的一种形式是否合理。在传统的占主流的理性主义教育学家看来，承认个人经验作为知识来源和知识形式的合理性就是从根本上否定了知识客观、普遍的立足点，如果所有的立足点都是偏颇的和有视角的，那么知识和社会批判如何成为可能？如果每个个人的经验都可以作为知识的来源和形式，那么所有关于真理的宣称不都是相对的和缺乏可信度的吗？这样导致的后果是知识的混乱和虚无主义。后现代主义教育学者则从另外的角度对个人经验提出了质疑，女性主义学者艾尔丝沃斯在谈到她教授的一门反对种族歧视的课程时说尽量运用批判教育倡导的“谈话”方法，尊重每个学生的经验及价值并“赋权”给他们，但发现学生并未表现出更多的能动性，或更多知识创造的能量。问题在哪里？艾尔丝沃斯认为，虽然人们在课堂上“发声”了，但不是所有声音和个人经验都具有同样的正当性和权力，有些人的声音只含有少量的正当性和权力，所以获得真正的平等也许只是一种理论上的神话而已①。

第二是对批判性思维的质疑。有些研究者对女性主义教学论所倡导的批判性思维（开放性思想）提出了异议。他们认为，与其说发展批判性思维不如鼓励发展批判性的思维技巧，批判性思维被他们看作用一种询问模式代替意识形态，用自己的表达代替教条的结构体系，这样所导致的结果就是课堂中的反理性主义和无奈性的状态，这与女性主义教学论所预见的洞察力和信息、经验和专家意见间慎重的平衡和置于相关背景中的交换有着根本的不同②。另外，还有批评者“指责”女性主义教学论不能平衡它的四个基本原则，往往过分强调个人经验和政治理解力这两个主题，而没有达到批判性思维和参与式学习的目标。

---

① ELLSWORTH E. Representation, self-representation, and meaning of difference: questions for educators [M] //MARTUSEWICZ R, REYNOLDS W. Inside out: contemporary critical perspectives in education. New York: St. Martin's Press, 1994: 99-108.

② HOFFMANN F L, STAKE J E. 理论和实践中的女性主义教育学：一项经验调查 [Z] //郑新蓉，史静寰，强海燕. 赋教育以社会性别. 2000: 170.

（二）对女性主义教学论独特性的质疑

女性主义有独特的教学论吗？它与传统、现代教学论本质上有何不同？在批评者看来，女性主义教学论是和包括过去30年教育解放议程的运动和政治的根源分不开的。这些运动挑战了教育性质和角色的传统观念，也挑战了教师、学习者和知识三者间相互关系的传统观点。这些批判家为课堂的民主化，阐明和揭露课堂内外的权力关系，鼓励学生力量包括个人和政治力量的发展做出了努力。而且，他们要求教育和社会关注密切结合，认为课堂内产生和传授的知识应该和那些所描述和促进全球正义的生活密切相关。从中我们可以看到由解放运动引发的自由教学论与女性主义教学论存在大量相似之处，如何从这些众多的根本性相似之处中提炼出女性主义教学论的独特特征，这也是深深困扰女性主义教育学者的问题。如果这种独特性不足以说明女性主义教学论与自由教学理论根本性的不同，那么就应放弃对女性主义教学论学理建构的追求。笔者认为，作为女性主义教学论而言，超越这个思维框架，更强调女性主义教学的不确定性和开放性以及其独特地对性别问题的认知，这或许才是真正有别于传统和现代自由教学论的女性主义教学论吧！

（三）对女性主义教学论政治色彩的质疑

妇女学的批评者通过与妇女学的教职人员和学生的访谈、书信往来和其他接触方式得出如下结论：妇女学教师将课堂教学时间过多地投入到学生个人经历的讨论以及女性主义价值观的灌输中，过分关注如何将学生推向社会的行动，使得这种教学的政治色彩过于浓厚。而且他们认为妇女学教师不愿意接受那些和自己政治观点不一致的信息和看法，对妇女学教师允许开放、全面的学生参与表示怀疑，并举了一些例子暗示那些拥有不同观点的学生在表达与妇女学教师所持的主导观念不一致的观点时，往往感到被批判和被排除在中心之外，等等。

（四）对女性主义教学论统一性的质疑

这种质疑主要是来自非西方、非白人的女性研究或称“第三世界女性主义”在知识和政治上的观点①。在反对性别歧视、争取平等权利方面，“第三世界女性主义”与西方主流女性主义没有什么区别。但实际上，性别歧视并不是造成女性受压迫的唯一原因，种族、阶级、经济滞后、与欧美的文化差异等，也是女性遭受压迫的原因。这些情况使研究者认识到女性并非一个静态的、完全一致的群体，而是不断被创造和自我创造着的，其中沉积了因不同种族、阶层、阶级、文化产生的多重影响。在知识的学习和建构中，同样不能忽视这些差异。课堂中的压迫和被压迫现象，正是社会和家庭中的这类现象的投射或复制，仅仅在课堂中消除对女性的歧视，并不能真正改变所有女性在学术和知识上被边缘化的现状。因此用统一的女性主义教学论来指导各国、各地区的教学实践同样是危险的。它实际上已陷入了女性主义所批判的话语霸权和权力控制之中，即把以白人女性为经验主体所建构的理论强加在对第三世界女性的教育之中，即使是第三世界女性也有民族、阶层、经济状况、教育文化环境的差异，不能一概而论。妇女学内部就有一些批评家以阶级、种族和族裔为理由，对“接生婆式的教师模式”和女性主义教学论中的“母性思维”表示异议。女性主义为“拥抱”差异所做的种种努力仍旧是妇女学理论与实践尚未解决的难题。中国学者在介绍女性主义教学论时一开始就注意到了这个问题，他们在全球化和本土化的思考和实践中已取得了一系列颇有价值的教学成果，在充分经历和体验了女性主义教学法的魅力之后，有学者甚至大胆预测，“中国大学教学改革的先锋在妇女学界”②。

---

① 约翰森-奥德姆．共同的主题，不同的环境与背景——第三世界妇女与女权主义［M］//王政，杜芳琴．社会性别研究选译．北京：生活·读书·新知三联书店，1998：305-324.

② 2002年12月，在中国广州举办了“妇女与社会性别学课程发展与教学法研讨会”。这次交流活动总结了3年来国内女性学课程和教学经验，并对中山大学中文系艾晓明教授的女性主义思潮讨论课进行教学观摩，这场观摩课是中国学生对一出美国的舞台剧——《阴道独白》的讨论汇报。研究生在教师的引导下自己探索、求知和开发创造潜力的情景给与会者极大的震撼，国内许多知名教育家与会，并对此予以很高的评价。在女性主义教学论的本土化过程中，近些年来，国内的许多高校都进行了有益的探索并有了一些颇有价值的成果。只是这些女性主义教学成果还比较零散，系统性有待提升。

第三节　一个女性主义教学法的案例分析

本小节①选择的案例是美国巴克内尔大学经济学教授简·桑珂道尔芙在美国经济协会第104次年会上提交的会议论文。后来该论文发表在《美国经济评论》第82卷第2期。笔者在选择案例时，省略了论文前半部分关于女性主义教学法的介绍，特此说明。

一、经济学课堂中的女性主义教学法

（一）课程内容和资料

经济学的教学内容和背景主要来源于关注教学传统的经济学家，他们对本学科传统的教学提出了诸多疑问并得出了相关结论。对于何为教学重点和非重点，他们围绕这样的教学目标而定：教学生“像经济学家那样思考”；运用经济学的技巧和原则强调培养学生分析式推理的能力及解决问题的能力，以及帮助学生解决建构问题，使用何种工具和原则处理问题，运用与问题有关的何种数据、信息做出决策；如何解释那些令人惊讶、意料之外的结果等。以上都是那些期望教会学生如何“像经济学家那样思考”的教育者所必须具备的技能。

然而，如果像经济学家那样思考也许就会排斥种族、阶层和社会性别的分析。1974年，Cardyn Shaw Bell就提出，“一个人首先必须调查人类，包括他们自己以及周围的妇女是如何进入到经济分析领域中的，事实证明，大部分人并没有这么做”。大约20年后，人们可能会被迫承认性别活动已经到了“经济分析”的大门槛了，不得不正视性别差异的存在和性别分析的必要性。Susan Feiner和Barbara Morgan指出：在诸多经济学导论类教科书中，几乎没有种族和社会性别的介入，即使有所涉及，也常常是性别刻板化的或是带有明显性别偏见的。这些书也许可以帮助教育者教学生如何做到“像经济学家那样思考”，并提供在任何一

① 本小节的案例来源于福特基金资助项目“发展中国的妇女与社会性别学”课题的阅读材料。该文初版由陈萍翻译，方凤霞校对，陈雁复校，笔者在论著中引用该案例时又针对原文进行了复校。

个具体课堂教学中所界定的“内容”。但是，这些教科书常常并不能带给学生讨论或探究经济学深层观念的机会。

为了使女性主义教学法有效地介入经济学课堂中，就必须提供一些允许学生去深入分析和探究的资料。同样重要的是教会学生探索和发现新知识的途径。教师在这个过程中提供一些有助于理解经济学背景的资料是非常重要的。这其中包括经济学思想的发展史和推动重要概念发展的历史。尽管经济学已经排除了意识形态的影响，呈现的是客观性的东西，尽管经济学也被视为“好科学”的一部分，但由于各种问题层出不穷以及理论探讨所需要的历史背景严重匮乏，经济学教材为人所诟病。很明显，那些更具包容性或允许学生质疑并了解的经济学模型，以及各种理论假设和政策背后的政治含义，在某个给定的解决方案中，谁受益、谁受损这些情况都需要进行分析。因此，给学生提供的读物或其他材料对于建立对话相当重要。依赖课堂、文章、电影、资料和短篇故事，甚至小说都可以为学生提供讨论、描述、分析、评估、发现经济学理论和政策本质的内容和背景知识。毕竟，教师正在教给学生的不仅仅是一堆毋庸置疑的知识，这一点是教学过程中需要特别指出的。

（二）课堂环境和态度

当高等教育传统体制中的等级结构与组织，特别是在这一体制中教授的地位与女性主义关于权力和权威的理念之间发生冲突的时候，自然会思考女性主义的分析视角会给课堂教学带来什么样的变化，女性主义不仅关注教学过程，同时也关注教学内容和结果，以及追问其教育价值与意义的做法，充分彰显着它与传统课堂教学的差异。

从拿到班级花名册到上交最后的期末分数，在这一段时间内，教师被赋予了管理班级的权力，教师在得到班级花名册的同时，自然就被赋予了权威，因而，他们有可能设计出一种替代统治式教学的方法。事实上，教师不管是如何希望看到课堂中师生平等和民主化，他们也无法拒收或放弃这种权力和权威。但是，教师并不是无所作为，他们还是完全有可能创造一个依赖于民主而非专制的课堂环境。比如说，经济学教师可以设计一个将学生的聪明才智纳入课堂的论坛，在这里，学生参与交流，平等地探讨各种看法和观念，这个论坛还可以将学生的聪明才智引向教学过程、目标、内容、课程设计，甚至是课堂评价之中。

以来自学习过程的学生经历为首要源泉，并以此为中心，产生的对话可以为一般学生所理解，会使他们对经济学产生不同的看法，并受其影响。学生中心而非教师中心的讨论使得学生认识到：他们探究和建构观点的方式与他们的亲身经历有关，这种经历可能是工人的、学生的、家庭成员的、工会成员的、妇女的，或者有色人种的，或者是其他什么人的。质和量的信息影响着他们的经济学知识，对话可以首先让学生知道知识是如何构建的，并揭示问题、质疑已有的结论、支持某种观点，认识到论证的重要性。在这种课堂环境中，对班级的管理就不仅仅是使学生学到经济学的结构、观点和知识点，还应鼓励并培养他们批判性的洞察力和问题意识，发展学生的批判性思维和探究能力。各种课堂实践活动，包括作业、考试、讨论等都需要为学生提供一个对经济学内容和论述保持相当敏感的背景资料。

（三）作业

侧重于发现和鼓励学生运用个人经历的作业、讨论和其他活动的设计对女性主义教学法构成挑战。Joanne Gainen Kurfiss 提到，在强调批判思维的课程中，课程是作业中心，而非课本中心、讲授中心。目标、方法、评价强调的是对教学内容的运用而不是简单的记忆。个人知识和各种题外话可能成为创造力、洞察力的源泉，有利于培养学生的学科意识和学科兴趣。对话则是允许学生探究经济学的语言、论点、论述，同时也是在创设作为新兴的学习共同体非常重要的方式。如果课程还在要求对事实和知识点的记忆，那么课堂对话的内容就必须建立在记忆框架下，在学期末学生就可能具有 Alfred North Whitehead 所说的“惰性观念”。

笔者已经发现，书面作业在激励学生学习和开拓学生思维方面扮演着不可或缺的角色。书面作业包括论文、摘要、调查反馈、数据收集和分析，以及相应的描述学习知识的过程，而非展示学习知识的日志，同伴的合作与相互评价、鼓励。有效的书面作业不仅要求学生对自己负责，还要对同伴负责，这有助于培养班级的集体意识、合作精神和推动学生的求知欲。

那种难以激起对话或刺激创造性、批判性思维的讲授方式同样能布置出有利于批判性思维培养的作业。在大量的讲授过程中，教师也许会定期检查学生的学习情况，中间或许也会布置简短的书面作业，比如罗列讲授中的要点，用自己的语言概括内容，就讲授中提出的有关问题发表自由评论等。

要求运用概念、工具、目标和对话的项目和作业，实际上就是给学生机会去体会“像经济学家那样思考”的过程。其中采用游戏方式可以有效培养和强化工具、概念的使用以及运用这些工具的技能。通过各种项目和活动，学生开始依靠自己和所在的集体去寻求答案，这将使得学生超越课本、教学来寻求答案，去重构问题，从而加强促进终身学习的态度和技能。这种活跃、生动的学习过程正是批判性思维和创造性思维的核心所在。

（四）学生评估

评估一直是师生间，甚至是教师之间的一个敏感话题。笔者相信，建立一个与女性主义教学法相一致的评估程序是完全有可能的，当然也是非常必要的，即使这种程序需要分级。日常参与、团队对话、日志、摘要、论文，所有这些形式都将用来考察经济学的观点以及教学效果。在评估过程中，将这些评估形式与持续一致的反馈相结合是营造一个良好学习环境的基本要素。学生们应该时时刻刻都知道他们所学、所活及所在。当然考试和打分也是必要的，但是教师必须考虑考试和评估所传递的信息。笔者想不到有比一位巴克内尔大学的女校友在一篇关于学术诚实的文章中所展示的某段文字能更好地来解释这个问题了。

> 巴克内尔大学打算将学术诚实提到议事日程上来的时候，我劝他们考虑结合奖罚制度的学生学业评估系统，我所指的是测验和打分这种检测学生知识的手段只能是强化与社会的隔离，并造成一种观念：百分之百的自力更生才是最佳选择，也是完成工作的唯一途径。
>
> 在此，并不存在团队精神和合作精神，有的只是学习和考试，考试能真实地反映生活吗？哦，更糟糕的是，考试是否会导致扭曲的生活态度呢？我们传授给学生的到底是什么样的系统呢？
>
> 我向所有的教育者提出忠告：在每一个教学环境中，反思与现

实相关的授课内容的目的之所在，假设测验是必要的，那么它的任务将应该是营造一个“真实生活”的环境，使得作为个体和群体成员的学生能够以真实、坦诚的态度面对、分析、解决问题，我想，教室中应当鼓励信任与合作，在良好的学习氛围中，学习的目的并不会被不诚实或欺骗所阻碍。因此，正直不会被贬值为“第 101 种诚实”，而是成为问题解决和决策制定的内在部分。

只要得分和打分还是我们的努力方向，那么教师就会切实地发现，他们的课堂就是最难以开展女性主义教学法的场所。

二、思考与讨论

经济学家和那些研究教育系统及教育任务的人同时提出：21 世纪的成功者应该具备批判性、创造性思维和学习意识。教师采用直接指向这些批判性、创造性思维和学习技能的教学策略，能更有效地使学生走近大学之外的经济学，走近大学之外的生活。女性主义教学法在经济学课堂中减少一些等级性的，增加一些包容性的教学技巧和作业，将直接有助于分析、创造批判性技能的学习。

可是，传授知识比培养批判性思维策略和创造性思维技能更容易施行，Solow 在论及经济学博士的培养中暗示，教师所教授的经济学知识往往就是教师们自己原先被别人所教的知识，在发展分析能力、数学能力的理论和计量经济学等方面更是如此。他认为：“生活对于数学的能力要求并不高，对分析能力要求则更低，但是，对创造性、批判性思维和沟通能力却要求甚高。”他还补充道：“假如我知道该如何去教创造力和批判性思维，我想我会去做的，我知道该如何正确地辨别它们，甚至能提供一些例子，但这与教授创造力和批判性判断相距甚远。沟通能力相对前二者更明显直接一些，因此该多强调一下。问题在于培养沟通能力又不是我们经济学教学的本领，但是我确实想回去后强制性地要求所有的一年级研究生都修一门由麻省理工学院写作项目负责人所开的写作课程。”

尽管笔者认为 Solow 的有关为什么经济学家所教授的内容正是他们所被教内容的论述大致正确，但是同时，笔者却不赞同他所认为的经济学家不知道如何去（或者是不会去）教给学生沟通能力和创造、批判能力。教师们平日里就已经显露了这些方面的知识和能力，因此他们必须也应该主动积极地教给学生。经济学教师在授课和课堂提问过程中不断地展示或“示范”着一种批判思维的过程，也许他们所需要的是鉴别、审视、质疑他们的教学行动，尤其是当这些教学过程无意中与批判性思维有所联系时。女性主义教学法能协助教师完成这一任务，并为帮助学生更有效地理解经济学家的论述，对话则能更好地厘清认识和指明方向。

除了在教学方法上提供帮助之外，女性主义教学法还对授课内容提出了自己的见解，它鼓励引入一些没有性别和种族偏见的、更具包容性和背景性的材料。教师很可能会将一些无意中反射出社会价值观的隐喻作为经济学模型或假设带入教学中。在经济学模型中的一个带有性别倾向的隐喻就是“经济人”概念，Julie Nelson 对这个傲慢自大的经济学角色的描述是：经济人，这个典型的经济模型的行动者，一出现就是以已经获得充分发展的面目示人，他的兴趣爱好是早已培养起来的，他有着完全积极主动的意识和自我控制力。他没有童年，也不会衰老；他不依赖任何人，不需要向除自己以外的任何人负责。周围环境也丝毫不能影响他，即使有影响，也仅仅是作为让他理性发挥作用的负面材料。他在社会中互动，却又不受社会的任何影响：他的互动方式是在一个理想市场中存在的，在这个理想市场中，价格是唯一和必要的交往形式。经济人是不与自然或社会发生联系的虚构个体的核心特征。Nancy Folbre 和 Heidi Hartmann 补充道：“女性主义经济学方法尽管有所不同，但是无一例外地全都否认任何一种将妇女描述为比男性更缺少自我利益概念或自动将性别利益置于家庭利益或阶层利益的分析水平之下的看法。”一个经济学课堂中的女性主义教学法将特别关注这些视角、隐喻和背景。

当然，这种教学策略也是有成本代价的。很明显，在大班授课中进行对话是不可能的。有利于批判性思维培养的材料、作业、项目、论文、日志的频繁批改都是很耗费时间的。班级互动也各有不同，教师还必须加以注意。即使这种时间上的投入能够保证，也仍然没有确保成功的秘方，尤其是当评估这些策略的各种方法本身还正在构建中的时候。大学中，尽管对教学重要性的口头支持正在提升，但在经济学学科和高等教育中的报酬结构问题仍在研究中。一旦奖励报酬方式仍向高等教育的研究模式倾斜，那么就没有几个教师还会选择将时间投入到对话教学法这种费力不讨好的活动中去。

也许这些成本看起来很高，那么，其他选择的成本又是如何呢？高等教育的批判性研究仅仅计算了在整个学期中为了培养还没有掌握批判性思维和学习技能的学生所耗费的国内和国际成本。经济学家也许更想关注的是全面评估不转变教学法的成本，在学科组织、内容、论述的背景中不涉及批判性思维和学习能力的成本。在这一评估中，经济学家也许就开始制定新的课程体系和教学法，它们不仅对今日的学生有利，也对未来十年中不断增长的多样性的学生个体有意义。假如学生在课堂上能做出对经济学的批判性思考，他们就可能成为创新型理论家和政策制定者。为了这一目标，笔者相信，经济学家会采用女性主义教学法来激励学生积极主动地用批判性的眼光来探究经济学。

从这个案例可以看出，女性主义教学法对教师、经济学课程、课堂、教学过程、教学方式、权力关系的认知以及学生评价都产生了深层的冲击。课堂采用了女性主义教学法中常用的差异教学法、情境及体验教学法、故事与对话教学等各种教学策略，这样传统的性别观念被反思，传统的知识观受到挑战，习以为常的经济学模型也受到了批判性思考，其性别意识形态被揭示。通过这样的学习，学生很可能成为创新型理论家和政策制定者。这一切都非常具有特色和启发性。

结语：在路上

随着中国高等教育大众化进程的推进，有关高等教育的研究也呈繁荣之势，但是高等教育中的性别差异并未成为重要的研究对象，人们对此现象依然熟视无睹，针对性别差异的社会文化解释更是十分贫乏和肤浅。高等教育中出现的形形色色的性别问题可以从不同的理论视角来诠释，本论著基于女性主义认识论解读高等教育，将社会学意义上的性别不平等归于哲学认识论意义中知识的性别等级图式，从知识生产的角度检视了大学和高等教育在社会性别制度建构和再生产过程中所扮演的角色，并对教育研究、高等教育研究中"性别盲视"和"价值中立"的知识立场进行了反思与批判。

高等教育中的各个环节可以说都是一种"知识理论"的呈现形式。高等教育体制不仅仅具有科学研究、培育人才的功能，而且是进行思想创新、知识创造、设立知识标准和制订人事规格的重要机构，在追求社会性别公正的进程中，重构高等教育作为塑造社会性别价值观与性别秩序的核心机制具有重要意义。事实上，本书的意旨并不仅局限于高等教育中的性别问题，而是试图通过该问题引发人们对教育研究、高等教育研究更深入的知识探索和更广泛的社会思考。

本论著以"知识与性别"为主要线索，通过分析高等教育中的四个核心概念（高深学问、学科、课程、教学）来批判人们习以为常的基于男性中心的传统解释，重新审读高等教育和有关高等教育的"科学"话语，破译了高等教育自身所蕴含的性别符码，揭示了高等教育中性别歧视的认识论（知识论）根源，为高等教育中性别问题的认识提供了新的解释框架和解决策略。在研究中得出以下基本结论。

第一，本论著通过对女性与高等教育关系历史与现状的审视，得出如下结论：基于男性中心的对于女性与高等教育疏离渊源的传统解释，要么从生物决定论的本质主义出发，认为女性生理上的劣势以及基于生理差异出现的社会角色分工决定了女性在高等教育中的存在状态；要么以女性在后天社会化过程中发展的缺陷来解释她们在高等教育中与男性的差异。在笔者看来，这两种解释方式实际上都是囿于“女性匮乏论”的认识框架，把女性在高等教育中被排斥、被忽略以及发展中的障碍归结于女性自身，把高等教育视为与性别无关的客观存在。本论著认为这样的前提假设实际上蕴含着两种观念上的偏见：一是性别观念的偏见，即对女性的定义出了问题，它仅从生理特征方面来定义女性而忽略了其社会文化内涵，高等教育中所有关于女性的认识与解释都是以此为依据的。二是对高等教育认识的偏见，即把高等教育视为与性别无涉的客观存在，即高等教育自身并不对蕴含其中的性别歧视和教育过程与教育结果中的性别差距负责任。正是囿于以上认识，高等教育中的性别问题总是以同样的理论假设，用不同的言语方式表达着、解释着，但它重复的却是同一个主题——男女天生有别。女性主义认识论的知识立场在此为我们提供了另一种思路，那就是有关高等教育的所有认识与知识，都是由社会主流文化建构并通过社会主流话语进行言说，在父权制文化下，就是由父权制文化建构并以男性权威来代言，高等教育在其间扮演的是一个受主流文化操纵的重要媒介，它与社会主流文化具有一种天然的同盟关系。在现代女性主义者看来，这个知识系统中，男性只就他们自身进行了系统的阐述，而通常使女性隐而不见或将其归入异类，那种拒斥女性进入高等教育的观点与理念更是充满了男性的意识形态，高等教育系统所标榜的客观性与逻辑性实际上体现了男性的政治学，高等教育长期对女性的集体无意识遗忘与忽略实际上是源于对性别与高等教育认识上的偏见。由此看出，高等教育与女性疏离的渊源不在于女性自身出了什么问题，而在于人们的“女性”观念以及对高等教育的认识。

第二，本论著通过对“高深学问”的社会性别分析得出如下结论：在传统社会性别制度的规约下，无论中外，女性都由于其女性特质被传统社会合理、合法地置于私人领域和从属地位，这也是社会性别作为一种文化图式在社会结构中的反映，同时，这种无形的制度作为一种强大的意识形态也深刻影响着社会的知识系统以及个体的生活选择。作为打造高等教育组织机构的材料，“高深学问”是整个知识文化系统中的一种特殊形式，它所体现的理念、性质、建构过程、论述主题及研究的方法都与社会性别制度有着密切的关联性和同构性。本论著认为，“高深学问”并非性别中立或性别无涉的，它实际代表着的是一种男性形象，从本质上与女性（女性气质）是相悖的，而这个“本质”又与社会性别制度一样，是以男权为主导的社会文化建构的产物。通过对“高深学问”的认识论解读实际上经历了从法律层面、社会文化层面解释性别歧视向人类精神与知识生产层面关注性别问题的转换。在笔者看来，作为高等教育核心概念的“高深学问”在其间扮演的就是一个使性别歧视和性别偏见合理化的角色，它通过所谓知识的“客观性”、“中立性”、“普遍性”为社会的经济制度、政治制度、文化制度和社会性别制度提供了合理、合法的依据，实际上也就是为实现社会现存的政治、经济、文化与性别霸权提供认识论与知识论上的解释。

第三，本论著通过对学科的社会性别分析得出如下结论：学科作为高等教育学术活动和教学活动的重要载体一向以价值中立的形象出现。本论著通过对性别与知识关系的探讨，看到了学科自身所蕴含的性别意识形态，并把它与高等教育中的性别差异与性别歧视联系起来。就像知识是被建构的一样，学科也是被建构的，隐含其间的权力、利益基础以及意识形态不容忽视。在传统社会性别制度的规约下，知识的生产者及占有者基本上都是男性，而这些人的知识身份、政治身份以及他们在社会结构中所处的优越地位与其所掌握的权力，影响着知识生产的全部过程，所以在知识的专门化和知识生产的组织化过程中，只有他们才是学科化知识的局内人，而女性理所当然地成了学科知识的局外人。本论著认为，从学科上划分为男性和女性以及潜意识的价值分层，实际上是社会性别符号系统中劳动的性别分工在学术和高等教育领域内的体现，它反映和延续的依然是一种男性中心（或优越）的社会文化，在学科与专业中，无论是社会选择还是女性的自我选择都必然受到社会文化价值体系的影响。这一认识为高等教育中学科与专业的性别隔离、性别歧视提供新的认识思路。女性主义通过“女性学”这个重要媒介，对学科重构进行了深入探究，试图超越传统思维模式，坚持学科建构主体的多元性、多样性、模糊性和流动性，认为只有这样，才有可能消解学科的性别隐喻和打破学科间的等级划分。

第四，本论著通过对课程的社会性别分析得出如下结论：女性主义通过对男性中心课程中女性的缺失、歪曲、忽略、刻板化进行揭露与批判，从而把课程理解为性别文本。之所以会出现这种状况，是因为女性在历史上没有成为主体，在知识创建与课程知识的选择中没有成为主体。在女性主义者看来，传统大学课程及其话语主要都是由男性创造和规定的，从知识的确认与选择、知识的价值认可与地位分等、研究方法等方面来看，它都是符合男性中心的价值体系，因此它与父权制文化之间有着内在的同盟关系，它注重的是男性所关注的领域和议题，忽视和排斥女性的经验与认识，使女性的世界成为课程领域中无形的或扭曲的东西。因此，要想消除课程领域的性别偏见和性别歧视，女性就应该成长为“提问题的妇女”，那就是：女性不仅要获得接受高等教育的权利，而且应该把她们的历史、声音变成教育的内容，即大学课程中还应该有她们的声音、经验和体验，她们有权利作为主体参与到知识的建构和课程知识的选择、解释、研究之中。“女性学”课程的诞生正是女性主义学者富有开创性的研究成果，他们希望通过建立以女性学课程为媒介和重要工具的研究和教学机构，向各个学科领域进行有效渗透，使被边缘化甚至隐形化的众多与女性有关的问题或者所谓非正统的议题“浮出历史地表”，并将其纳入课程体系，改变课程文化的男性权威形象，改变大学课程中以男性及相关论题为唯一正统和标准的局面，为女性融入高等教育体系，成为真正的知识主体，提供一个重要的知识基地和平台。

第五，本论著通过对教学的社会性别分析得出如下结论：传统教学论表面上看起来是“去性别化”的，实际上它已内化了传统的社会性别制度与社会性别规范，并视其为先验合理的，在教学过程中自觉不自觉地践履着，这主要表现在教学知识、教学策略、教学评价等方面。女性主义通过对传统教学理念、教学知识的知识论、传统师生关系的批判，揭示了大学课堂中的权力问题和隐藏其间的性别立场，创设出了一种新的教学理念与方法——女性主义教学论。女性主义教学论对知识界定、知识传授过程、师生关系等方面革命性的理解和创见，打破了传统的教学观念，并对长期以来教育领域中少数精英人物拥有的知识霸权、知识垄断形成了挑战，它所倡导的平等、多元、包容、互相激励、赋权的学习关系和积极主动的知识创新精神引起了教育学界的关注。女性主义教学论的基本理念是：尽管人们的出身、经历和对未来的期望各不相同，但都有可能运用各自特有的方式来吸取知识、共享知识，在保持个性的同时达到整合与提升。女性主义者相信，通过贯彻女性主义教学论的基本理念和方法，可以逐步消除教学领域内的各种偏见（包括性别偏见），实现女性主义课堂所追求的理想：在这里，知识是社会建构的，学习是合作的，解释是复杂的，身份是相互联系的，理性和感性是相结合的。

从哲学认识论意义上探讨高等教育中的性别问题是一个全新的、复杂的学术难题。本论著以西方女性主义认识论为理论工具，面对这一植根于西方文化土壤的学术观点，笔者经常有力不从心的感觉和拾人牙慧的惶恐。这一方面来自女性主义思想和流派的繁杂多变，以及东西方文化和学术语境的差异；另一方面也深刻地受制于笔者疏浅的学术功底、有缺陷的知识结构和有限的外语水平等诸多条件，因此驾驭这个颇有难度的选题存在很多先天不足，给研究工作带来了不可避免的局限性和缺憾。所以，笔者认为，本研究离真正意义的完成似乎还有较长一段距离，而只能是“在路上”。未来的路，还需要远离喧嚣与浮躁，保持一份平静的学术心境，艰辛而努力地跋涉。

参考文献

一、中文类

[1] 中共中央马克思恩格斯列宁斯大林著作编译局. 马克思恩格斯选集：第4卷 [M]. 北京：人民出版社，1972.

[2] 中华人民共和国全国妇女联合会. 马克思恩格斯列宁斯大林论妇女 [M]. 北京：人民出版社，1978.

[3] 康德. 纯粹理性批判 [M]. 蓝公武，译. 北京：商务印书馆，1960.

[4] 福柯. 规训与惩罚 [M]. 刘北成，等译. 北京：生活·读书·新知三联书店，1999.

[5] 任平. 广义认识论原理 [M]. 南昌：江西人民出版社，1992.

[6] 欧阳康. 社会认识论——人类社会自我认识之谜的哲学探索 [M]. 昆明：云南人民出版社，2002.

[7] 魏开琼，曹剑波. 女性主义知识论 [M]. 北京：光明日报出版社，2013.

[8] 哈丁. 科学的文化多元性：后殖民主义、女性主义和认识论 [M]. 夏侯炳，谭兆民，译. 南昌：江西教育出版社，2002.

[9] 潘懋元，王伟廉. 高等教育学 [M]. 福州：福建教育出版社，1995.

[10] 薛天祥. 高等教育学 [M]. 桂林：广西师范大学出版社，2001.

[11] 陈桂生. 教育原理 [M]. 上海：华东师范大学出版社，2000.

[12] 胡建华，周川，陈列，等. 高等教育学新论 [M]. 南京：江苏教育出版社，1995.

[13] 纽曼. 大学的理想 [M]. 徐辉，顾建新，何曙荣，译. 杭州：浙江教育出版社，2001.

[14] 布鲁贝克. 高等教育哲学 [M]. 王承绪，郑继伟，张维平，译. 杭州：浙江教育出版社，1998.

[15] 克拉克. 高等教育系统——学术组织的跨国研究 [M]. 王承绪，徐辉，等译. 杭州：杭州大学出版社，1994.

[16] 克拉克. 探究的场所——现代大学的科研和研究生教育 [M]. 王承绪，译. 杭州：浙江教育出版社，2001.

[17] 夸美纽斯. 大教学论 [M]. 傅任敢，译. 北京：人民教育出版社，1984.

[18] 金耀基. 大学之理念 [M]. 北京：生活·读书·新知三联书店，2001.

[19] 杜德斯达. 21世纪的大学 [M]. 刘彤，主译. 北京：北京大学出版社，2005.

[20] 华勒斯坦. 学科·知识·权力 [M]. 刘健芝，等译. 北京：生活·读书·新知三联书店，1999.

[21] 华勒斯坦. 开放社会科学 [M]. 刘锋，译. 北京：生活·读书·新知三联书店，1997.

[22] 吉罗克斯. 跨越边界——文化工作者与教育政治学 [M]. 刘惠珍，张弛，黄宇红，译. 上海：华东师范大学出版社，2002.

[23] 派纳，雷诺兹，斯莱特里，等. 理解课程 [M]. 张华，等译. 北京：教育科学出版社，2003.

[24] 多尔. 后现代课程观 [M]. 王红宇，译. 北京：教育科学出版社，2000.

[25] 塞德曼. 有争议的知识——后现代时代的社会理论 [M]. 刘北成，等译. 北京：中国人民大学出版社，2002.

[26] 胡建雄. 学科组织创新 [M]. 杭州：杭州大学出版社，2001.

[27] 汪霞. 课程研究：现代与后现代 [M]. 上海：上海科技教育出版社，2003.

[28] 扬. 知识与控制：教育社会学新探 [M]. 谢维和，等译. 上

海：华东师范大学出版社，2002.

[29] 默顿. 社会研究与社会政策 [M]. 林聚任，等译. 北京：生活·读书·新知三联书店，2001.

[30] 科尔 J，科尔 S. 科学界的社会分层 [M]. 赵佳苓，等译. 北京：华夏出版社，1989.

[31] 谢维和. 教育活动的社会学分析 [M]. 北京：教育科学出版社，2000.

[32] 鲁洁. 教育社会学 [M]. 北京：人民教育出版社，1990.

[33] 吴康宁. 教育社会学 [M]. 北京：人民教育出版社，1998.

[34] 欧用生. 课程与教学 [M]. 北京：文景出版社，1987.

[35] 勒戈夫. 中世纪的知识分子 [M]. 张弘，译. 北京：商务印书馆，2002.

[36] 博伊德，金. 西方教育史 [M]. 任宝祥，吴元训，译. 北京：人民教育出版社，1985.

[37] 贺国庆，王保星，朱文富. 外国高等教育史 [M]. 北京：人民教育出版社，2003.

[38] 涂又光. 中国高等教育史论 [M]. 武汉：湖北教育出版社，1997.

[39] 石中英. 知识转型与教育改革 [M]. 北京：教育科学出版社，2001.

[40] 马尔凯. 科学与知识社会学 [M]. 林聚任，译. 北京：东方出版社，2001.

[41] 王逢振. 最新西方文论选 [M]. 桂林：漓江出版社，1991.

[42] 温海明. 和而不同：比较哲学与中西会通 [M]. 北京：北京大学出版社，2002.

[43] 卢梭. 社会契约论 [M]. 何兆武，译. 北京：商务印书馆，1997.

[44] 卢梭. 爱弥尔 [M]. 李平沤，译. 北京：人民教育出版社，1985.

[45] 四书五经全译：易经 [M]. 韦连根，李国征，等注译. 郑州：中州古籍出版社，2000.

[46] 布卢姆. 美国的历程 [M]. 戴瑞辉，等译. 北京：商务印书

馆，1998.

[47] 史静寰. 妇女教育 [M]. 长春：吉林教育出版社，2000.

[48] 许美德. 中国大学 1895—1995：一个文化冲突的世纪 [M]. 许洁英，主译. 北京：教育科学出版社，1999.

[49] 沃斯通克拉夫特. 女权辩护 [M]. 常莹，典典，刘荻，译. 北京：商务印书馆，1995.

[50] 穆勒. 妇女的屈从地位 [M]. 汪溪，译. 北京：商务印书馆，1995.

[51] 倍倍尔. 妇女与社会主义 [M]. 葛斯，朱霞，译. 北京：中央编译出版社，1995.

[52] 熊玉梅. 中国妇女理论研究十年 [M]. 北京：中国妇女出版社，1992.

[53] 谭琳，刘伯红. 中国妇女研究十年（1995—2005）：回应北京行动纲领 [M]. 北京：社会科学文献出版社，2005.

[54] 韦钰. 中国妇女教育 [M]. 杭州：浙江教育出版社，1995.

[55] 安树芬. 中国女性高等教育研究 [M]. 北京：高等教育出版社，2002.

[56] 联合国教科文组织. 世界教育报告 1995——妇女与儿童教育 [R]. 北京：中国对外翻译出版公司，1997.

[57] 谭兢常，信春鹰. 英汉妇女与法律词汇释义 [M]. 北京：中国对外翻译出版公司，1995.

[58] 顾燕翎. 女性主义理论与流派 [M]. 台北：台湾女书文化事业有限公司，1996.

[59] 克莱妮. 女性主义哲学：问题、理论和应用 [M]. 李燕，译. 北京：东方出版社，2006.

[60] 邱仁宗. 中国妇女与女性主义思想 [M]. 北京：中国社会科学出版社，1998.

[61] 邱仁宗. 女性主义哲学与公共政策 [M]. 北京：中国社会科学出版社，2004.

[62] 吴小英. 科学、文化与性别——女性主义的诠释 [M]. 北京：

中国社会科学出版社，2000.

[63] 余宁平，杜芳琴. 不守规矩的知识 [M]. 天津：天津人民出版社，2003.

[64] 蔡一平，杜芳琴. 妇女与社会性别史研究的理论与方法 [M]. 长沙：湖南大学出版社，2016.

[65] 童. 女性主义思潮 [M]. 艾晓明，等译. 武汉：华中师范大学出版社，2002.

[66] CLAIRE A，ETAUGH J，BRIDGES S. 女性心理学 [M]. 苏彦捷，等译. 北京：北京大学出版社，2005.

[67] 杜芳琴，王向贤. 妇女与社会性别研究在中国（1987—2003）[M]. 天津：天津人民出版社，2003.

[68] 奈斯比特，艾柏登. 女性大趋势 [M]. 陈广，译. 北京：新华出版社，1993.

[69] 刘霓. 西方女性学：起源、内涵与发展 [M]. 北京：社会科学文献出版社，2001.

[70] 李银河. 妇女：最漫长的革命——当代西方女性主义理论精选 [M]. 北京：生活·读书·新知三联书店，1997.

[71] 李银河. 女性权力的崛起 [M]. 北京：中国社会科学出版社，1997.

[72] 巴特勒. 性别麻烦：女性主义与身份的颠覆 [M]. 宋素凤，译. 上海：上海三联书店，2009.

[73] 孟悦，戴锦华. 浮出历史的地表——现代妇女文学研究 [M]. 郑州：河南人民出版社，1989.

[74] 王政. 越界——跨文化女权实践 [M]. 天津：天津人民出版社，2004.

[75] 李小江. 女性乌托邦：中国女性/性别研究二十讲 [M]. 北京：社会科学文献出版社，2016.

[76] 潘慧玲. 教育议题的性别视野 [M]. 台北：台湾师范大学出版社，2000.

[77] 肖巍. 女性主义教育观及其实践 [M]. 北京：中国人民大学出版社，2007.

[78] 郑新蓉. 性别与教育 [M]. 北京：教育科学出版社，2005.

[79] 胡振京. 男生：性别差距的新弱者——基础教育性别不平等研究 [M]. 天津：天津教育出版社，2014.

[80] 王瑞埙. 性别议题与性别平等教育 [M]. 台北：高等教育文化事业有限公司，2011.

[81] 刘慧英. 走出男权传统的樊篱 [M]. 北京：生活·读书·新知三联书店，1995.

[82] 李英桃. 社会性别视野下的国际政治 [M]. 上海：上海人民出版社，2003.

[83] 德拉梅特. 性别角色与学校 [M]. 李文，等译. 成都：四川人民出版社，1987.

[84] 吉利根. 不同的声音——心理学理论与妇女发展 [M]. 肖巍，译. 北京：中央编译出版社，1999.

[85] 鲍晓兰. 西方女性主义研究评价 [M]. 北京：生活·读书·新知三联书店，1995.

[86] 王政，杜芳琴. 社会性别研究选译 [M]. 北京：生活·读书·新知三联书店，1998.

[87] 弗里丹. 女性的奥秘 [M]. 程锡麟，等译. 南京：江苏人民出版社，1988.

[88] 米利特. 性的政治 [M]. 钟良明，译. 北京：社会科学文献出版社，1999.

[89] 钟雪萍，罗斯克. 越界的挑战——跨学科女性主义研究 [M]. 上海：上海社会科学院出版社，2003.

[90] 胡克斯. 女权主义理论——从边缘到中心 [M]. 晓征，平林，译. 南京：江苏人民出版社，2001.

[91] 多诺万. 女权主义的知识分子传统 [M]. 赵育春，译. 南京：江苏人民出版社，2003.

[92] 威斯纳-汉克斯. 历史中的性别 [M]. 何开松，译. 北京：东方出版社，2003.

[93] 波伏娃. 第二性 [M]. 陶铁柱，译. 北京：中国书籍出版社，1998.

[94] 肖巍. 女性主义关怀伦理学 [M]. 北京：北京出版社，1999.

[95] 史瓦兹. 拒绝做第二性的女人 [M]. 妇女新知编译组，译. 北京：中国友谊出版公司，1989.

[96] 米德. 三个原始部落的性别与气质 [M]. 宋践，等译. 杭州：浙江人民出版社，1988.

[97] 傅蕾丝. 两性的冲突 [M]. 邓丽丹，译. 天津：天津人民出版社，2003.

[98] 时蓉华. 两性世界——男女两性差异的心理剖析 [M]. 上海：华东师范大学出版社，1992.

[99] 谢尔曼，登马克. 妇女心理学 [M]. 高佳，高地，译. 北京：中国妇女出版社，1993.

[100] 强海燕. 性别差异与教育 [M]. 西安：陕西人民教育出版社，2000.

[101] 李小江，朱虹，董秀玉. 批判与重建 [M]. 北京：生活·读书·新知三联书店，2000.

[102] 李小江. 文化、教育与性别 [M]. 南京：江苏人民出版社，2002.

[103] 李小江. 女性主义——文化冲突与身份认同 [M]. 南京：江苏人民出版社，2000.

[104] 蔡一平，王政，杜芳琴. 赋历史研究以社会性别 [Z]. 1999.

[105] 杜芳琴. 赋知识以社会性别 [Z]. 2000.

[106] 郑新蓉，史静寰，强海燕. 赋教育以社会性别 [Z]. 2000.

[107] 郑新蓉，杜芳琴，张李玺. 妇女与社会性别学导论课程建设：研讨·交流·推广 [Z]. 2001.

[108] 杜芳琴. 妇女学和妇女史的本土探索——社会性别视角和跨学科视野 [M]. 天津：天津人民出版社，2002.

[109] 霍红. 中国精英女性大论坛：21 世纪我们做女人 [M]. 长沙：湖南大学出版社，2000.

[110] 郑新蓉，杜芳琴. 社会性别与妇女发展 [M]. 西安：陕西人民教育出版社，2000.

[111] 麦克因斯. 男性的终结 [M]. 黄菡，周丽华，译. 南京：江

苏人民出版社，2001.

[112] 杜学元. 中国女子教育文萃 [M]. 成都：四川教育出版社，1999.

[113] 张建奇. 高等教育中女性地位研究 [M]. 广州：中山大学出版社，1999.

[114] 张晓明. 学术参与：中国高等教育进程中的妇女 [D]. 武汉：华中科技大学，2003.

[115] 朴雪涛. 论知识制度与大学发展 [D]. 武汉：华中科技大学，2003.

[116] 妇女与社会性别学通讯（2002—2005）[Z]. 天津：天津师范大学妇女研究中心，2005.

[117] 海霍. 关于中国妇女参与高等教育的思考 [J]. 陕西师范大学学报，1996 (3)：152.

[118] 钟雪萍. 错置的焦虑 [J]. 读书，2003 (4)：47.

[119] 钟雪萍. 后妇女解放与自我想象 [J]. 读书，2005 (11)：13-20.

[120] 杜芳琴. 中国妇女史：从研究走向学科化 [J]. 山西师范大学学报（社会科学版），2002 (3)：93.

[121] 刘霓. 社会性别——西方女性主义理论的中心概念 [J]. 国外社会科学，2001 (6)：52-57.

[122] 星河. 女性主义哲学学术报告会记略 [J]. 哲学动态，1995 (5)：5.

[123] 金莉. 19 世纪美国女性高等教育的发展轨迹及性别定位 [J]. 美国研究，1999 (4)：82-83.

[124] 史静寰. 现代西方女性主义的教育理论与实践 [J]. 山西师范大学学报（社会科学版），2003 (3)：5.

[125] 王政. 浅论社会性别学在中国的发展 [J]. 社会学研究，2001 (5)：21-32.

[126] 大野曜. 日本国立女性教育会馆对女性学与社会性别问题的探索 [J]. 妇女研究论丛，2003 (3)：71.

[127] 杨昌勇，胡振京. 论女性主义教育研究的方法和方法论 [J].

教育理论与实践，2001 (3)：2.

[128] 劳顿. 课程设置的两大类理论 [J]. 外国教育资料，1982 (4)：22.

[129] 胡缨. 边缘区域与女性主义——评介克里斯蒂娃及其《论中国妇女》[J]. 女性人，1990 (4)：120.

[130] 马万华. 美国高等教育与女性学研究 [J]. 清华大学教育研究，2001 (3)：113-119.

[131] 马万华. 关于男女知识类型与认知方式的理论探讨 [J]. 外国教育研究，1997 (4)：12-16.

[132] 郑晓瑛. 女性学学科化建设和发展的基础：女性教育 [J]. 北京大学学报 (哲学社会科学版)，2002 (3)：120.

[133] 张祥龙. “性别” 在中西哲学中的地位及其思想后果 [J]. 江苏社会科学，2002 (6)：7.

[134] 吴小英. 当知识遭遇性别 [J]. 社会学研究，2003 (1)：12-16.

[135] 鲍荣. 学科制度的源起及走向初探 [J]. 高等教育研究，2002 (4)：102-106.

[136] 王建华. 高等教育作为一门学科 [J]. 高等教育研究，2004 (1)：87-89.

[137] 王宏维. 论他者与他者的哲学 [J]. 江西社会科学，2004 (4)：44-50.

[138] 王宏维. 论西方女性主义教学论对传统知识论的挑战 [J]. 哲学研究，2004 (1)：53-59.

[139] 蔡仲. 对女性主义科学观的反思 [J]. 南京大学学报 (哲学·人文科学·社会科学)，2002 (4)：37-43.

[140] 丹玛克. 妇女心理学：一个新兴领域的概况 [J]. 心理科学通讯，1981 (3)：75-82.

[141] 杜芳琴. 将社会性别纳入高等教育和学术主流—— “发展中国的妇女与社会性别学” 课题介绍 [J]. 妇女研究论丛，2003 (4)：57-63.

[142] 刘旭东. 论教学理论的重建 [J]. 高等教育研究，2002 (3)：31-35.

[143] 李定仁，张广君. 教学本质之比较研究 [J]. 华东师范大学学

报（教育科学版），1997（3）：12-21.

二、外文类

[1] ABBOTT P, WALLACE C. An introduction to sociology: feminist perspectives [M]. New York: Routledge, 1990.

[2] AUDI R. The cambridge dictionary of philosophy [M]. New York: Cambridge University Press, 1995.

[3] ALISON M J. Love and knowledge: emotion in feminist epistemology [J]. Inquiry, 1989, 32 (2): 151-176.

[4] BELENKY M F, GOLDBERG N R, TARULE J M. Women's way of knowing: the development of self, voice, and mind [M]. New York: Basic Books, 1986.

[5] BROMLEY H. Identity politics and critical pedagogy [J]. Educational Theory, 1989, 39 (3): 207-223.

[6] BUTLER B J. Contingent foundations: feminism and question of postmodernism [M] //BUTLER B J, SCOTT J W. Feminists theorize the political. New York: Routledge, 1992: 243.

[7] BOXER M J. For and about women: the theory and practice of women's studies in the United States [J]. Journal of Women in Culture and Society, 1982, 7 (3): 661-695.

[8] CAPORAEL L R, BREWER M B. The quest for human nature: social and scientific issues in evolutionary psychology [J]. Journal of Social Issues, 1991, 47 (3): 1-9.

[9] CODE L. What can she know? [M]. New York: Cornell University Press, 1991.

[10] CASNABET-CASNABET M A. Sampling of eighteenth-century philosophy [J]. A History of Women, 1993, 3 (2): 319-347.

[11] DALARUM J. The clerical gaze [J]. A History of Women, 1992 (2): 22-33.

[12] DOROTHY E S. The conceptual practices of power: a feminist sociology of knowledge [M]. Boston: Northeastern University Press, 1990.

[13] DOROTHY E S. The everyday world as problematic: a feminist sociology [M]. Boston: Northeastern University Press, 1987.

[14] ELIZABETH G. Contemporary theories of power and subjectivity [J]. Crossing Boundaries, 1995, 9 (3): 114-138.

[15] FAUSTO-STERLING A. Myths of gender: biological theories about women and men [M]. New York: Basic Books, 1985.

[16] GRUMET M R. Conception, contradiction, and curriculum [C] //The Airlie Conference, Virginia, 1979: 22.

[17] GLAZER J S, BENSIMON E M, TOWNSEND B K. Women in higher education: a feminist perspective [M]. Boston: Person Custom Publishing, 2000.

[18] GUMPORT P. Feminist scholarship as a vocation [M] //GAIL P K, SHEILA S D. Women and higher education in comparative perspective. Netherlands: KLUWER Academic Publishers, 1991: 293.

[19] GRUMET M R, BITTER M. Women and teaching [M]. Amherst MA: University of Massachusetts Press, 1988.

[20] HALL D L, AMES R T. Thinking from Han [M]. New York: State University of New York Press, 1998.

[21] HARAWAY D. Situated knowledge: the science question in feminism and the privilege of partial perspective [J]. Feminist Studies, 1988, 14 (3): 575-599.

[22] HARDING S. The science question in feminism [M]. New York: Cornell University Press, 1986.

[23] HARDING S. Rethinking standpoint epistemology: what is strong objectivity? [M] //KELLER E F, LONGINO H E. Feminism and science. New York: Oxford University Press, 1996: 245.

[24] HARDING S. Whose science? Whose knowledge? [M]. New York: Cornell University Press, 1991.

[25] HOWE F. Feminist scholarship: the extent of the revolution [J]. Change, 1982, 14 (3): 12-20.

[26] IRIGARAY L. Marine lover of friedrich nietzsche [M]. New

York: Columbia University Press, 1991.

[27] JAMES C A. Schooling german girls and women-secondary and higher education in the nineteenth century [M]. Princeton: Princeton University Press, 1998.

[28] JANE R M. Changing the educational landscape: philosophy, women and curriculum [M]. New York: Routledge, 1994.

[29] KELLER E F. Reflection on gender and science [M]. Connecticut: Yale University Press, 1985.

[30] KELLER E F. Gender and science in discovering reality [M] // HARDING S, MERRILL B, HINTIKKA D. Discovering reality. Berlin: SPRINGER Netherlands, 1983: 198-216.

[31] KELLER E F. Secrets of life, secrets of deaths [M]. New York: Routledge, 1992.

[32] KLAPISCH-ZUBER C. A History of Women [C]. Cambridge: Harvard University Press, 1992.

[33] LEE L H. Chinese sexism and the Confucian virtue of familial continuity [C] //The 3rd Annual Research Conference of the Society for Asian and Comparative Philosophy, 2001, January 5-9.

[34] LEWIS M. Interrupting patriarchy: politics, resistance, and transformation in the feminist classroom [J]. Harvard Education Review, 1990, 60 (4): 467-489.

[35] LERNER G. The creation of patriarchy [M]. New York: Oxford University Press, 1986.

[36] LONGINO H E. In search of feminist epistemology [J]. Monist, 1994, 77 (4): 472-485.

[37] LIE S S, MALIK L, HARRIS D. World yearbook of education: the gender gap in higher education [M]. London: Kogan Page, 1991.

[38] LINDA A, ELIZABETH P. Feminist epistemologies [M]. London: Routledge, 1993.

[39] LYNN D G. Gender and higher education in the progressive era [M]. Connecticut: Yale University Press, 1990.

[40] MACCOBY E, JCAKLIN C N. The psychology of sex difference [M]. San Francisco: Standford University Press, 1974.

[41] MUNRO C P. Teaching as women's word: a century of resistant voices [C] //Paper Presented to the Annual Meeting of the American Educational Research Association, San Francisco CA, 1992 (4): 15-19.

[42] MAHER F A, TETREAULT M K T. The feminist classroom [M]. New York: Basic Books, 1994: 119.

[43] MARILYN J B. When women ask the questions: creating women's studies in America [M]. Baltimore: Johns Hopkins University Press, 1998.

[44] MILKMAN R, ELEABOR T. Gender and economy [M] // SMELSER N J, SWEDBERG R. The handbook of economic sociology. Princeton: Princeton University Press, 1994: 119.

[45] MILLER C, TREITEL C. Feminist research method: an annotated bibliography [M]. New York: Greenwood Press, 1991.

[46] MILLER J L. Feminism and curriculum theory [J]. Journal of Curriculum Theorizing, 1982 (4): 5-11.

[47] MILLMAN M, KANTER R. Introduction to another voice: feminist perspectives on social science [M] // HARDING S G. Feminism and methodology: social science issues. Indiana: Indiana University Press, 1987: 379-382.

[48] MINNICH E K. Transforming knowledge [M]. Philadelphia: Temple University Press, 1990.

[49] OAKLEY A. Experiments in knowing: gender and method in the social science [M]. New York: The New Press, 2000.

[50] PAGANO J A. Exiles and communities: teaching in the patriarchal wilderness [M]. New York: State University of New York Press, 1990.

[51] RAPOPORT A. Ideology commitments in evolutionary theories [J]. Journal of Social Issues, 1991, 47 (3): 83-99.

[52] REINHARZ S. Feminist methods in social research [M]. New

York: Oxford University Press, 1992.

[53] ROSEN L R. Women's studies in the academy-origins and impact [M]. Beijing: Peking University Press, 2004.

[54] ROGAN M J, LUCHOWSKI J A. Curriculum texts: the portrayal of the field. Part 1 [J]. Journal of Curriculum Studies, 1990, 22 (1): 17-39.

[55] ROWBOTHAM S. Women in movement: feminism and social action [M]. New York: Routledge, 1992.

[56] SANDRA W. Feminism and international relations [M]. Hampshire: Macmillan Press Ltd. , 1997.

[57] SPENDER D. Men's studies modified: the impact of feminism on the disciplines [M]. Oxford: Pergamon Press, 1981.

[58] SHREWSBURY C M. What's feminist pedagogue? [J]. Women's Studies Quarterly, 1993 (1): 160-173.

[59] STAKE J E, HOFFMANN F L. Putting feminist pedagogy to the test [J]. Psychology of Women Quarterly, 2000, 24 (1): 30-38.

[60] STACEY J, THORNE B. The missing feminist revolution in sociology [M] //KAUFFMAN L S. American feminist thought at century's end: a reader. New Jersey: Blackwell, 1993: 167-188.

[61] THOMASSET C. The nature of women [M] //ZUBER K C. A history of women. Cambridge: Harvard University Press, 1992, Vol. 2 (2): 53-59.

[62] VALPLUM W. Women, humanity and nature [J]. Radical Philosophy, 1988, 1 (48): 229.

[63] WALKERDINE V. Sex, power and pedagogy [M]. London: Macmillan Education UK, 1993.

后　　记

这本论著是在我的博士学位论文基础上修改完成的。时光荏苒，流年似水，转眼之间，我博士毕业已12年。10年前，在福特基金的资助下，拙著以《阅读高等教育：基于女性主义认识论的视角》为书名，由天津人民出版社出版。2017年，本套丛书的主编董泽芳教授成功申请到了“国家出版基金”，拙著很荣幸忝列其间，我深知，这是前辈学者对晚辈后学的鼓励、提携与嘉许，唯有在学术上踏实认真，恭谨细致，才能回馈董老师的关爱。

我对于“性别问题”潜意识的关注可以追溯到遥远的孩童时代，记忆中的人物与事件似乎永远纠结在他们和她们各自“性别”的宿命中，我从记事起就已朦胧地感受到家族中“人丁不旺”的萧索之感，以及那种难以言说的“阴盛阳衰”之无奈；在我成长的岁月中，长辈之间无尽的抵牾以及对我们姊妹三人耳提面命的种种教诲更使我深刻感受到作为“第二性”的诸多困惑。长久以来，我一直把这份隐秘的忧伤与烦扰埋藏于记忆深处，但凡遇到与“性别”有关的论述，我都会变得异常敏感，它们无一例外地会成为我无法逃脱的阅读材料。但是，真正把那些潜意识的、基于个人经验和直觉的零散思考上升到比较细致、严谨、专业的学术研究，则是始于我攻读教育学博士学位之后。

当年，在博士学位论文的选题过程中尽管有诸多波折，需要回应各种质疑，我还是毫不犹豫地把自己的研究方向定位于女性与高等教育这个领域，我希望借鉴女性主义这个理论工具，相对真实地去触摸那些有生命感受和温度的文字，尽量真诚地去书写高等教育与女性之间寓意深刻的关系，当然，在这个书写的过程中，由于受制于诸多因素，纰漏错谬之处肯定不少，我希望也很乐意听到阅读者的批评指正。在当初论文构思和写作过程中，我十分感谢我的博士导师刘献君教授对我的关怀和指导。对于这样一个在高等教育领域看起来非常“另类”的选题，导师以他阔达的胸襟包容我、鼓励我、支持我。他对论文整体的把握、逐句的审阅是我有勇气走上答辩台、完成学业的重要保证。这一段经历将令我终生难忘。

同时我也要特别感谢华中科技大学教科院的赵炬明教授、法学院的梁木生教授、哲学系的张廷国教授以及厦门大学教育科学研究院的别敦荣教授。他们亦师亦友，博学且有趣，赵老师的睿智、梁老师的犀利、廷国师兄的幽默、别老师的儒雅……实在令人难忘，在论文写作过程中，他们给予了我极大的精神支持和思维上的启迪。论文在构思和写作过程中还得到了许多来自各方面的帮助和关爱。她们是：天津师范大学的杜芳琴教授、北京师范大学的郑新蓉教授、清华大学的史静寰教授、中央党校的李慧英教授、北京外国语大学的李英桃教授、华中师范大学的祝平燕教授等，这些师长的鼓励和提携使我真正有了“吾道不孤”的信心。特别是妇女研究前辈学者杜芳琴教授的热情鼓励和严格敦促，一直是我在这个领域前行的动力，求学路上，有幸结识杜老师是我此生的荣幸，她是引领我在女性研究领域学术成长的“关键人物”，感激之情，实在难以言表。本书初次出版更是受惠于由杜老师主持的福特基金资助的“发展中国妇女与社会性别学”课题资助。

10余年岁月匆匆，当年那个瞪着淘气的双眼，踮着小脚丫子，一边用胖乎乎的小手翻阅我书桌上层层叠叠的资料，一边用缺着门牙的小嘴点评“只有傻子才天天写不赚钱文章”的稚嫩小儿，如今已是身高183cm、负笈海外求学的潇洒青年了。岁月在一地鸡毛中流逝，一转身便是一个光阴的故事。

再回首过往，亦有恍惚之感；再阅读旧文，仍有惶恐之心。文章千古事，得失寸心知。好在所论及的议题，自己这些年依旧在关注，并在教育实践中一直践行着。拙著再版过程中，根据丛书整体风格的要求，对题目、资料及文字表达都进行了较大程度的修改，当年一些不严谨的论述、资料的陈旧、文字的粗粝在此次再版时也尽可能去修正，但心中仍然忐忑不安。受制于作者粗浅的学术功底，有缺陷的知识结构，认知的局限以及个体努力程度不够等因素，再版论著依旧会有诸多不尽如人意之处，希望得到读者的批评指正。

最后，特别感谢华中师范大学出版社的领导和各位编辑严谨而卓有成效的工作。特别是该丛书的直接领导编辑部的冯会平主任，她温婉的笑容、细腻且严谨的工作作风给我留下了深刻的印象。还有本书的责编刘敏老师，书稿几经周折，辗转落到了她的案头，这是我个人的荣幸，也是我们的缘分。刘老师为人的热情与坦诚、工作的敬业与专业更使我直接受益。在此谨致谢忱！

王 俊

2017 年 6 月于武昌桂子山